男性は何をどう悩むのか

男性専用相談窓口から見る心理と支援

濱田智崇・『男』悩みのホットライン[編]

ミネルヴァ書房

男性は何をどう悩むのか
──男性専用相談窓口から見る心理と支援──

目　次

第Ⅰ部　現代社会における「男性の問題」と男性相談

第1章　男性相談とは何か……………………………………………………………3

　　1　男性相談の誕生　3

　　2　男性相談の基本姿勢　5

　　3　男性相談の相談員になることと男性性　8

　　4　つらいはずなのに相談しにくい男性　11

　　5　男性相談の広がりと現状　14

　　6　男性相談と男性優位の価値観　15

　　7　「男性相談」が時代遅れになるその日まで　18

第2章　男性相談とメンズリブ………………………………………………………21

　　1　男性相談とジェンダーの視点　21

　　2　男性相談のための女性相談入門　23

　　3　わが国の男性運動の歩み　27

　　4　男性相談とメンズリブの思い　33

　　5　男性相談の未来に向けて──男性とは誰のことか　38

第3章　女性支援者から見た男性相談………………………………………………45

　　1　女性支援から見える男性　45

　　2　家族のなかの男性問題　46

　　3　加害と男性問題　52

　　4　労働と男性問題　54

　　5　女性支援と男性相談の連携の可能性　56

第4章　「男性問題」の時代と男性相談……………………………………………59

　　1　日本の現状はどこから来ているか　59

2　現在の男性を取り巻く状況　62

　　3　男性のコミュニケーションと社会　64

　　4　日本社会を変えていくための男性相談　66

第Ⅱ部　男性相談の内容と相談対応の基本

第5章　男性相談に寄せられる内容……………………………………… 71

　　1　『男』悩みのホットラインに寄せられる相談　71

　　2　大阪市「男性の悩み相談」に寄せられる相談　73

　　3　男性の代表的な相談内容　76

第6章　男性相談から見える男性の心理………………………………… 83

　　1　「かくあるべし」の縛り　83

　　2　感情よりも思考を優先する　85

　　3　コントロール幻想　88

　　4　優越感と不安感の間で　89

　　5　素直に言えないから振りかざす大義名分　91

　　6　「かくあるべし」を満たせず「悲劇のヒーロー」になる人も　93

　　7　社会的に強化される男らしさの鎧　95

第7章　男性に対する相談対応の基本…………………………………… 97

　　1　まず相談者とつながる　97

　　2　コミュニケーションと男性　101

　　3　「かくあるべし」を緩める　104

　　4　拾いにくい感情を拾う　106

　　5　「男の譲れぬ何か」を軽視しない　110

　　6　相談員は裁かない　111

　　7　無言電話やリピーターについて　113

第Ⅲ部　相談内容別に見る実際

第8章　性の悩み………………………………………………………119

1　性（セクシュアリティ）の相談のむずかしさ　119

2　セクシュアリティの多様性　120

3　セクシュアリティにまつわる悩みについて　123

4　セクシュアリティの相談の聴き方　136

5　セクシュアリティの多様性と自分を見つめ直す重要性　140

第9章　男性のライフサイクルと悩み………………………………143

1　"ある男性の一生"から見るライフサイクル　143

2　ライフサイクルと生涯発達　144

3　ライフサイクル別に見る男性のさまざまな悩みと課題　145

4　男性のライフサイクルに通底する「男らしさ」の縛り　163

5　"ある男性の一生"をふり返って　164

第10章　男性の子育てと親子関係……………………………………167

1　「イクメン」になる／父親として存在する　167

2　父親の語りから見えてくるもの　168

3　子育てにまつわる気持ち　169

4　男性が父親になるとは　172

5　男性の考える父親像　175

6　「イクメン」の功罪　178

7　男性が子育てを語ることの意義　180

第11章　夫婦関係とDVの悩み………………………………………185

1　夫婦関係の悩み　185

目　次

　　2　DV の悩み　191

　　3　DV 加害者からの相談　193

　　4　DV 被害者からの相談　201

　　5　「闘い」の関係から「寄り添い」の関係へ　206

第12章　職場での人間関係……………………………………………207

　　1　パワーゲーム　207

　　2　企業が男性に求めるもの　213

　　3　IT 社会で働くということ　215

　　4　パワーハラスメント　217

　　5　男性と責任　220

　　6　ワーク・ライフ・バランスを目指して　222

　巻末資料

　　1　男性相談を開設・運営するために必要なこと　227

　　2　大阪市立男女共同参画センターにおける男性相談の実践例　239

文　　献　247

おわりに　251

索　　引　253

v

第Ⅰ部

現代社会における「男性の問題」と男性相談

第1章

男性相談とは何か

濱田智崇

第1節　男性相談の誕生

（1）『男』悩みのホットラインの開設

　1995年11月6日月曜日，午後7時。日本で初めての男性相談，『男』悩みの
ホットライン（以下，ホットライン）が始まりました。大阪市内のビルの一室
の電話が，時報とほぼ同時に鳴り，相談者の声に耳を傾けました。その後も
次々と電話が鳴り，その日は9時の終了までの2時間に5件の相談電話を受け
たのです。当時，まだ誰も手がけていなかった男性相談であり，私を含め6名
の開設メンバーは，「誰も電話をかけてこないかも」と言い合っていたのです
が，予想を上回る相談件数の多さに，みな手応えを感じていました。

　ホットラインは，メンズリブの活動の中から生まれました（詳細は第2章を
ご覧ください）。後にホットラインの初代代表となる安部達彦さんが，幼い自分
の娘さんを叩いてしまったことを「可愛い娘になぜ暴力をふるってしまうのだ
ろう」と悩み，「男が暴力をやめるためにはどうすればいいか」とメンズリブ
研究会のメンバーに問題提起したのが，そもそもの始まりです。そこから，暴
力についての勉強会が立ち上がり，男性が暴力をやめるためのアメリカのハン
ドブック "*Learning To Live Without Violence: A Handbook for Men*" の読書
会が始まりました（当時この本は，翻訳出版には至らなかったのですが，2003年に
なって出版されました。中野瑠美子（訳）『脱暴力のプログラム——男のためのハン
ドブック』青木書店）。そして，特に家族に対する暴力をやめたいと思っている
男性たちのために，何か役に立てることはないか，と考えて発案されたのが，

3

男性を対象とした電話相談でした。つまり，日本で初めての男性相談は，暴力の加害者を救済するための相談窓口として，当初は企画されたものだったのです。

　趣旨に賛同してくださった臨床心理士 黒木賢一さん（芦屋心療オフィス代表）に相談員養成研修の講師役をお願いし，開設に向けた準備が始まったのが，1994年のことでした。現在のホットラインの相談員の中には，私を含め数名の臨床心理士や産業カウンセラーなどが含まれていますが，当時は，私もまだ大学生でしたし，相談員を目指したメンバーは全員，相談に関しては素人でした。そのため，研修の内容は，「傾聴」「受容」「共感」といった，相談を受けるための基本的な姿勢や態度を学ぶことが中心となりました。相手の話を黙って聴き，相手のありのままを受け止めることの大切さを，繰り返し黒木さんに説かれ，ロールプレイなどを通じて「聴く」トレーニングを積んでいったのです。発案者である安部さんが，自他ともに認めるおしゃべり好きだったので，当時メンバーの中では「この研修の目標は，安部さんが黙って話を聴けるようになること」という冗談が交わされていました。電話をかけてきてくれた，暴力をやめたい加害者に，役立つ情報を提供したい，という思いでスタートした構想でしたが，研修のプロセスを通じ，その方向性が変化していくことによって，ホットラインが開設以来貫いている理念が誕生することになるのです（理念については次節で述べます）。

（2）相談員自身が体験から気づいた男性相談の意義

　こうして，「聴くこと」「受け止めること」の大切さを感じはじめたわれわれの中に，ある気づきが自然に生まれてきました。それは「男性は，聴いてもらったり受け止めてもらったりする経験や，それを可能にする場が少ない」ということでした。当時からすでに，女性を対象とする相談窓口は，各地の自治体の女性センターなどに数多く存在していましたが，男性を対象とする相談窓口は皆無でした。一方で，メンズリブ研究会で繰り返し取りあげられてきたように，男性がジェンダー，すなわち社会的・文化的に形成された性別の縛りによ

って生きづらさを感じる状況は，さまざまな場面で生じていると考えられました。そして，われわれ自身が，お互いに自分の話をメンバーに聴いてもらう体験を重ねる中で，男性にとっても「聴いてもらう」ことが大いにこころの支えや救いとなり得る，ということを実感していたのです。また当時は，DVという言葉も一般的に知られておらず，暴力の加害者を対象とする相談窓口は時期尚早だったということもありました。そこで，メンバーで議論を重ねた結果，開設する電話相談のコンセプトを，「男性の悩みを，男性自身が語り，男性相談員が聴く窓口」と定め，名称を「『男』悩みのホットライン」としました。この『　』がつくのが正式名称なので，よく間違われたりもするのですが，『男』には「男性が男性として生きるゆえに起こるさまざまなことすべて」を意味として含ませておきたい，どんな内容でも男性に語って聴かせてほしい，というメンバーの思いが込められているのです。

　いよいよ開設の日が近づいてきた，1995年1月17日，われわれを阪神淡路大震災が襲います。中心的メンバーで，ホットラインの電話を受ける部屋を準備してくださっていた今田忠七郎さんが地震のために亡くなりました。被災した黒木さんともしばらく連絡が取れない状況が続きます。一時は開設を諦める空気も流れましたが，電話を受ける部屋を，メンズリブ活動の拠点「メンズセンター」として確保することになり，同年11月に予定より少し遅れてホットラインを始めることができたのです。

第2節　男性相談の基本姿勢

（1）ホットラインが貫いてきた理念

　ホットラインには，開設当時から現在まで貫いている理念があります。言葉にしようとすれば，さまざまな言い方ができると思いますが，私が言い表すとすれば，開設時の相談員養成研修で，黒木さんに繰り返し念を押された，この言葉を借りることになります。

　「相談者に害を与えない」

理念としては，いささか消極的で後ろ向きに聞こえるかもしれません。相談者の役に立つことを目指すのではないのか，と思われるでしょう。しかし，男性相談において「害を与えない」ということが，いかに難しく，かつ大切なことであるか，20年以上やってきて私は未だに日々痛感しています。

　相談窓口を開設するにあたって「相談者の役に立ちたい」と思うのは当然のことです。相談を通じて，相談者に問題の解決へ向けて少しでも進んでもらおうとするのは，ごく自然なことでしょう。実際われわれも当初は，暴力をやめたい加害者へ助言をしたいと思って，ホットラインの開設準備を始めたのです。

　しかし，助言や指示的な態度は，それがたとえ客観的には正しい内容であっても，場合によっては相談者にとって害になります。それは第一に，相談者が自分で考える機会を奪ってしまうからです。継続的な心理カウンセリングにおいて，答えをすぐに示さないのは，カウンセラーが何もしていないのではありません。カウンセリングに来る人が変わっていく様子，育っていく様子をじっと見守り，寄り添って待つことは大変なエネルギーが要り，かつ重要なことです。安易に助言や指示を出そうとするのはその人の自己変容性や成長力を信じてないことにつながります。ホットラインは電話での1回限りの相談ですが，基本的な相談員の姿勢は同じです。限られた時間の中で必要となる情報提供や，相談員の考えとして「こういうやり方もあるように思います」といったかたちでの提案はしていく場合がありますが，相談員の価値観を押しつけることはしません。人間が本来もっている自己実現傾向が開花していくことを目指して，相談者が自分の問題に自分で取り組めるように対応するというのが，あくまでも基本です。

（2）非指示的であることと男性相談

　このように書くと，ホットラインの相談員の対応は，日本でカウンセラーの基本的な態度として広く認知されているカール・ロジャーズの来談者中心療法を源とする，非指示的な態度を基本としているとご理解されるかと思います。確かにその通りではあるのですが，こうした非指示的態度が非常に重要となる，

男性相談ならではの理由があります。それは，現代の男性の多くがすでに「指示に曝され過ぎている」からです。成長の過程でも，大人になってからの社会生活においても，ああしなさい，こうしなさいと指示され続けることによって，自分で考えるよりも誰かの指示で動き，指示通りにしなくてはならないと思い込んでいきます。直接的な他者からの指示だけでなく，現代の日本社会は知らず知らずのうちに，男性に対してあらゆる「かくあるべし」をプレッシャーとして突きつけてきます。幼少期の「男の子だから泣くべきではない」に始まり，「勉強ができなくてはならない」「家族を養わなければならない」等々。後の章で詳しく述べますが，男性の悩みはこの「かくあるべし」に縛られていることによるものがとても多いのです。そんな男性に対して，相談員が指示的な対応をしたら，それは新たな「かくあるべし」を提示してしまう，すなわち，さらなる害を与えることになってしまいます。

　次に，助言や指示的な態度が害になりうる第二の理由は，相談者に，自分の苦しみを受け止めてもらえず，拒絶されたという感じを与え，傷つけてしまう可能性があるからです。比喩的にいえば，重い荷物を長い間，両手で抱えて持ち運んできて疲れてしまったと訴える人に対して，ひとことめに「それはこうやって肩に載せれば楽になりますよ」と助言することは，客観的に見れば間違いではないでしょう。しかしこれでは，相談者の「疲れてしまった」という訴えについては，何も受け止めていないことになり，相談者を「何もわかってもらえない」と絶望させてしまう可能性があります。また特に男性相談の場合，男性は自分の感情を抑圧し，目に見える結果を出すことを急ぐ傾向があります。相談員の助言によって荷物をすぐさま肩に担ぎ直し，相談者が「疲れた」という自分の感情を抑圧したまま，さらに旅を続けることができれば，それは一見うまくいっているように見えます。しかし「疲れた」と言えないまま，疲れを自覚しないようにしたまま旅を続けさせることは，その後に彼の命を奪う結果にもなりかねないのです。相談員としては，目前の問題をそつなく解決することよりも，相談者の話を聴いて受け止めることを，まずは優先する姿勢が必要になる場合があると言えます。

第Ⅰ部　現代社会における「男性の問題」と男性相談

　さらに，助言や指示的な態度が害になりうる第三の理由は，相談員が相談者と向き合うことから逃げることになるということです。相談者とともに考え続けることは大変エネルギーを使うことであり，難しいことです。一方で，助言をするのはある意味簡単です。助言をする側が，何となく勝手に納得して，自分の助言通りにすれば解決するはずだからこれでよし，となってしまっては，相談者にとっては害でしかありません。的はずれで独りよがりな助言によって，実は何も解決していないのに「これにて一件落着。めでたし，めでたし」という相談員の自己満足で終わってしまう可能性があります。「大丈夫だよ」という慰めに関しても，実は悩んでいる人を慰めているのではなく，悩みを聴いて衝撃を受け，心が揺らいでいる聴き手の方が，自分を何とか安心させようとして言っている場合があるのです。大変な状況にあって悩みを抱えている相談者の側にしてみれば，何も大丈夫ではないのに相談員だけが勝手に納得・安心して去っていく，ということになります。「頑張れ」という励ましについても，うつ状態の人には禁句であるという認識はだいぶ一般化したように思いますが，これ以上頑張れないというところまで頑張っている人にとっては，「もうおしまい」という拒絶を意味する言葉でしかありません。

　結局のところ「相談者に害を与えない」ことを目指していくと，相談者の話にどれだけ真剣に耳を傾けられるか，そして，ありのままの相談者をどこまで受け止めることができるか，をきわめていくことになるのです。そして，男性（相談員）が男性（相談者）に対して，そういった姿勢で関わることそのものが，男性相談の本質だと考えています。次節では，その相談員の関わり方について述べていきます。

第3節　男性相談の相談員になることと男性性

（1）男性が聴くことの難しさ

　ホットラインは，「男性が男性の悩みを聴くこと」を男性相談としてとらえて開設しました。ただ，現在までに各地で開設されている男性を対象とする相

談窓口では，女性相談員が対応されている場合もあるようです。どちらがよい
ということは一概には言えません。女性の相談員の方が話しやすいという男性
もおられると思います。いずれにしても，男性のジェンダーについて十分な理
解があり，相談者と対等な立場で聴くことができれば問題はないと考えます。

そしてここで，あえて言いますが，ある意味では，男性は相談員に向いてい
ない，という言い方もできるかと思います。それは，前節の「害を与えない」
相談の受け方をすることと，男性性とは矛盾するからです。この男性性の内容
について伊藤公雄（本書第4章執筆者）は「優越志向」「所有志向」「権力志向」
としてまとめています（伊藤，1996）。自分の方が常に優位に立っていたい「優
越志向」が強ければ，相談者に対しても自分の方が上に立ち，上から目線で指
導するような関わりに，どうしてもなりがちです。多くのモノを持ちたがる
「所有志向」に関連するものとしては，相談者をうまく導くことで，自分に力
があると思ったり，周りの評価を得たりしたいという欲求，などでしょうか。
自分の意志を他者に押しつけたくなる「権力志向」は，コントロール欲求とし
て，相談者を自分の価値観のとおりに何とか変えてやりたい，という圧力にな
ってしまいます。男性が相談員になるときに，もっとも難しいのは，これらが，
相談者にとっては害であることを，なかなか自覚しにくいということです。悩
める男性のために，善意で役に立ちたいと思って，熱心になればなるほど「相
談者を指導してやりたい」「相談者を何とか変えてやりたい」という思いが強
くなってしまうことになりかねません。その方向性は，男性相談の目指す「男
性性からの解放」とは真逆になってしまいます。

（2）男性が聴く意義

しかし，こうした自分自身に染みついた男性性を，ある程度客観的にとらえ
ることができ，それと向き合いながら生きる覚悟のできた男性は「害を与えな
い」相談活動をすることができます。そして，そうした男性相談員が，相談者
に対して優位に立とうとしたり，コントロールしようとしたりすることなく，
対等な立場で悩みに耳を傾けるということ自体が，相談者にとっても貴重な体

第Ⅰ部　現代社会における「男性の問題」と男性相談

験として意味をもってきます。男性相談に相談してくる人は，それまでのプロセスの中で，「優越志向」「所有志向」「権力志向」をめぐる男性同士の競争に疲れている場合が多いと考えられます。ですから，男性相談は，そうした男性性のプレッシャーから，束の間であっても自由になれる場でありたいと思います。その場で待っているのは，女性相談員でももちろん構わないのですが，女性に悩みを話した相談者が「女性にしかわかってもらえない。やはり男性は自分にとってはライバルでしかない」とあらためて感じてしまうようでは，残念な気がします。相談者には，男性の相談員と対等に話をすることによって，自分と同じ男性が，同じように悩み苦しみながらも，何とか男性性から解放され，生き抜こうとしている姿を，相談員の中に見出してもらえるかもしれません。このあたりが，男性が男性の相談を受ける「男性相談」の，一つの大切な意義だと思います。

（3）相談員が当事者であり続けること

　相談員の男性性をめぐっては，もう一点触れておきたいことがあります。それに触れることは，かつての私の失敗体験を語ることになります。ホットラインでは開設後，現役の相談員が講師役となって相談員養成研修を行い，少しずつメンバーを増やしてきました。10年以上前，私が安部さんから引き継いで2代目の代表になった頃だと思いますが，われわれの相談員養成研修を受け，ホットラインの相談員になろうとしていた人から指摘を受けたのです。「この養成研修の雰囲気そのものが，支配的，競争的で，男性性が強調されてしまっている」と。その時私は，自分では十分に気づけていなかったのですが，ホットラインが数年間継続し，軌道に乗りはじめたところで代表を任されて，どこかに力が入りすぎ，私自身の中にある男性性が悪さをしていたのだと思います。もちろんそれは私なりの善意から出たものではあるのですが，ホットラインの相談員の質を維持，向上させなければならない，という「ねばならない思考」や，自分が考えるとおりの相談員になってもらいたいという「権力志向」として，研修の雰囲気をどこか高圧的な，競争をあおるようなものにしてしまって

10

いたのだと思います。

　言うまでもないことですが，男性相談の相談員になったから，自分の中にある男性性はもう処理が終わっている，ということはありません。男性性は，男性が生きている限り，人によってその様相に違いはあるにしても，ずっとついて回るものです。場合によっては，相談者とのやりとりの中で，相談者の発言から刺激を受けて，無意識的に再燃してしまうこともあります。自分の男性性といかに向き合い続けていくかは，男性相談の相談員にとって大きなテーマでずっとあり続けるのです。

　ホットラインでは毎月相談員が集まり，研修の場を持ちます。相談業務の技術向上や知識の共有が一つの目的ですが，もっとも重要なのは，それぞれのメンバーが一人の男としてもつ想いや悩みを共有するということです。「近況報告」と呼んでいるこの時間はとても貴重で，研修時間の大半を占めることもあります。年齢や立場が違っていても，集まったメンバーはそれぞれの鎧を脇に置き，自由に語り合います。プライドやメンツはひとまず忘れて，一人の人間として自由に気持ちを話します。この体験は気づきに満ちていて，自分らしさの発見ができ，誰かに受け入れてもらえる感覚を味わうことができます。

　相談員をしてはいるけれども，自分もこの現実を男性として生きる当事者の一人なのだ，とあらためて認識することができるのです。自分の男性性といかに向き合い続けていくかは，男性相談の相談員にとって大きなテーマです。当事者として向き合い続けるからこそ見えてくる電話の向こう側があり，それに寄り添うことが，男性相談という営みの根幹であると考えています。

第4節　つらいはずなのに相談しにくい男性

（1）弱音を吐けない男性

　内閣府が2012年にまとめた，全国の20代から60代までの男性3,000名を対象とした「男性にとっての男女共同参画」に関する意識調査結果があります（内閣府男女共同参画局，2012）。これによると「自分の素直な気持ちを他人によく

話すほうである」に対し，「とてもそう思う」「ややそう思う」と答えた人は33.8％にすぎません。以下同様に，「他人に弱音を吐くことがある」(28.1％)，「男は弱音を吐くべきではない」(45.6％)となっています。男性は，自分の素直な気持ちを他人に話せない人が多く，特に弱音を吐くことをよしとしない傾向があることがわかります。これはまさに，男性のジェンダー意識，「男はかくあるべし」という固定的な意識が，未だに男性たちを縛っていることの現れだと言えましょう。相談をするということは，自分の弱い部分を他者に曝すことにもなりますから，男性が悩みをもったとしても，それを一人で抱え込んでしまう傾向があることが推察できます。実際，この調査においても「悩みがあったら，気軽に誰かに相談するほうである」という男性は17.2％にとどまります。

　悩みを一人で解決できていれば，相談していなくても問題ないのかもしれません。しかしながら，同じ調査で，「男性自身が（最近3ヶ月間で）孤独だと感じたこと」が「よくあった」または「少しあった」という人は53.8％，「男性自身が（最近3ヶ月間で）何もやる気がしないと感じた」(57.3％)，「男性自身が（最近3ヶ月間で）死にたいと思った」(22.5％)となっており，男性のメンタルヘルスという観点で見ると，男性が相談しにくいことを放置してよい状況とは，到底言えないわけです。日本の自殺者数は，1998年から2011年まで14年連続で3万人を超えていました。その後やや減少傾向にありますが，わが国の自殺率が，先進国のトップレベルにあることに変わりはありません。そして，自殺者数は男性が女性の2倍を超えているのです。

(2) 男性の生きづらさ

　2014年7月31日放送のNHKテレビ「クローズアップ現代」で男性の生きづらさがテーマとして取りあげられ，私も番組制作に協力させていただきました。この時にNHKが10代から80代の男性1,081人を対象に行った調査(NHK, 2014)でも，生きづらさを感じている男性は54％に上りました。そのうち51％の男性が，以前よりも生きづらくなったと回答しており，341人の男性が生き

第1章　男性相談とは何か

づらい理由として「男として求められている役割」「「男らしさ」という幻想」をあげています。かつて，高度成長期の日本を支えたのは，「男性は仕事，女性は家事育児」という性別役割分業であり，男性は戦後も「企業戦士」に姿を変えて，戦い続けることを余儀なくされたのです。そのおかげで日本は驚くべき復興を遂げたのですが，世界が女性の人権やワーク・ライフ・バランスといったテーマに関心を向け，変革を起こしていった1970年代には，その流れに乗り遅れ，そのままバブルに突入してしまいます。高度成長期のスタイルを継続したまま，バブル崩壊まで経済的にはうまくいってしまったことが，変革のチャンスを逃した今の日本社会のひずみを生んでいると言えるでしょう。男性が「長時間労働」であっても「高賃金」によって希望がもてていたものが，長時間労働はそのままで賃金は相対的に下がりました。我慢して頑張れば報われるはずだったものが，いわば「飴と鞭」の飴の部分がなくなり，我慢させられる部分だけ残ってしまったわけです。そして「イクメン」「カジメン」という言葉に象徴されるように，男性の家事育児参加が強く求められる一方で，一家の大黒柱でなくてはならないという幻想はどこかで生き続けています。こうした男性のつらさを「男は弱音を吐くべからず」という縛りで抑圧し続けては，社会も何も変わらないまま，男性の生きづらさは増すばかりです。

（3）男性が生きづらい社会を変えるために

　こうした現状を少しでも変えていくためには，やはり，男性自身が自分の置かれた状況に対して，すべてを黙って受け入れなくてはならないと堪えることばかりをよしとするのではなく，必要に応じ，一人の人間として当たり前の感情を表現し，「つらい」と言えるようになることが大切だと思います。そのためには，もっと多くの男性に「つらいと言ってもいいのだ」という認識をもっていただく必要があります。男性相談窓口の増加が望まれるのは，「男性も相談してよいのだ」という認識を，多くの人がもつようになることを目指しているからなのです。

　実際これまでに，男性相談窓口は，少しずつ増加しており，その意義の大き

13

第Ⅰ部　現代社会における「男性の問題」と男性相談

さも実証されています。内閣府が全国の自治体に行ったアンケートでは，「男性の相談員がいることを明記したことで，男性からの相談件数が上昇した」「男性相談と総合相談の２つの窓口を設置している自治体では，開設時間が短いにもかかわらず，男性相談窓口をあえて選ぶ男性が多い」といった事例が確認されています。「男性のための相談」と銘打ち，男性に対してアピールをすれば，相談窓口につながることができる男性が多いことが示されているわけです。

第5節　男性相談の広がりと現状

（1）男性相談の広がり

　1995年にスタートしたホットラインは，開設後数年間，日本で唯一の男性相談でした。全国から相談が寄せられ，相談員は耳慣れない方言に戸惑いながら対応することもありました。その後1999年に男女共同参画社会基本法が施行されたこともあり，男性相談窓口を設置する自治体が少しずつ現れはじめました。2004年には大阪市立男女共同参画センターに男性相談が開設され，ホットラインがその事業を受託しています。そして現在までに，ホットラインが，あるいは私が個人で，数ヶ所の自治体の男性相談事業のお手伝い（相談員の派遣，開設時の相談員養成，相談員の継続研修など）をさせていただいています。大阪市の男性相談は，毎週金曜日の19時から21時と，毎月第3日曜日の11時から17時に，電話と面接（予約制）を実施し，年間約300件の相談を受けています。

　2011年度に，大阪府が「DV等に関する男性相談マニュアル及び男性相談員育成プログラム作成事業」を実施し，全国の自治体に対する男性相談についてのヒアリング調査，24時間男性相談の実施とその傾向分析，それらに基づく男性相談を受けるためのマニュアル作成を行いました。この24時間男性相談は，ホットラインとNPO法人関西心理相談員会が合同で実施し，マニュアル『男性相談の実施に当たって』については，私と吉岡俊介（本書第11章執筆者）とで内容を作成しました。さらに2012年度には，内閣府男女共同参画局が「地方

14

自治体等における男性に対する相談体制の整備支援のための調査検討会」を立ち上げ，私も委員を務めました。この検討会でも『地方自治体等における男性に対する相談体制整備マニュアル』を作成し，全国の自治体に配布するとともに，2013年度には，東京と関西で２回ずつ，このマニュアルをテキストとする，全国の自治体担当者向けの研修会が開催されました。

こうして男性相談は少しずつ広がりを見せ，現在全国約40ヶ所の自治体で実施されるようになりました。この男性相談のネットワークを構築し，情報の共有や合同での研修等ができるようになることを目指して，2014年11月に，第１回全国男性相談研修会（主催：大阪市立男女共同参画センター／協力：『男』悩みのホットライン／後援：内閣府男女共同参画局・大阪市）を開催しました。全国から100名を超える参加者があり，その後毎年１回，この全国研修会を継続して実施しています。

（2）まだ不十分な体制

男性相談の窓口は，少しずつ増えてはいますが，残念ながらまだ十分な数とは言えません。各地の男女共同参画センター等で毎日実施されていることが多い女性相談に対して，男性相談は多くても週に１〜２回程度の実施で，月に１回という自治体も多く，時間帯も限られています。男性相談が急速には広まらない事情としては，自治体の財政的な問題もさることながら，男性を対象とすると，利用しやすい時間帯として平日夜や土休日に設定せざるを得ないため，相談員の確保が難しいということもあると考えられます。相談のスキルだけではなく，男性のジェンダーに関する問題について十分な理解が必要になりますので，相談員養成の体制作りも，今後の課題となります。

第6節　男性相談と男性優位の価値観

（1）男性差別とその根源

しばらく前のことになりますが，ある女性議員が，討論会の場で「男なら泣

第Ⅰ部　現代社会における「男性の問題」と男性相談

くな！」と発言したことが一時的に話題になりました。男性相談にも，この発言を知ってつらい思いをしたという相談が寄せられ，インターネット上など一部に批判の声も上がったのですがさほど大きくはならず，彼女に関する別の問題がクローズアップされたこともあって，世間からは忘れられてしまったようです。その後，自宅を紹介するテレビのバラエティー番組でも，彼女は自分の配偶者のことを「ペット以下の存在」と紹介していました。ここで彼女自身のことを批判するつもりは一切ありませんが，こうしたことが今の日本社会では，何となく容認されてしまうということについては，考えてみる必要があると思います。たとえば，これらの言動について，性別を逆にして「女なら〇〇！」や「妻はペット以下」と発言した男性議員がいたとしたら，社会から容認されたでしょうか。「女性差別」は批判されますが，「男性差別」は容認される傾向にあるわけです。

　こうして男性差別的なものが容認される前提としてはやはり，長年続いている「男性中心の社会」があります。テレビ番組で「夫はペット以下」という発言が面白いものとして扱われ，公共の電波に乗ってしまったのは，男性が強い立場にあるという認識が前提として存在し，強い立場の者をこき下ろすことが笑いを生むという従来の発想によるものだと考えられます。「強い男」が「弱い女」をいじめたら不快なものとして受けとられますが，「強い女」が「弱い男」をいじめると面白がられる（と少なくともテレビ番組の制作者は思っていた）のは，「通常とは逆」という意外性から笑いが生じうるからでしょう。つまり，今の「男性差別」は，元を正せば，従来の「男性優位」が人々の意識の中に前提として存在するからこそ起きているとも言えるわけです。

（2）女性相談から考える男性相談

　男性中心の社会を変えようとする動きは，まず女性の側から起きはじめました。フェミニズムの視点をもったフェミニストカウンセリング（女性相談）は，男性相談よりも長い歴史があり，男性相談もその基本的な方法論について，取り入れています。日本フェミニストカウンセリング学会のウェブサイトには

「フェミニストカウンセリングは，社会的に関心がもたれるずっと以前から，セクシュアルハラスメント，ドメスティックバイオレンス（DV），性虐待，性暴力などの「女性への暴力」の存在を明らかにし，社会に問題提起し，その解決のためにさまざまな取り組みをし続けています。そして，被害当事者と共に歩む中から，回復の道筋について学び，理論化し，よりよいサポートのために研鑽を積んできました」と記されており，女性の暴力被害者を救済するという理念が示されています。すなわちそこには，「男性の加害者」が想定されており，（男性の加害者を容認するような）男性中心社会を変革していこうとする動きとしてとらえることができます。

　一方で「男性相談とは何か」をあらためて考えると，このフェミニストカウンセリング（女性相談）の性別を単にひっくり返したもの，つまり女性加害者から男性被害者を救済するもの，などと単純に説明できないことは言うまでもありません。男性相談においても，男性差別は問題にはなりますが，それは先ほど述べたとおり，男性中心社会を前提として生じたものですので，男性差別をなくすためには，翻って男性優位の価値観の縛りからの解放を目指すことになります。そして，女性相談は，男性からの抑圧という言わば「外圧」からの解放を目指しているのに対し，男性相談は，男性自身を縛り女性を抑圧してしまう男性優位の価値観に対して，男性が自ら変わっていこうとする言わば「自発的」「内発的」な動きであるということになります。

　男性相談においては，ここまで述べてきたとおり，まず，相談をしてきてもらうこと自体が，「男は弱音を吐くべきではない」という従来の価値観の縛りを乗り越えることを意味します。そして，自分の弱い部分も含めて語ることに，男性にとってもメリットがあるのだと実感してもらうことで，「男はかくあるべし」という固定的な意識を切り替えるきっかけとすることができます。男性相談は，男性の立場に立って聴きますが，男性の「味方」になることによって女性の「敵」になる，といった構造にはなりません。むしろ男性相談は，男性の固定的な性別役割意識の縛りを緩め，社会に根強く残る男性優位の価値観を変えうるという意味では，女性の抱えるあらゆる問題に対しても，非常に大き

第Ⅰ部　現代社会における「男性の問題」と男性相談

な意味をもつものと考えています。

第7節　「男性相談」が時代遅れになるその日まで

（1）男性だけの問題ではなくなってきている

　2015年12月，国内最大手の広告代理店において，女性社員が過労自殺に追い込まれ，社員に課せられていた非常に厳しい行動規範が世間に知られるところとなりました。「かくあるべし」に従い，自分に鞭を入れて頑張り続けるという，わが国で目指すべきとされてきた働き方が，男性のみならず，女性をも極限まで追い詰めているということを示した，象徴的な事件と言えるでしょう。ブラック企業という言い回しが一般化して久しいですが，かくあるべしという強いプレッシャーをかけられ，命を使い捨てにされるのは，今や男性労働者に限った話ではないのです。女性の社会進出の拡大により，男性が曝されてきた価値観に，女性もさらされるようになっていると考えられます。

　また，私が滋賀県草津市の幼稚園児・保育園児の保護者を対象に行った調査（濱田，2017）においては，「理想的な母親像」が自分の中にある，と答えた人の割合は，女性が6割以上，男性は約3割と倍以上の開きがあり，43％の女性が自分は母親に向いていない，と答えています。子育てに関する「かくあるべし」はむしろ女性の方に重くのしかかっており，自分が理想どおりにできないと悩む母親が多いことがうかがえます。いわゆる「母性神話」がいまだに女性を縛っているのです。

　「かくあるべし」に向かおうとする「ガンバリズム」はわが国のいわば伝統的なお家芸ですが，かつてのような飴と鞭の飴も期待できず，若者に希望をもたせることができない（若年層の死因トップが自殺），欧米と比較して労働時間が長い割に生産性が上がらない，といったところを見ると，そろそろ，こうしたやり方も限界にきているのではないでしょうか。

第1章　男性相談とは何か

（2）社会を変えていくために

　男性相談が目指しているのは，相談者の「かくあるべし」を緩め，ほぐし，そのプレッシャーから自由になったところで，自分の問題を自分のものとしてしっかり考えられるようにすることです。その意味では，もはや対象は男性に限りません。今，すべての人にとって，「かくあるべし」を緩め，人として当たり前の感覚を取り戻すことが，必要なのかもしれません。男性相談を，この行き詰まった日本社会を救うためのパラダイムシフトを起こすきっかけにしたい，と考えるのは話が大きくなりすぎでしょうか。いずれにしても，そう考えていくと，「男性相談」は，「ジェンダーの縛りから自由になる相談」「かくあるべし緩め相談」と言い換えることができるのかもしれません。

　ただ，現時点では，まだ男性が相談しにくいという状況があり，男性も相談してよいのだ，というアピールがまだまだ必要ですし，男性が自ら変わっていこうとする取り組みが広がるのはこれからです。その意味では，「男性による男性のための男性相談」の役割は，当分の間，続きそうです。いつの日か，「男性だから」「女性だから」という枠を超えた，「かくあるべし緩め相談」が広がるその時まで，男性相談の活動を続けていきたいと考えています。

19

第2章

男性相談とメンズリブ

大山治彦

第1節　男性相談とジェンダーの視点

（1）ジェンダーの視点とは

　男性相談とは，ジェンダーの視点による男性を対象とした総合的な相談のことです。そして，多くの場合，相談の受け手も同性である男性です。それでは，男性相談が単なる相談ではなく，ジェンダーの視点によるのだということは，どういうことでしょうか。

　まず，それは，男性をジェンダー化された存在，すなわち男らしさを期待され，それを実践する特殊な存在としてみて，男らしさの要因に焦点をあてながら，その人を理解し，問題を解決しようとするものだということです。そして，その解決において，個人の悩みにとどまらず，男性問題，すなわち，ジェンダー平等を目指す立場から，社会問題である男性のジェンダー問題の解決を目指しているということも意味しています。

　また，ジェンダーの視点を採用するということは，現在の社会が男性支配の男性優位社会であることや，女性／男性というジェンダーに非対称性があるということに，意識的であるということです。それは，男性相談のもつ難しさに深く関係しています。男性相談は，女性相談やフェミニスト・カウンセリングについて，その女性とある部分を男性に置き換えただけではすまない部分があるのです。

　さて，ジェンダーの視点とは何でしょうか。ジェンダー（gender）とは，生物学的な性別のことであるセックス（sex）に対して，社会的，文化的，心理

第Ⅰ部　現代社会における「男性の問題」と男性相談

的な性差や性別のことをいいます。そして，ジェンダーの視点とは，ジェンダー・バイアスが社会や文化の産物だと考える，ものの見方です。ジェンダー・バイアス（gender bias）とは，女性はこういうもの，男性はこういうものと，性別による決めつけをいいます。ジェンダー・バイアスはまた，女性と男性は生まれながらに，本質的に性質が異なるという考え方，すなわち，性別特性論に基づいています。それは，性別に関わりなく，一人ひとりが多様な生き方ができる社会，つまり，ジェンダー平等な社会を目指すには，克服すべきものだといえます。なお，ジェンダーの視点は，ジェンダーに敏感な視点（ジェンダー・センシティブ）ということもあります。

　ところで，先に述べた男性支配やジェンダーの非対称性とは何でしょうか。男性支配とは，層としての男性は層としての女性に対して加害者であり，男性が女性に対して圧倒的に優位な立場にある社会状況のことです（多賀，2016）。そして，ジェンダーの非対称性とは，男女というジェンダー・カテゴリーが，対等なものではなく，上下に階層化されており，さらには，男性が主体，標準，中心となり，女性は客体，特殊，周縁として，差別されているという状態のことです。これらの視角は，フェミニズムや女性学，ジェンダー研究から生まれてきたものです。

（2）男性問題とは

　それでは，男性相談が取り組む男性問題とは何でしょうか。それは，男性であるがゆえに，男らしさを期待されるがゆえに生じる社会問題のことです。多賀太は，男性問題を大きく2つに分類しています。その一つは「男性が女性を苦しめている」という意味での男性問題です。もう一つは，「男性自身が困っている」という意味での男性問題です（多賀，2006）。男性相談はこの2つの男性問題に，すなわち，加害者としての男性の問題と，何らかの困難を抱え，悩み苦しんでいる男性の問題に取り組むことになります。

　男性相談では，相談を受けるワーカーも同性の男性であることが珍しくありません。とりわけ「『男』悩みのホットライン」は，同性である男性ワーカー

22

が聴くことにこだわってきました。別の言い方をすると，男性としての当事者性にこだわってきたのです。それは，「『男』悩みのホットライン」が，男性運動であるメンズリブから生まれたことと深い関係があります。

そこで，本章では，「『男』悩みのホットライン」からはじまる，わが国の男性相談の歩みをふりかえりながら，男性相談とはどのようなものなのか，とりわけ，男性相談の難しさとは何か，そして，なぜ男性の当事者性にこだわるのか，お話ししたいと思います。

そのために，まず，ジェンダー相談の先輩にあたる，女性相談やフェミニスト・カウンセリングについて，そして，それを生み出したフェミニズムについて，お話しします。そして，それを踏まえたうえで，男性相談を生み出した男性運動，とりわけメンズリブについて述べたいと思います。

男性相談は，フェミニズムや女性相談，フェミニスト・カウンセリングの成果のうえに成り立っています。また，男性相談を直接に生み出したメンズリブも，フェミニズムの影響を受けて誕生しました。したがって，フェミニズムや女性相談，フェミニスト・カウンセリングに関する知識なしに，男性相談を理解することはできないのです。これは筆者独自の考えではなく，「『男』悩みのホットライン」の誕生に関わった人間に共通した認識だといってよいでしょう。

なお，筆者は，「『男』悩みのホットライン」の立ち上げを含む最初期に，中心的なメンバーの一人として，活動していました。また，筆者は大学生の頃から，すなわち1980年代後半から，男性運動に，とりわけ，メンズリブに深く関わってきました。本章で述べることには，筆者がそのときに考えたこと，感じたことなどが多く含まれています。

第2節　男性相談のための女性相談入門

（1）CRと「個人的なことは政治的なこと」

フェミニズム（feminism）とは，女性を主体とする，男女平等や性差別の撤廃を目指す思想・運動のことです。女性相談やフェミニスト・カウンセリング

第Ⅰ部　現代社会における「男性の問題」と男性相談

は，そのフェミニズムのなかでも，アメリカ合州国における第二波フェミニズムを支えた女性グループ活動，すなわちCR活動から誕生しました。第二波フェミニズム（the second wave of feminism）とは，1960年代にはじまったフェミニズムで，男性との法的な平等だけではなく，実質的な平等を要求しました。わが国では，ウーマンリブとして知られています。

　CR（consciousness-raising：コンシャスネス・レイジング）とは，フェミニズムにおいて，女性たちが，内面化された女らしさ，すなわち，ジェンダーへのとらわれから自由になるためにはじめた運動の方法です。とりわけラディカル・フェミニズム（radical feminism）において，重視されたものです。CRは，意識変革，意識覚醒，意識拡大などとも訳されています。CRにおいて，女性たちは，女性同士で，自らの実感や経験を語り合い，その体験を共有することによって，癒され，問題解決へと向かう力を養っていきました。

　このように，「力」をつけること，すなわち，その自尊感情や能力を高め，自分自身の可能性を広げていくことを，エンパワメント（empowerment）といいます。自尊感情（self-esteem）とは，ありのままの自分を肯定的に受容すること，自分自身を他の人と同じように価値ある存在だと思うことです（井上，2010）。

　CRはまた，「個人的なことは政治的なこと」（The personal is political）であると気づくプロセスでもあります。このスローガンは，一見，個人の問題と見えるものが，ジェンダー・バイアスによる社会問題であることを主張するものです。つまり，"女らしくない自分が悪い，女らしくできないのは自分の努力不足だ"というように，"個人的なこと"，すなわち自己責任だと思われていることが，実は，家父長制による女性差別，つまり，社会的な問題に結びついていることに気づこうということです。社会問題は，まず個人の悩みや問題として現れるのです。この「個人的なことは政治的なこと」は，CRから誕生したフェミニスト・カウンセリングの基本理念にもなっています。家父長制（patriarchy）とは，一部の男性が，女性とその他の男性とを抑圧し，支配する構造のことです。先述した男性支配とほぼ同じ意味といってよいでしょう。

第2章 男性相談とメンズリブ

（2）女性相談，フェミニスト・カウンセリングとは

　女性相談，フェミニスト・カウンセリングとは何か。少し古いのですが，横浜市女性協会が編集した『女性施設ジャーナル④』（横浜市女性協会，1998）に特集が組まれています。それを参考にしながら，話を進めていきましょう。

　まず，女性相談とは，女性のための総合相談であることです。「女性が悩んでいること，相談したいことを少なくとも入り口のところで細切れにせずに，なんでもそのまま受け入れる（中略）まさに女性のための「何でも相談」」であるということです（横浜市女性協会，1998）。すなわち，女性の全体性を重視した，ワンストップな相談なのです。問題や悩みを抱えているとき，どこで自分の話を聴いてもらえるか思いわずらう必要がないというのは，それだけでも，その女性の負担を減らし，問題解決に近づくことができるのではないでしょうか。

　そして，女性相談が女性相談たる所以は，それがジェンダーの視点によるものだということです。女性相談が，「これまでの行政機関が実施してきた相談と一線を画するのは，なによりも女性の視点に立って相談に来る女性を援助，支援することを目的に設置されている」からなのです（横浜市女性協会，1998）。女性の視点とは，ジェンダーの視点によるもので，女性の経験や実感から生まれたものの見方のことです。この女性の視点は，学問の世界で女性学（women's studies, feminist studies）を，心理臨床においてはフェミニスト・カウンセリングを生み出しました。

　そして，女性相談は，「不安や悩みをかかえる女性に説教や非難ではなく，共感や励ましをもって相談を行」うものです（横浜市女性協会，1998）。つまり，女性はこうあるべきだという，女らしさのジェンダー・バイアスに基づく，助言という名の説教や非難を浴びることなく，女性である自分の話をそのまま聴いてもらえる，その感情をきちんと受け止めてもらえる相談だということです。そのため，女性相談では，同性の女性相談員であることが望ましいとされています。また，女性相談は，女性の「相談者が訴えることをそのまま受けとり，さらに相談者自身が大切に尊重されるべき存在であることを相談の中で伝え」

るとされています（横浜市女性協会，1998）。これは，まさに自尊感情を育み，女性をエンパワメントするということです。

　また，ジェンダーの視点に立つということは，その相談者個人の問題や悩みの解決と同時に，その背景にある，社会問題である女性問題の解決も視野に入れているということです。別の言い方をすれば，社会をよりよいものにしていこうとする，世直しの一環であるということです。少なくとも，女性相談から得られた情報を，たとえば男女共同参画推進センターの企画や，国や地方自治体のジェンダー政策や施策，事業へ活かすことが求められているのです。このように，女性相談は，心理的なカウンセリングに留まるものではありません。個人にも環境にも働きかけるソーシャルワーク，そして，アドボカシー（advocacy：権利擁護），政策提言などのソーシャル・アクション（social action）につなげていくものなのです。

　女性相談には，フェミニスト・カウンセリングの考え方が導入されています。フェミニスト・カウンセリング（feminist counseling）とは，女性の心理的問題を，フェミニスト的な視点から理解し，クライエントの回復やエンパワメントを援助する，女性のためのカウンセリングのことです。フェミニスト・セラピー，ウィメンズ・カウンセリングともいいます。ちなみに，フェミニスト・カウンセリングをわが国には導入したのは，河野貴代美で，それは1980（昭和55）年のことでした（井上，2010）。

　フェミニスト・カウンセラーの井上摩耶子は，フェミニスト・カウンセラーの役割として，次の5点を挙げています。それは，①傾聴，共感，受容，②フェミニズムの視点による人生の意味の再構成，③行動変容のチェック，④エンパワメント，⑤ネットワーキングとアドボカシー，です（横浜市女性協会，1998）。これらは，フェミニズムの視点を，ジェンダーの視点に置き換えれば，男性相談のそれとほぼ共通するものです。

第2章　男性相談とメンズリブ

第3節　わが国の男性運動の歩み

（1）男性運動とは

　それでは，いよいよ本題であるメンズリブや男性相談についてお話しします。メンズリブの歩みを知ることは，男性相談とは何か，よりよく理解するために役立つと思います。

　男性運動（men's movements）とは何でしょうか。男性運動とは，ジェンダーに関わる諸問題についての男性側からの社会運動のことです。男性運動には，広い意味での男性運動と狭い意味でのそれがあります。前者には，ゲイ・ムーブメント（gay movements）や父子家庭の運動など，男性によるさまざまな取り組みが含まれています。一方，わが国において一般に男性運動という場合は後者で，「男の子育てを考える会」から「メンズセンター」に至る系統の運動を指すことが多いようです。ここでも，男性運動というときは，後者の，狭い意味での男性運動のことを指すことにします。

　わが国の男性運動は，ウーマンリブと呼ばれる第二波フェミニズムから直接影響を受けた男性たちが，1970年代の半ばから各地で男性運動のグループを結成したことからはじまりました。こうした動きは当時，「マンリブ」と呼ばれていました（溝口ほか，1995）。そして，わが国の男性運動は，1990年代にメンズリブとして隆盛を迎えることになります。

　それでは，男性相談を生み出したメンズリブを含む男性運動について，ふりかえってみたいと思います。

（2）他者の問題から，加害者としての自分たちの問題へ――加害者としての男性運動

　メンズリブに至るわが国の男性運動において，重要な役割を果たしたのは，「男の子育てを考える会」と「アジアの買売春に反対する男たちの会」です。「男の子育てを考える会」は，それまで，男性中心の社会において差別や不利益を受ける女性の問題だとして，女性問題とみなされていたものを，男性自ら

27

も当事者となる男性問題へと組み換えたのでした。そして，「アジアの買売春に反対する男たちの会」は，男性問題の中核を，多賀のいうところの「男性が女性を苦しめている」という意味での男性問題（多賀，2006），すなわち加害者としての男性問題だとし，その解決には，加害者である男性が自ら率先して当たるべきだと主張したのです。

「男の子育てを考える会」（以下，「子育ての会」）は，わが国の男性運動の元祖といえる存在で，後の男性運動に大きな影響力を与えるなど，もっとも重要なグループの一つです。「子育ての会」は，マンリブの時代，すなわち1978（昭和53）年4月に東京で誕生しました。

「子育ての会」が，わが国の男性運動の元祖といえるのは，先に述べたように，これまで，男性中心の社会において差別や不利益を受ける女性の問題だとして，女性問題とみなされていたものを，男性の問題である男性問題へと組み換えたからです。それは，男性が，女性たちの運動であるフェミニズムを，男性が助けるという立場から，自分たちの問題として，自らが取り組むという，当事者としての運動へと，大きく変化させたのです。

発起人の一人で世話人であった星建男はこう述べています。「女に押しつけられている子育ての不公平さを取り除こう，男も子育てに協力しようということではなくて，今，仕事，生産に駆り立てられて非人間化している生き方，生かされ方を否定し，子育てという生命生産（出産そのものではなく，物質生産に対立するものとしての意味）の領域に踏み込むことによって人間らしさを取り戻」すのだと（星，1978）。すなわち，「子育ての会」は，男性が子育てというケア役割を担うことによって，自らも不利益を受けている性別役割分業や男らしさから解放されたいと主張したのでした。

なお，「子育ての会」は，今日の，いわゆる父親の子育て運動（たとえば，「ファザーリング・ジャパン」など）とは，大きく異なるものです。父親の子育て運動では，男性というよりは父親であることに重きがありますし，よい子育てをしたいということで，子どもや配偶者に目が向いています。ジェンダーの視点が希薄だと思われます。しかし，「子育ての会」は男性であること，すな

わち男性性に焦点が当たっているのです。

さて,「アジアの買売春に反対する男たちの会」(以下,「アジ買」)は,「子育ての会」をベースに,1988(昭和63)年12月に東京で発足しました(谷口和憲ほか)。名前の通り,当時問題となっていた,日本人男性によるアジアへの買春観光に反対を唱えたグループです。

「アジ買」は,先に述べたように,男性問題の中核を,加害者としての男性問題だとし,その解決には,加害者である男性が自ら率先して当たるべきだと主張しました。さらには,男性問題の解決においてとりわけ重要なのは,層としての男性は層としての女性に対して加害者であることを認識し,各々の男性が自らの加害者性に気づき,それを克服することだと考えたのでした。これらのことは,実に画期的なことでした。なぜなら,フェミニズムの主張を,男性たちが正面から受け止めただけではなく,それを自ら口にしたからです。

そして,「アジ買」の男性たちは,自らを特別扱いすることなく,自らの加害者性を厳しく追及しようとしました。それは,女性を差別・抑圧する一部の"悪い男性"なのであって,多くの男性は,とりわけフェミニズムに共感する自分たちのような男性は"よい男性"なのだというような見解を否定したものでもありました。そのうえで,自ら"悪い男性"として,男性問題の解決のために,他の男性とつながろうとしたのでした。

このように,「アジ買」は,加害者側の男性が率先して,男性問題を解決すべきという問題意識から,男性のみで活動しました。これはまた,男性が当事者であることを目に見える形で示し,当事者意識を高める工夫であったのです。今日では,男性問題のグループが男性のみであっても,誰も不思議に思いません。しかし,それは「アジ買」から始まったものであり,それは,そんな昔のことではなかったのです。

さて,このように,「アジ買」は,フェミニズムからの批判や要求への対応,いいかえれば他者である女性が発見した問題について,すなわち,男性の加害者性の問題について取り組みました。男性の加害者性のみに焦点をあてたことは,フェミニズムの理論からすれば妥当なものであり,女性たちの期待に沿う

第Ⅰ部　現代社会における「男性の問題」と男性相談

ものでした。

　しかしながら，その運動のあり方に対して，「アジ買」のなかから，しだいに疑問が呈されるようになります。その中心となったのは，1989（平成元）年7月に大阪で発足した「アジアの買売春に反対する男たちの会・大阪」（以下，「アジ買・大阪」，大山治彦ほか）でした。

　「アジ買・大阪」は，個人がどう感じるかに関係なく，男性支配，すなわち層としての男性は層としての女性に対して加害者であるというフェミニズムの主張は受け入れたうえで，男性運動は，男性が感じている男らしさの抑圧にも目を向けるべきではないかと主張したのです。別の言い方をすれば，多賀のいうところの「男性自身が困っている」という意味での男性問題（多賀，2006）にも取り組もうということです。なぜなら，フェミニズムや男性運動に興味を示す男性の多くは，男らしさによって抑圧され，傷つけられてきた自分自身の問題をまずはやりたいのではないか，その思いにも応えるべきだと考えたからです。また，男らしさに抑圧されている男性，自分が男らしくないことに悩んでいる男性にとっては，自らの加害者性についても取り組むことは，結果的に二重の負担となり，疲弊することになってしまっていたからでした。

　「アジ買・大阪」のこうした問題意識は，1990年代のメンズリブを生み出していくことになるのです。

（3）男性の視点に基づく，オリジナルな男性問題の発見——メンズリブの誕生

　メンズリブ研究会は，1990年代の日本の男性運動の主流といえるメンズリブを生み出し，その原動力となったグループで，1991（平成3）年4月に大阪で発足しました。

　メンズリブ研究会のもっとも重要な功績は，男性の視点から，オリジナルな男性問題を発見し，その解決に取り組んだことです。オリジナルな男性問題とは，男性が感じている，男らしさによって抑圧され，傷つけられてきた自分自身の問題，すなわち「男性自身が困っている」という意味での男性問題のことです。

30

第2章　男性相談とメンズリブ

　メンズリブ研究会の活動の中心は，例会の開催と機関誌『メンズネットワーク』の発行でした。会には代表をおかず，5人の世話人（味沢道明，伊藤公雄，大山治彦，中村彰，水野阿修羅）を中心に運営されていました。研究会と名乗っていましたが，学術研究の場ではありませんでした。

　例会は男性のみで行われ，おおよそ2か月に1回，京都と大阪で交互に開催されていました。例会は，CR的なセルフ・ヘルプ・グループで，当時は，相互カウンセリングなどという言い方をしていました（メンズセンター，1996）。そこは，受容的な雰囲気のなかで，自分史を語りながら，男らしさによって抑圧され，傷つけられてきた自分自身の問題の悩みや本音を安心して話し合える場でした。例会でよく語られたテーマは，キーワード的にまとめると，「父親」「長男」「暴力」「セクシュアリティ」でした（メンズセンター，1996）。

　メンズリブ研究会が関西で活動を開始すると，メンズリブの動きは，瞬く間に全国に広がっていきました。1995（平成7）年4月には「メンズリブ東京」が発足するなど，各地にメンズリブを名乗るグループが誕生していったのです。こうした流れのなかで，メンズセンターも誕生します。

　メンズセンター（Men's Center Japan）は，わが国初の男性センターで，1995（平成7）年10月，大阪市に設置されました（初代運営委員長：中村彰）。それは，大阪市の中心部にあった雑居ビルのなかの，ささやかな一室ではありましたが，メンズリブの活動や情報の拠点として，メンズリブの発展において，大きな役割を担いました。

　メンズセンターは，メンズリブの情報誌である『メンズネットワーク』の発行を，メンズリブ研究会から引き継ぎ，26号から91号まで発行しました（現在休刊）。また，男性運動の全国交流集会として，「男のフェスティバル」を1996（平成8）年11月，京都において開催しました。男のフェスティバルは，2008（平成20）年までに11回開かれました。その開催地は，関西を中心に，東京，博多，高松にもおよびました。そして，メンズセンターは，1999（平成11）年，大阪市から，男女共同参画社会の実現に貢献したとして，「きらめき賞」を受賞しました。これは，男性のみの団体としては初めてのことでした。

31

第Ⅰ部　現代社会における「男性の問題」と男性相談

　1990年代に盛り上がりをみせたメンズリブですが，2000年代に入ると社会運動としては，次第に終息していきます。メンズリブ研究会の例会も，2009（平成21）年には開かれなくなります。また，場所としてのメンズセンターも，2010（平成22）年3月に閉じられました（任意団体として存続）。しかし，メンズリブは，わが国の男性運動において，画期的なものであったことには間違いありません。

（4）メンズリブの意義

　ところで，メンズリブ研究会にはじまり，メンズセンターが発展させたメンズリブの意義はどこにあるのでしょうか。結論からいえば，メンズリブの意義とは，①男性の視点から，オリジナルな男性問題を発見し，その解決に取り組んだこと，②フェミニズムと対となりうる，相似した構造をもつ運動であったということです（大山・大束，1999を修正）。

　まず，男性の視点から，オリジナルな男性問題を発見し，その解決に取り組んだというのは，どういうことでしょうか。メンズリブ以前の男性運動，たとえば「子育ての会」や「アジ買」の運動は，フェミニズムからの批判や要求への対応，すなわち他者である女性が発見した問題について，すなわち，男性の加害者性に焦点をあてた問題について，当事者として解決に取り組むものでした。それは，結論が先にあって，演繹的に，男性の加害者性を自分の経験のなかに見つけていくものといってよいでしょう。

　それに対して，メンズリブは，フェミニズムから結論とともに，CRという手法をも受け継いだのです。メンズリブは，CRによって，男性の視点を獲得し，帰納的に，オリジナルな男性問題を発見する道を選んだのです。男性の視点とは，女性の視点の男性版で，ジェンダーの視点によるもので，男性の経験や実感から生まれたものの見方をいいます。この男性の視点もまた，学問の世界では男性学（men's studies）を，心理臨床においては男性相談を生み出します（なお，男性相談を志す方には，可能であれば，研修などにおいて，CRを体験することをお勧めいたします）。

それでは，もう一つの意義，すなわち，フェミニズムと対となりうる，相似した構造をもつ運動であったというのは，どういうことでしょうか。それは，メンズリブが，ジェンダー平等という価値観を共有するとともに，その運動のかたちが，フェミニズムと同様，自らの経験や実感に基づくものであったということです。「子育ての会」や「アジ買」の運動は，後者の部分が弱かったのでした。

かつて筆者は，メンズリブをフェミニズムと対等なパートナーとなりうる男性運動と述べたことがありました（大山・大束，1999）。しかし，これはおおいに誤解をまねくものです。なぜなら，対等と言い切ってしまうと，ジェンダーの非対称性を無視することになりかねないからです。そして，ジェンダーが非対称性がある以上，そのジェンダー平等を目指す運動は，逆のかたちで非対称にならざるを得ず，フェミニズムと男性運動は対等になりようがないのです。したがって，ジェンダー平等を目指す運動においては，メイン・エンジンはあくまでも，女性たちのフェミニズムであって，メンズリブは小回りが効くように取りつけられた補助エンジンのようなものだと，筆者は考えています。

第4節　男性相談とメンズリブの思い

（1）男性相談の困難性——男性の加害者性と男性の受ける抑圧

話の流れからすれば，まずはメンズリブから「『男』悩みのホットライン」が誕生した経緯についてお話するところです。しかし，それはすでに，第1章で述べられています。そのため，ここでは，男性相談に込められたメンズリブの思いについてお話しします。

同じジェンダーの視点による相談といっても，男性相談は女性相談にはない難しさがあります。それは，男性や男性問題，あるいは男性相談の二重性というべきものです。すなわち，男性支配の社会では，男性は，構造的に加害者の立場にあります。そのため，一人の男性の中に，加害者性の側面と，男らしさによって抑圧を受けている側面が混在しているのです。こうした二重性のため，

第Ⅰ部　現代社会における「男性の問題」と男性相談

男性相談は，男性の加害者性と男性の受ける抑圧のいずれにも，常に目配りをしなければならないのです。

　ところで，メンズリブや男性学，男性相談は，男性をジェンダー化された存在ととらえます。すなわち男性を人間一般とみなすのではなく，男らしさを期待され，それを実践する特殊な存在とみなすのです。そして，男女間，男性内の権力関係や利害関係にも敏感であろうとしています（多賀，2006）。すなわち，男性も一枚岩ではなく，そのあり方はさまざまであると考えたのです。

　また，アメリカの男性学者であるメスナー（Messner, M. A.）は，男性学の視点として，①「男性の制度的特権」，②「男らしさのコスト」，③「男性内の差異と不平等」の3つに着目することを提案しています（Messner, 1997）。これまで述べてきたことでいえば，男性の制度的特権が男性の加害者性に，男らしさのコストと男性内の差異と不平等が，男性の受ける抑圧に，深く関連しています。男性の制度的特権とは，男性支配社会では，集団としての男性は集団としての女性の犠牲によって構造的に利益を得ているという意味です。男性が，男らしさや男のメンツへのこだわりといった男らしさの鎧をなかなか脱げないのは，この制度的な特権を失うことを恐れているからです。男らしさのコストとは，その制度的特権を維持するために，男性が，男性役割や男らしさを忠実に実践するときに生じる代償のことです。その代償には，男性役割や男らしさへの過剰適応によって失うものも含まれます。そして，男性内の差異と不平等とは，すべての男性が，同じように特権を手にしているわけではないということです。そのため，男性は自分自身が制度的特権をもっているとは感じられなかったり，自らの支払っている男らしさのコストを高く感じたりするのではないでしょうか。そのため，男らしさのコストと男性内の差異と不平等によって生じている男性問題は，多くの男性にとって，男性の生きにくさとして実感しやすいようです。

　しかし，ジェンダー平等の実現を正面から考えるとき，どうしても，男性の制度的特権，すなわち加害者性の方に焦点をあてることになります。男性運動でいえば，「アジ買」のアプローチがこれにあたります。一方で，メンズリブ

は，せめて男性のみの場では，制度的特権の問題も意識しつつ，男らしさによって抑圧され，傷つけられてきた自分自身の問題を，男らしさのコストと，男性内の差異と不平等の問題を，主要なテーマとして取りあげようとしました。

しかし，こうした議論は，女性にとっては，いらだちを禁じ得ないものかもしれません。コストが高かろうが，分配される利益に不平等があろうが，特権があるじゃないかといわれてしまえば，そのとおりだからです。たとえば，特定の大学への進学を強いられて苦しんだ男性がいたとしても，大学への進学さえ認められなかった女性が「大学への進学ができただけもマシだ」と思うのは仕方がないことです。とはいうものの，男性にとっては，まずは男性の文脈で，そのつらさをわかってほしいという思いは，どうしても残ってしまうのです。

かつて男性運動のなかで，加害者側の男性は癒されてはいけないと主張する男性も少なからずいました。しかし，筆者の経験からすると，やはり癒されないと，少なくとも抱えている問題に見通しがつかないと，前には進めないものです。そのためには，まずは，ありのままの自己を，そのまま受容，傾聴してもらう経験が必要なのです。それによって，エンパワメントされてはじめて，自らの加害者性にも向き合えるのではないでしょうか。男性がありのままの自分を受け入れてもらえる場をもつこと，それは，まわりまわって，男性に加害者性を突きつけてくるフェミニズムに対する男性の反感を和らげ，結果的に，女性問題の解決に寄与することにもなると，筆者は思うのです。

しかし，だからといって，男性がありのままの自己を，そのまま受容，傾聴してもらう経験は，男性同士で，男性のみの場でしたいものです。こうした取り組みに，構造的に被害者側にいる女性を巻き込むのは，やはり情けないことだと，筆者は思うからです。

男性を苦しめる男らしさの抑圧はまた，女性差別を生み出している構造と同じものから生み出されています。多賀はこう指摘しています。「男性自身が困っている」という意味での男性問題として，男性の生きづらさとして語られる事柄の多くは，決して男性が女性よりも弱者になってしまったり，われわれの社会が女性優位になってしまったりしたことによってもたらされたものではあ

りません。むしろ，無理をして男性優位の体制を維持しようとすることの副作用として理解できるものだというのです（多賀，2016）。

したがって，男性相談は，最終的には，女性に貢献できるものでなければなりません。もちろん，男性相談は男性のためのものです。男性相談のまなざしは，まずは男性の上にあるべきです。そのうえで，その男性が，男性支配の構造にも，その加害者性にも気づけるように，可能な限り，何らかの働きかけをすることが求められると思います。

たとえるならば，メンズリブや男性相談は，男性の加害者性と，男性の受ける抑圧との間で倒れないようにバランスをとっているヤジロベエのようなものです。男性の受ける抑圧の側に倒れてしまえば，女性の犠牲の上で，個々の男性が楽になることにしかなりません。それは，男性問題を生み出している，男性支配のジェンダー構造全体を変えることにもつながりません。一方，男性の加害者性の側に倒れてしまえば，それは男性を矯正する取り組みでしかなく，メンズリブとも，男性相談ともいえないものになってしまいます。男性相談は，男性のための相談ですから，男性の受ける抑圧の側にやや傾いたかたちで，バランスをとることになります。これは，なんとも微妙で，困難なことです。しかし，これは，メンズリブや男性相談に背負わされている，避けることのできない大きな課題なのです。

（2）男性相談と当事者性——なぜ男性ワーカーにこだわるのか

多くの男性相談では，相談を受けるワーカーも男性です。とりわけ「『男』悩みのホットライン」は，同性である男性のワーカーが聴くことにこだわってきました。

しかし，相談者を適切に援助できるのであれば，本来，ワーカーの性別は関係がないはずです。もちろん，男性であれば誰でも，男性の話を共感とともに聴くことができるわけはありません。男性はこうあるべきという，男らしさのジェンダー・バイアスに染まっていれば，それは不可能です。しかも，相談者のなかには，男性ではなく，女性に聴いてほしいと思う男性もいないわけでは

ありません。なぜなら，男性のなかには，男らしさのライバルである，同性の男性に相談をすることに，抵抗を感じる人もいるからです。このように考えてみると，女性であっても，男らしさのジェンダー・バイアスに気づいている人であるならば，ワーカーとして採用する相談機関があってもおかしくはありません。

　しかし，男性相談では，やはり男性ワーカーにその中心を担ってほしいと，筆者は考えています。それはなぜかというと，一言でいえば，男性の悩みは，当事者である男性たちで解決したいと思いがあるからです。これは，男性運動のなかで生まれてきた考え方であり，男性運動の決意表明のようなものです。社会的に男性とみなされ，男らしさを期待されて生き，男性としての歴史をもつ人間だからこそ，仲間である男性の悩みに寄り添いたいと，筆者は思うのです。そうした仲間の悩みに寄り添えないとしたら，それは仲間として情けないことではないでしょうか。男性だからこそできること，やるべきことがあるはずです。それらについて，思いつくままに，いくつか挙げてみましょう。

　まず一つ考えられるのは，同じ男性に受容されることによる，エンパワメント効果の大きさです。わが国は，未だ男性はこうあるべきだという，男らしさのジェンダー・バイアスが根強くあります。そのため，男性が男らしくないと悩んでいても，その話を共感的に聴いてもらえる機会はあまりありません。しかし，そのような状況だからこそ，同じ男性にきちんと話を聴いてもらえたとしたら，その男性はとてもエンパワメントされるのではないでしょうか。

　また，男性がその加害者性に向き合うように迫られたとき，そのときこそ，同じ男性の出番だと，筆者は思います。ほとんどの男性は，加害者性を指摘されれば，そうした自覚がないこともあって，戸惑いや，不当に非難されたという怒りといった感情に襲われてしまいます。同じく加害者の側にいて，そうした感情を経験したことのある男性は，それらを共感的に理解することにおいて，やはり有利なのではないでしょうか。

　そして，男性がその加害者性を否認せず，受け入れようとする努力をしているとき，ソフト・ランディングできるように，仲間として支援できることも，

やはり同じ問題を抱える男性，しかも少し先を行く先輩としての男性ならではのことではないでしょうか。男性相談でも，男性ワーカーには，同じ加害者側の仲間としてどのように寄り添うことができるか，考えてほしいと思います。

　男性はこれまでケア役割を女性に依存してきました。ケア役割とは，家事，子育て，介護など他者を世話する役割のことです。それには，悩みやグチを聴くことも含まれています。もし女性と男性が対等になろうとするのであれば，ケア役割を，当たり前のように女性に依存するのではなく，男性同士でも同じようにできなければならないと，筆者は考えています。したがって，男性相談は，男性が男性のケアを担う役割を担う，その第一歩として，男性にがんばってほしいと思うのです。

第5節　男性相談の未来に向けて──男性とは誰のことか

（1）性的少数者とは

　ここまで，男性をキーワードにあれこれ論じてきました。にもかかわらず，男性とは誰のことなのか，まったく定義しないまま話を進めてきました。男性が誰かなんて，そもそも論ずる必要があるのかと訝しがる方もいらっしゃるかもしれません。しかし，この問いは，男性相談の将来にも関わる，重要な問題なのです。そこで，最後になりましたが，この問いについて考えていきたいと思います。

　メンズリブの時代，すなわち1990年代は，わが国において，LGBTIQ＋などの，いわゆる性的少数者の人たちに対する認識が広がりはじめた時期でもありました。とりわけ，トランスジェンダーや性分化疾患の人たちの存在が目に見えるようになったことで，女性／男性というジェンダー・カテゴリーを自明視するわけにはいかなくなったのです。

　そのため，男性とは誰のことなのかという問いは，「ホットライン」発足当時，主要メンバーの間では，ある程度，共有されたものでした。「『男』悩みのホットライン」という名称も，そうした時代の流れが反映したものでした。単

に男ではなく,『男』と男に二重カッコがついているのがそうです。もちろん,男性向けの相談であることや,電話の受け手がすべて男性であることを強調したいという意図もありました。しかし,それ以上に,男性とは誰なのか,意識的にならないといけないのではないかと考えたからでした。

ところで,性的少数者（セクシュアルマイノリティ）とは,どのような人たちのことでしょうか。性的少数者とは,自分が自分であるために大切な,性的なありようや行動,欲望に関する部分が,性的多数者（セクシュアルマジョリティ）とは異なっている人たちのことです。そして,そのために,不当な扱いを受けている人たちのことです。具体的には,LGBT,すなわち「レズビアン（L）」「ゲイ（G）」「バイセクシュアル（B）」「トランスジェンダー（T）」の人たちや,「性分化疾患（I）」「クエスチョニング（Q）」と呼ばれる人たちです。もちろん,ここに挙げたカテゴリー以外にも,多様な人たちが存在します。そのため,筆者は,LGBTIQ に「＋」をつけて,そのことを忘れないようにしています。

最近,セクシュアリティを語るときに,SOGI という言葉が使われるようになりました。SOGI とは,性指向と性自認の英語の頭文字を取ったものです。また,SOGI は,すべての個人がもつものであり,SOGI を理由とする人権侵害は,すべての人がその対象となりうることを示しています（谷口,2017）。この SOGI に,生物学的な性別（sex）を加えた３つを,セクシュアリティの３要素といいます。さらに,性表現（gender expression）をくわえて,４要素とする場合もあります。

性指向（sexual orientation）とは,いずれの性別が恋愛や性的な欲求の対象になるのか,その方向を示す概念です。これが異性に向く人が,ヘテロセクシュアル（heterosexual）です。同性に向けば,ホモセクシュアル（homosexual）で,女性であればレズビアン（lesbian），男性であればゲイ（gay）です。両方の性別に向いたり,性別にこだわらなかったりするのであれば,バイセクシュアル（bisexual）です。

性自認（gender identity）は,自分がどの性別に属しているかという自己認

識のことです。トランスジェンダー（transgender）とは，ジェンダーと性自認との間にズレがある人，すなわち性別違和のある人や，何らかの性別越境がある人のことを指します。性同一性障害者は，トランスジェンダーに含まれます。

性分化疾患（disorders of sex development）とは，解剖学的にみて，その身体が男女いずれもの特徴をもつか，いずれにも分化していない身体をもつ人のことです。半陰陽，インターセックス（I：intersex）ともいいます。

そして，これ以外にも，セクシュアリティが確定的でない，確定したくない人たちのことであるクエスチョン（Q：question，クエスチョニングともいう）や，性的欲望がない，あるいは曖昧な人たちのことであるアセクシュアル（A：asexual，エイセクシュアルともいう）など，さまざまな人たちがいます。

ところで，メンズリブにおいては，性指向の問題が，比較的早くから取りあげられていました。そして，メンズリブを含め，わが国の男性運動が内包しているヘテロセクシズムついて，議論されることもありました。ヘテロセクシズム（heterosexism）とは，異性愛のみが生物のあり方して，自然で正常であると決めつけ，ヘテロセクシュアリティ（heterosexuality），すなわち異性愛を基準，前提とする考え方や言動のことです。異性愛主義ともいいます。また，同性愛（者）やトランスジェンダーに対する恐怖感や嫌悪感などを，フォビア（phobia）といいます。これらは，ヘイト・クライム（嫌悪犯罪）の原因ともなります。

男性相談に関わる人は，SOGIを含むセクシュアリティの多様性に関する知識をきちんともつ必要があります。また，男性相談は，ジェンダーの視点に基づくゆえに，ジェンダー概念のもつ限界を共有しています。ジェンダー概念は，性別二元制から自由ではないうえに，ヘテロセクシズムを内包しています。したがって，自らの支援が，セクシュアリティの多様性を無視したり，ヘテロセクシズムに陥ったりしていないか，常に留意なければならないのです。

（2）男性とは誰のことか

一般に男性というとき，それは外性器の特徴などから出生時に定められた書

類上の性別，すなわちジェンダーが男性である人のことです。一方で，近年，性自認が男性である人を男性とする認識も広がってきました。大多数の男性は，書類上の性別でも性自認からみても，男性でしょう。しかし，書類上の性別か，性自認による性別か，その片方でのみ，男性となる人もいるのです。

書類上の性別と性自認が一致し，それに従って生きている人のことを，シスジェンダー（cisgender）といいます。シスジェンダーについては，生物学的性別と性自認が一致していると説明されるのが一般的です。しかし，現実には，書類上の性別などの社会的な性別と性自認が一致している人と，筆者は考えています。

一方，書類上の性別と性自認による性別の片方でのみ，男性となる人の多くは，トランスジェンダーの人です。具体的には，書類上の性別が女性で性自認が男性（Female to Male）であるトランスジェンダー（FTMTG）と，書類上の性別が男性で性自認が女性（Male to Female）であるトランスジェンダー（MTFTG）です。男性を書類上の性別に限ると，このトランスジェンダーの人が除外されてしまいます。トランスジェンダーの人が少数だとしても，無視してよいものではありません。

したがって，相談が対象とする男性とは，書類上の性別か，性自認かのいずれかが男性である人ということになります。実際的な運用でいえば，男性相談は，女性であることを，あるいは女性として相談したい旨を明言した人以外の人の相談をお受けするということになります。

（3）男性相談の未来――性的多数者を意識した相談へ

SOGI という視点でみた場合，男性相談において，数の上ではもっとも多いにもかかわらず，支援の対象として，ほとんど認識されていない人たちがいます。それは，ヘテロセクシュアルで，シスジェンダーな男性です。性的多数者といってもよいでしょう。

レズビアンやゲイ，トランスジェンダー，性分化疾患の人たちは，それぞれの権利を擁護するムーブメントがあり，セルフ・ヘルプ・グループをはじめと

するソーシャル・サービスがあります。しかし、ヘテロセクシュアルで、シスジェンダーの人たちには、男女にかかわらず、固有の運動やソーシャル・サービスが見当たりません。なぜなら、ヘテロセクシュアルでシスジェンダーの人たち、すなわち性的多数者については、自分たちを、自然で正常な存在、普遍的な存在とみなして、固有性のある、特殊な存在とは考えてこなかったからです。すなわちヘテロセクシズムや、シスジェンダー主義というべきものがあるからです。

　こう考えてみると、現在の男性相談にとって、その固有の対象は、ヘテロセクシュアルで、シスジェンダーな男性であるということに気づかされます。また、LGBTIQ＋などの、いわゆる性的少数者に固有の問題があるならば、性的多数者であるヘテロセクシュアルで、シスジェンダーな男性にも、固有な問題があるはずです。現在のところ、その固有な問題が何かは明確ではありません。しかし、それを発見することを含めて、これらを扱う領域は必要なのではないでしょうか。いずれにせよ、ヘテロセクシュアルで、シスジェンダーな男性のための男性相談が発展するためには、シスジェンダーやヘテロセクシュアルの人間が、そのありようを自己省察する、当事者運動としてのシスジェンダー・ムーブメント、ヘテロセクシュアル・ムーブメントのようなものに取り組む必要があるでしょう。

　今後、男性相談は、ヘテロセクシュアルで、シスジェンダーの男性を明確に意識して、活動が展開されていくのではないかと、筆者は考えています。もちろん、先に述べたように、男性相談は、書類上の性別と性自認のいずれかが男性である人のための総合相談窓口です。総合的な窓口としての機能を担うのであれば、ヘテロセクシュアルで、シスジェンダーの男性を対象とする相談に特化させるべきではありません。重要なのは、ヘテロセクシュアルで、シスジェンダーの男性を、特殊な存在であると明確に意識しておくことなのです。

　しかし、男性相談が、性的多数者であるヘテロセクシュアルで、シスジェンダーの男性のための相談であるという立場を明確にすることについては、批判的な意見が多いかもしれません。たとえば、ヘテロセクシュアルで、シスジェ

ンダーの男性が，“男性”や“男性相談”という名称を独占するのか，トランスジェンダー男性などの問題を周縁化するのかという批判が出たとしても，それは当然のことです。名称については，今後，検討が必要でしょう。しかし，男性相談の将来を考えたとき，筆者の考えは方向性としては間違っていないと思うのですが，いかがでしょうか。

　本章では，「『男』悩みのホットライン」からはじまる，わが国の男性相談の歩みをふりかえりながら，男性相談とはどのようなものなのか，とりわけ，男性相談の難しさとは何か，そして，なぜ男性の当事者性にこだわるのかについて，お話ししてきました。これが，男性相談の理解や発展に資するのであれば，うれしく思います。

第3章

女性支援者から見た男性相談

村本邦子

第1節　女性支援から見える男性

　前章では，男性相談にとってのフェミニズムと女性相談について言及されています。私は，1990年，大阪に女性ライフサイクル研究所を設立し，フェミニストとしてのアイデンティティをもちながら女性支援に携わってきました。本章では，女性相談の立場からみえる男性相談について書いてみたいと思います。この研究所は最初は子育て支援からスタートしましたが，夫婦関係，親子関係，虐待，性暴力，DV，戦争へとテーマは広がっていきました（女性ライフサイクル研究所，2012；2013ほか）。女性支援のなかには，いつも何らかのかたちで男性の姿があり，直接・間接に男性と関わることがありました。と言っても，女性支援の枠組みで関わる限り，クライエントは来談した女性であり，その利益（"interest" の訳ですが，あまり良い訳とは言えません。権利，関心の中心というような意味だと考えてください）のために，カウンセラーは存在することになります。その枠組みから女性の向こう側にいる男性を見ていると，誰か男性の利益のために存在し，支援する人があれば，もっとうまくいくだろうにと思うことがたびたびありました。

　女性支援の枠組みとは離れたところでケースに関わることもあります。たとえば，スクールカウンセラー，裁判支援（子どもの利益を介して男性側につくこともあります），ハラスメントの調査委員として，あるいは自分自身の生活の場で経験することもあります。それぞれに役割が違うため，同じ一人の女性と関わる場合でも，関わり方は違ってくるものです。つまり，女性支援と違う枠組

第Ⅰ部　現代社会における「男性の問題」と男性相談

みで出会った場合，たとえ支援が必要だとわかっていても，自分の立場からは
支援できないということがあります。だからこそ，さまざまな役割をもつ支援
者がいて，互いの立場を理解しつつ協働することができればよいと思います。

　もう一つ思うことは，それぞれの枠組みのなかで出会う層は大きく違ってい
るのかもしれないということです。異なる立場で出会うケースを見比べてみる
と，女性支援の枠組みで出会うケースは世間一般を代表しているわけではなく，
一定の傾向をもつ一定の層に限られているのではないかと思うのです。つまり，
男性相談と括った場合に現れてくる層は，女性支援の枠組みから見えてくる男
性たちとは違っているかもしれません。いわば，客筋が違うということです。
自分の経験していることから一般論を導き出すことに対して禁欲的でなければ
ならないと思う所以です。それを前提にしたうえで，これまで女性支援を通じ
て見えてきた男性の姿を振り返りながら，男性相談が女性にとってどのような
意味をもつかについて考えてみたいと思います。

第2節　家族のなかの男性問題

（1）女性を支える男性たち

　研究所開設初期，1990年代に出会った男性の来談者は，おもに二種類に分か
れました。一つは，女性であるパートナーが何らかの問題を抱えていることが
自分自身の問題となっており，何とかしたいという層です。たとえば，妻に被
虐待経験があって，子育てや家事に困難を抱えているとか（多くの場合，妻は
「専業主婦」で性別役割分担を前提にしています），パートナーに性被害経験があ
って性関係に困難を抱えているなどで，パートナーの状況を理解して，パート
ナーの力になりたいし，自分たちの関係をよりよくしたいと望んでいました。

　援助構造としては，①このような男性が直接相談に来るケース，②男性が相
談機関を見つけ出し（場合によっては付き添い）結果的にはパートナーである女
性が来談者となるケース，③女性が自ら来談するなかで，その向こうにパート
ナーの姿が見えるケース（パートナーが一緒に来ることもあります），という3つ

46

のパターンがありました。①では1回もしくは数回の助言で終わり，②や③では，女性相談機関として，女性をクライエントと置くので，パートナーはその協力者と見ることになり，支援は続きます。

　こういった男性たちは，「男らしさ」「女らしさ」へのとらわれが少ないように見え，驚くほど献身的でした。実際のところ，度重なる過酷な過去を抱えつつも，しなやかに生き延びる女性たちの陰に献身的なパートナーが存在しているという例を少なからず知っています。女性の立場からすれば，ありがたい存在です。その一方で，非常にアンバランスなかたちで負荷を負っているように見えるケースがあることも事実でした。経済的責任を一手に担い，家事育児を大きく担い，おそらくは愚痴をこぼす場所もなかったのではないかと思います。家族関係は職業的支援関係と違って24時間365日続くものです。彼らはどのようにバランスをとるのだろうかというのは，気になることの一つでした。

　このようなケースを長期的にフォローした研究はないと思いますが，断片的に知ることをまとめるならば，①女性の回復とともに徐々にバランスのとれた「ほどよい（good enough）」関係が再構築されるもの，②女性の回復とともに，男性の方が抱えていた問題が表面化し，関係が逆転するもの（新たな物語が続きます），③支える役割を果たして関係が終わるもの，があるように思われます。③のような例では，いわゆる「愛しすぎる女たち」とパラレルな問題が男性の側にもあるのではないかと想像することがあります。直接関わっているわけではないので，はっきりしたことは言えませんが，一見，「男らしさ」から自由に見えて，実は，どこまでも寛大に受け入れ，女性を支え救う「パーフェクな男らしさ」を生きねばならないという苦しさがあるのではないだろうかと気になるところです。もしもそうだとすれば，男性相談が力になるかもしれません。

（2）パートナーとしての男性たち

　もう一つの男性来談者は，パートナーから「一緒に行かなければ離婚だ」と引っ張り出されて，しぶしぶやってきたというような男性たちでした。関係に

第 I 部　現代社会における「男性の問題」と男性相談

行き詰まって，自らやってきた男性たちも肩身が狭そうに見えました。女性に
弱みを見せるというのが屈辱的だったのでしょうか。時々，相談に際して，さ
りげなく自分の年収を言うという現象が見られ，興味深く思ったものでした。
もちろん，高収入の男性たちです。悩むことや相談することは，いわゆる「男
らしさ」に反すると感じていて，女性であるカウンセラーに男性としての力を
アピールしていたのかもしれません。

　それでも，何とか相談の枠組みに乗ってもらえると改善の余地はありました。
女性の方がすでに我慢の限界を超え，離婚という結論を出してしまっている場
合，関係修復はもはや不可能です。一般的に言って，女性は，一定程度まで，
相手に不平不満を訴えたり，改善を要求したりしているのですが，「暖簾に腕
押し」で，反応のない男性に愛想を尽かし，ある線を越えたところから表現す
ることをやめてしまいます。女性の方では，「子どもが一人前になるまでは我
慢して，子育てが終わったら離婚しよう」などと密かに決意しているのですが，
男性の方では，「以前はうるさく言っていたけど，最近は不平不満も聞かなく
なった。やれやれ，これで安泰だ」と思っていたりします。女性の側から言え
ば，「自業自得」となるわけですが，修復可能な線をすでに越えたところで，
（男性の側から見れば）「一方的に」離婚を突きつけられた男性は，途方に暮れ
るしかありません。「余計なお世話」かもしれませんが，男性が状況を理解し
て新しい一歩を踏み出せるようになるまで支援する人がいた方がよいのではな
いかと思うものです。

　引きずり出してでも相手を連れてくるというのは，修復のチャンスが与えら
れているということを意味するものであり，「基本的にあなたと一緒にやりた
いと希望しているということですよ」という通訳から始めることができます。
ジェンダーにまつわる夫婦のコミュニケーション不全の例は少なくありません。
男性は子どもが生まれると，一家の主としての責任を感じ，ますます仕事に精
を出すことになりますが，子育てを共有したいと思う女性から見ると不満に映
ります。

　あるいは，女性が男性側の実家について愚痴をこぼすとき，ただそれを聞い

て労うことができれば済むことなのに，「自分もちゃんと役割を果たしているのだから，あなたもちゃんと役割を果たしなさい」と言われてしまうと，女性にとっては，男性への思い，そしてその家族への思いが失せてしまいます。おそらく，男性は，努力して役割を果たすことが愛情であると考えるのに対して，女性には，愛情があるから努力するという順番が必要なのです。つまり，自分の苦労をパートナーが理解し労ってくれるなら，そこに愛情を見出すことができ，その実家との関係についても努力してみようと考えるのです。

　性関係についても同様です。男性は性関係をもつことで愛情を確認しようとするのに対して，女性の方は，愛情を確認できたら性関係をもちたいと思うという傾向があります。子どもの問題もしかりです。女性の方は，一緒に「ああでもない，こうでもない」と悩んでくれることを望んでいるのに，男性は，それを「解決してほしい，答えをもらいたい」というメッセージとして受けとってしまうので，話が終わってしまいます。

　もちろん，女性の側にも，ジェンダーに縛られたコミュニケーションの課題があります。ストレートに欲求を伝えることは「はしたない」ととらえるところから，欲求が間接的で屈折した表現になりがちです。これは，女性支援のなかで工夫できることですが，それにしても，ジェンダーに絡む男女のコミュニケーションの行き違いは数限りなくあり，通訳が入ればもっと夫婦関係はうまくいくのではないかと思うことが多かったものです。男性相談が活躍できる領域だと思いますし，昨今，カップル相談のニーズが高まりました。

（3）子育てを始めた男性たち

　この四半世紀，子育てをめぐる状況は大きく変化しました。90年代初めには，男性が一人で新生児を連れていようものなら，世間から奇異な眼で見られるか，憐れみを投げかけられるかのどちらかでした。今では，父親が大荷物をもって，自転車で子どもの保育園の送り迎えをしたり，週末にベビーカーを押して街に出かけたりする光景は珍しくなくなりました。それだけ，男性が子育てに関わるようになったと言えるでしょう。

第Ⅰ部　現代社会における「男性の問題」と男性相談

　1989年の「1.57ショック」で少子高齢化問題が顕在化して以来，エンゼルプラン，新エンゼルプラン，少子化社会対策基本法，次世代育成支援対策推進法とさまざまな子育て支援施策が制定されました。それでも出生率は回復せず，男性の家庭，子育て支援への参画が重要であるというところから，2007年，ワーク・ライフ・バランス憲章が出され，2010年には，厚生労働省が「イクメンプロジェクト」とやらを始動させています。「イクメン」とは，積極的に子育てを楽しみ，自ら成長しようとする男性を表し，男性の子育て参加や育児休業取得促進を目的としているそうです。

　子育てする男性像が肯定的イメージをもつようになったことは評価できますが，一方で，女性雑誌に紹介される「イクメン」たちを見ていると，これも「余計なお世話」かもしれませんが，少し心配になってきます。そこに登場するのは，仕事も育児もスマートにこなす，これまたパーフェクトな男性イメージであり，1990年代に「元気印ママ」と賞賛された，お洒落に明るく子育てを楽しむ女性イメージの陰で，虐待に苦しむ母親たちの声を聴いてきたことを思い出します。合わせて，2000年代後半には，父親をターゲットにした育児雑誌が次々と創刊され，特集のタイトルを見ると，「お父さん出番です！」「『学校生活の問題』撃退マニュアル」「妻子を幸せにできる男はどこが違う」など男としての父親への期待を煽っており，「新・学歴ガイド」「一億円が貯まる生き方」「本邦初ビジネススキルを子育てに応用」など経済重視の価値観が見えてきます。読者は一定の社会階層に限られているかもしれませんが，パーフェクトな母親がないように，パーフェクトな父親もなく，イメージが先行すればそれだけ，陰で歪みができることになるでしょう。

　男性たちが家庭に戻ってきたことは，基本的に喜ばしいことです。子どもたちにとってもよいことですし，女性支援の観点からも，休日に父親が幼い子どもの面倒を見てくれるので，自分の時間がもてる，離婚後も父親とその実家が子育てをサポートしてくれるというような肯定的側面が見られるようになりました。その反面，男性たちが家庭に戻ってきたことで，支配という側面が目立ってくるケースもあります。

（4）支配的傾向をもつ男性たち

　母子密着型の子育てに父親が関与することで，子育て空間がオープンになり，子どもたちが生きやすくなるのではないかと思っていましたが，実際には，父子密着が付け加わり，子どもたちの息苦しさが倍になってしまったのではないかという印象をもつことがあります。なかにはDVや虐待を疑う場合もあります。女性の側にも性別役割期待があるため，権力構造に敏感でなければ，「教育熱心な父親」として見逃されがちです。男性にいまだリーダーシップや管理能力が期待されている以上，無理もないということなのでしょうか。

　注意深いリスクアセスメントとニーズアセスメントが求められますが（村本，2013），その圧倒的多数は婚姻関係の維持を望んでいます。このような場合，離婚という選択肢を念頭に置きつつも，女性自身の問題のとらえ方や関わり方の変化によって，夫婦関係や家族関係が変化することを狙うことになります。場合によっては，男性にも同席してもらう場を設定することもあります。多くの場合，男性は，物事を論理立てて説明されると，知的に納得し，行動を変えることに同意します。たとえば，暴力や脅しを用いることがどんなふうに子どもの発達を損ねるか，あるいは，子どもの問題行動と見えるものがどのような意味をもっているのかなどについて解説するのです。

　これには一定の成果がありますが，男性自身が個別の問題を抱えている場合——たとえばDVや虐待のある家族で育ち，「支配する／される」という関係のもち方しか学習していないような場合——変化は容易ではありません。加害者の被害者的側面にどうアプローチするかには議論があるところですが，最終的には，男性が被害者としての側面に気づき，自分の感情を受け入れるまで，他者の気持ちを推し量ることはできないでしょう。しかも，男性が被害者であることを認めることは，女性よりも難しいことが多いように思います。いずれにしても，かつて被害者であったことは加害行為を帳消しにするものではないということを前提に，新しい関係のもち方を学び，加害行為に終止符を打てるような支援が求められます。

第Ⅰ部　現代社会における「男性の問題」と男性相談

第3節　加害と男性問題

（1）DV離婚後の男性たち

　2010年代に入ってからだと思いますが，立て続けに，「あなたのやっていることはDVだから，もう一緒に暮らせません」と置き手紙を残して妻がいなくなってしまったというような男性の困惑の声を聞くことがありました。きっぱりと線引きして行動する女性たちが出てきたことを心強く思うと同時に，残された男性たちはこれから一体どうするのだろうかと気になったものです。その後のことはわかりませんが，納得がいかずストーカー行為に出るか，離婚や親権をめぐって闘う態勢に出るか，逆にうつ状態になってしまうのではないだろうかと気になります。いったい何が起こったのか，一緒に状況を整理してとらえ直し，新たな生活を立て直す支援は不可欠だと思います。

　DV支援に関わっていると，同一加害者による複数の被害者について話題になることがあります。一人の加害者が相手を変えてDV関係を繰り返すわけです。親密圏における支配的関係を身につけた人が，急に平等な関係をもてるはずもなく，何らかの修復的支援がなければ被害は繰り返されるでしょう。加害者の修復支援は，それ以上の被害を食い止める予防であり，女性支援だけでは到底解決しないと思い知らされるところです。

　加えて，父親が子育てに関わるようになったことや「子どもの権利条約」への批准を受け，離婚後の親子面会の重要性が言われるようになり，2011年の民法改正では，協議離婚に際して子どもの監護権や面会交流について定めなければならなくなりました。子どもと別居親の交流が当たり前になったことは，基本的に良いことだと思う一方で，DVなど権力と支配に関わるケースでは，子どもが紛争に巻き込まれるリスクが高まったように感じます。父母双方の弁護士が子どもの福祉を考慮できる場合，程よいところに落ち着くと聞いたことがありますが，男性の声を代弁しながらも子どもの福祉を考慮できる支援者がいればと思います（村本，2014）。

52

（2）性犯罪予防としての男性相談

　被害者支援に関わってきて痛感することですが，ひとたび被害が起きてしまうと，その否定的影響を払拭するには膨大なエネルギーと時間を要します。未然に防ぐことができるものなら，それに越したことはないでしょう。1990年代，性犯罪を起こしそうだという男性からの電話相談を受けることがありました。女性が対応する無料相談窓口に性的話題をのせること自体を目的としたケースがあることは否めませんが，真剣な悩み相談がまったくなかったかと言えばそうでもないと思います。と言っても，私自身はこの手の相談は引き受けないことにしてきました。共感しにくく，とても平静に聞くことができないと思うからです。

　例外的に，少年院における性犯罪加害者に対するプログラムの一部に関わっていたことがあります（村本，1997）。女性にとって性的体験や性被害が何をもたらすかについて少年たちと話すことで，その後の女性との関わりを考えてもらうというものでした。長期的な効果については追跡できていませんが，少年たちとの対話は十分に手応えを感じるものでした。男性相談と女性支援が手を結ぶかたちでできることがあるかもしれません。

　再犯率の高い性犯罪やセクシュアルハラスメントについても同様のことが言えます。女性の被害に関わるなかで見えてくることですが，性犯罪やセクシュアルハラスメントが起こった場合，それが初めてではなく，事件として発覚せずに繰り返されてきた例もあれば，いったん事件化したものの，起こったことをごまかすようなかたちで対処がなされ（よくあるのは単なる配置換えです），その後，性懲りもなく加害行為を繰り返しているという例が予想以上に多いということです。治療や修復に欠ける寛大な対応がゴーサインとなってしまい，結果的に本人にとっても良くない結果をもたらしています。的確な処罰と治療というかたちで予防ができることが望ましいのではないでしょうか。制度的にも司法との連携が求められる分野でしょう。

第Ⅰ部　現代社会における「男性の問題」と男性相談

（3）修復のための男性相談

　親密な関係における暴力によって関係が破たんした場合，被害者は自分の人生にとってその関係がどのようなものだったのか意味づけることに苦しみます。ほとんどの被害者は，加害者の反省，謝罪，自発的な償い，二度と過ちを繰り返さないという決意の表明と実行を望みます。赦し・和解というテーマです。被害者支援を行う立場から言えば，回復のプロセスにこのテーマを持ち込むと，被害者の回復は加害者のあり方に左右されることになるため，むしろ，加害者のありようとは無関係に，自己を確立するよう方向づけることになります。それでも，本当のところ，加害者が真に悔い改めることができれば，被害者にとっても回復の道はなだらかになるだろうと思います。

　加害行為が繰り返された場合，どこかの時点で加害者側がそれに終止符を打ち，謝罪して悔い改めるチャンスはなかったのだろうかと思うことがありますが，加害者にとって，自らの過ちを認めて責任を引き受けることはとても難しいことなのでしょう。とくに戦時の加害行為について感じるのですが，二度と戻ることのできない一線があって，いったん誤った方向に進んでしまうと，当人はそれを正当化するために加害行為をエスカレートさせるしかなくなるのかもしれないと思います。過ちが小さいうちに問題が明らかになり，第三者の支援があって，過ちを修正し，関係を修復することができるならば，被害者にとっても，そして加害者にとっても救いになるはずです。

　被害・加害に関わる相談を二者関係に閉ざさないことは重要です。被害・加害を超えていくには，よく傍観者と言われますが，第三者的な存在が与える影響が大きいものです。男性相談の延長として，社会制度や社会規範への働きかけにも期待します。

第4節　労働と男性問題

　女性支援の現場から明確に見えるわけではないのですが，もう一つ気になっていることに，男性の労働問題があります。中央調査社（2012）の「父親の育

児参加に関する世論調査」によれば，今や8割以上の男女が父親の育児参加に肯定的であり，「父親も育児を分担して積極的に参加すべき」とする積極参加派は全世代で増加，20代では半数を超えていますが，現実の育児参加状況に関して言えば，6歳未満児のいる世帯の1日の家事・育児関連時間を見ると，夫は1時間7分（うち育児時間は39分），妻は7時間41分（うち育児時間は3時間22分）という結果が出ています（総務省，2011）。

　これは男性たちに頑張りが足りないというような話ではなく，現実の労働環境の問題を反映しているのだろうと思います。女性を取り巻く労働条件はさらに過酷で，「働く女性たちはそれをやってきたのだ」と言えばそれまでですが，男性たちが前提としている経済的責任の重圧を考慮すると，労働問題は女性問題であると同時に，大きな男性問題であるとも思えてきます。これは，労働市場の「女性ジェンダー化」と言われます（青野，2008）。

　合わせて思い浮かぶのが，男性の自殺率の高さです。警視庁のデータによれば，1998年に自殺者は三万人を超え，2010年度以降，やや減少傾向にあるものの，日本の自殺率は世界でもトップ10に入ります。世界的に男性の自殺率は女性の自殺率を上回りますが，日本においても，男性の自殺は全体の7割を占めています。原因について見てみると，女性は「健康問題」の占める割合が高いのですが，男性は「経済・生活問題」「勤務問題」の占める割合が高くなっています（内閣府，2015）。

　（元）厚生省は2000年に「事業場における労働者の心の健康づくりのための指針」を出し，各企業はこれに取り組むことになりました。EAP（従業員支援プログラム）が積極的に導入されるようになったのもこの頃からです。さらに，2015年には，自殺対策の一環として「ストレスチェック制度」が義務づけられたところです（従業員数50人未満の事業場は制度の施行後，当分の間努力義務）。これは，早期にメンタルヘルス不全の社員を探し出して対処するというものですが，労働問題は本当にメンタルヘルスの問題なのかどうかには疑問が残ります。国際比較によれば，自殺率の高さに比べて，日本のメンタルヘルス状況はそれほど悪くはないのです（OECD，2009）。

第Ⅰ部　現代社会における「男性の問題」と男性相談

　EAP の導入によって，相談に対して男性の敷居が低くなったことは確かで
す。以前と比べ男性が悩めるようになったこと，相談できるようになったこと
は評価できます。しかし，気になるのは，国際 EAP 学会（EAPA，2011）が定
義しているように，EAP は，あくまでも社員の仕事上のパフォーマンスに影
響を与えうる「個人的問題」を見つけ解決することを援助するもので，労働環
境そのものを問題にしません。ウォッターズ（2013）は，アメリカの製薬会社
が，2000年より抗うつ剤を受け入れない日本の文化を変える戦略的介入を始め，
2008年には年間10億ドル以上のマーケットを確保したことを暴露しています。
うつ病や自殺を「個人的問題」とすることで，労働問題をメンタルヘルス問題
にすり替えてしまわない覚悟が求められていると思います。

第5節　女性支援と男性相談の連携の可能性

　ここまで書いてきたように，女性支援をやっていると，その向こう側に支援
を必要とする男性の姿が見えてくることは少なくなく，そこに男性支援があれ
ば，こちらは女性支援に専念することができるので助かります。連携の可能性
の最初の第一歩は，互いにやっていることの理解に基づく紹介という形になる
でしょう。つないで終わるだけなら良いのですが，それぞれの相談者同士に関
係がある場合は，守秘義務や利害の不一致があるために，例外的な状況を除け
ば，その後の連携は難しいかもしれません。親密な関係があったところで起き
た被害・加害，特に裁判になるようなケースでは，むしろ連携すべきでないと
言えるでしょう。その場合でも，それぞれを支援している者同士が，基本的価
値，すなわち，第2章で紹介されたようなジェンダーの視点に立ち，性別や性
指向に関わりなく平等な社会を目指すといった姿勢を共有することが重要です。
個別の事例での連携はなくとも，相手の支援者を信頼して任せることができる
ような関係があることが望ましいと思います。女性支援にせよ，男性相談にせ
よ，現実には，さまざまな考え方や立場があり得ますから，完全に一致するこ
とはないでしょうが，日頃から基本的なスタンスを理解し合えるような場の設

定やネットワークづくりができていけるとよいと思います。

　女性支援，男性相談に関わる者がイベントやプログラムなど共同の企画を積極的に作っていくという方向性もあるでしょう。性別役割や性別役割分業への強い囚われが課題となるような問題においては，男女が対等に協働するモデルを示すことには意味があります。これは，支援者側にとっても大きなチャレンジと言えますが，社会変革への原動力となるはずです。

　これまで，女性支援，男性相談という枠組みから考えてきましたが，男女の二分割では見えてこないLGBT（レズビアン，ゲイ，バイセクシュアル，トランスジェンダー，インターセックス）に関する相談や支援についても考慮し，積極的に連携していく必要があるでしょう。クィア理論と男性相談の境界線の課題もあり，さまざまな可能性があります。何が正しいか正しくないかではなく，自分たちはどのような立場で，どのような人を対象に，どのような支援をしようとしているのかということを自覚し，明示しながら，利用者がニーズによって選択できるオプションがたくさんあるのがよいだろうと思います。

＊

　思いつくままに書き出してみました。男性相談の現状にそぐわない部分があるかもしれませんが，私としては，男性相談に期待し，エールを送るものです。男性相談は女性支援のために存在しているわけではありませんが，大局を見れば，女性の幸福は男性の幸福に一致するはずだと思っています。誰かの権利を踏みにじった幸福などというものはあり得ないからです。

　自分たちのやっている相談は，コミュニティや社会のなかでどういうところに位置するのか，社会的文脈のなかでどういう意味をもつのか，あるいは個人面接で起こっていることは社会の問題とどのようにリンクしていて，どういった影響をもたらすものかというような視点も忘れてはいけないと思います。多様な立場の支援者が連携し，誰にとっても住みやすい社会を目指していけたらと願っています。

第4章

「男性問題」の時代と男性相談

伊藤公雄

第1節 日本の現状はどこから来ているか

（1）男女平等度の国際比較

　世界経済フォーラムが発表している，2016年の男女平等度ランキング（World Economic Forum, 2016）をみますと，世界144ヶ国中，日本の男女平等度は111位です。そして，日本より下位にきている国は大体イスラム社会です。イスラム社会は宗教的に女性参加を抑制するところがありますが，ほとんどそれに匹敵するくらい，日本の社会は男女間の差別や格差の大きい社会だということが国際的に認知されているのです（表4-1参照）。

　ところで，なぜ世界経済フォーラムが男女平等度を調べているかと言いますと，この団体は，世界の経済成長をいかに達成するかということを考えているわけです。つまり，男女平等を進めることが経済成長の原動力になるというのが，経済界における認識なのです。現在，日本の政権も女性の活躍と言っていますが，政治の動きをみていると，労働力不足を条件の悪いまま女性に背負わせようとしているようにみえます。男女平等が，人権の問題だということが見落とされているように思えてしまうのです。

　欧米社会は男女平等が早くから進んでいて，日本は遅れて進んできたという誤解をされることがあるのですが，実はそうではありません。第二次世界大戦後の日本の民主化のなかでは，男女平等は，欧米の社会と比べても，かなり制度化されてきました。たとえばフランスで，家父長制が法律上完全になくなったのが1980年代です。1965年までフランスでは，結婚した女性は夫の許可がな

59

第Ⅰ部　現代社会における「男性の問題」と男性相談

表4-1　世界ランキング（2017年）トップ20か国と110位〜119位の10か国

国	ランク	スコア
アイスランド	1	0.878
ノルウェー	2	0.830
フィンランド	3	0.823
ルワンダ	4	0.822
スウェーデン	5	0.816
ニカラグア	6	0.814
スロベニア	7	0.805
アイルランド	8	0.794
ニュージーランド	9	0.791
フィリピン	10	0.790
フランス	11	0.778
ドイツ	12	0.778
ナミビア	13	0.777
デンマーク	14	0.776
イギリス	15	0.770

国	ランク	スコア
カナダ	16	0.769
ボリビア	17	0.758
ブルガリア	18	0.756
南アフリカ共和国	19	0.756
ラトビア	20	0.756
〜〜〜		
グアテマラ	110	0.667
ネパール	111	0.664
モーリシャス	112	0.664
ギニア	113	0.659
日本	114	0.657
エチオピア	115	0.656
ベナン	116	0.652
チュニジア	117	0.651
韓国	118	0.650
ガンビア	119	0.649

出所：「The Global Gender Gap Report」2017より作成

ければ働けないという法律があり，女性は自分の名前で預金通帳をもつこともできませんでした。

　世界が急激に男女平等に流れ始めたのは，1970年代以降です。しかし，日本社会はその流れに乗らなかったのです。そして，今や少子高齢社会で，男性だけでは社会が支えきれない状態が始まっているわけです。女性の社会参加で多様な視点を入れることによって経済・社会はより安定するでしょう。また防災や町づくりや観光も，男性だけで考えたら進まないことに気づきはじめています。子育てについても，老若男女で取り組める仕組みをつくっていかないと，子どもの危機を救えないのです。日本の社会について考えれば，やはり男女共同参画とワーク・ライフ・バランスが不可欠ということになります。

（2）世界から乗り遅れた日本

　なぜ日本は，1970年代に男女平等の世界的流れに乗らなかったのでしょうか。そこにはいくつか理由があると思います。1970年代，1980年代に日本はほかの国とは違う男女間の働き方と家庭生活を作ってしまったのです。この時期，男

性の長時間労働が広まり，同時に男性の所得が急上昇してきます。1970年から90年の20年で約5倍，男性サラリーマンの年収は上昇しています。しかも物価上昇は収入増と比べて，かなり抑えられています。

　一方で地方から都市へ出てきてカップルになった女性たちは，核家族での育児を求められます。昔のようにおじいちゃん，おばあちゃんの育児協力はなくなります。当時は保育所も不十分でしたから，子どもができたら夫婦のどちらかが家で育児をしなければならず，男性と女性の賃金格差は大きいままですから，男性が働いて女性が家庭に入るという仕組みをほとんどのカップルが選択せざるをえなかったわけです。

　一旦は家庭に入った女性が，子育てが終わるとパートに出ていく場合も多いのですが，夫が稼いでいるからと給料は低く抑えられてしまいます。パート労働と正規労働の格差が70年代にはっきりと作られて，それがそのまま継続して，現在の非正規問題があるわけです。さらに，税金や年金などの社会政策も，女性が家庭に入ることを前提にして進められてきました。女性は100万円以上稼ぐと所得税を取られるし，夫の控除もなくなる一方で，夫がサラリーマンであれば年収130万円以下の妻は負担なしで将来年金がもらえるというこの制度は1985年にできました。1985年は男女雇用機会均等法が成立した年です。男女で働きましょうと言いながら，結婚した女性にとっては，収入を抑えている方が得になる制度がこの時期に作られていたのです。

　1980年代まで，男性が長時間労働で女性は家事・育児，プラス安いパートという仕組みによって，安定的な経済成長が達成できたのは確かです。この仕組みによって経済レベルでは成功してしまったがゆえに，そこから抜け出せなかったのです。少子高齢社会が予測され，バブルも崩壊した1990年代に，ジェンダー平等の方向に転換しなくてはならなかったのに，日本は従来のスタイルから脱却できなかった，それが「失われた20年」と言われる時代を経た，現在につながっているのだろうと思います。

第Ⅰ部　現代社会における「男性の問題」と男性相談

第2節　現在の男性を取り巻く状況

（1）バブル崩壊後の「剥奪される」男性

　バブル崩壊後，男性たちの大きな負担が顕在化してきます。長時間労働のせいで，家庭とは切り離された非人間的な生活を送ってきたことが，少しずつ見えてきます。つまり，男性は仕事の顔だけしかもたず，家族の顔，地域の顔，趣味の顔など，多面的な顔がもてない生活をするようになっていたのです。私は，定年後の男性を集めてワークショップをしたことがありますが，みなさんが元の職業で自己紹介されたので驚きました。今何をやっているのかではなくて，私は元何々会社で営業部長をやっておりましたとか，何々銀行にいましたとかと自己紹介をするのです。仕事を離れても，仕事の顔でしか自分が表現できない，そういう生き方を，70年代，80年代の日本の男性たちはつくってきたのではないかと思っています。

　長時間労働のなかで過労死も問題になってきます。中高年男性の自殺が増加してきたのはバブル崩壊後1998年からです。日本の自殺死亡率は，60年安保の頃は若い世代が目立っていましたが，近年は，若い世代の自殺はあまり目立たなくなっています。女性の自殺は，98年以後もそれまでとほとんど変化はなく，中高年男性だけが90年代後半くらいから急激に自殺をするような状況になっています。

　最近私は，「剥奪の男性化」という言葉で，ここ20年ほどの男性の状況を表現しています。今までもっていたと思っていたものが，奪われているような気分が男性の間に広がっているということです。人間関係も，賃金も含めて，何か奪われてきたような思いが深化し，それが男性の不安定状況につながっているのではないかと考えています。

（2）DVと男性

　こうした剥奪感情の男性化は，DVとも深い関係があります。背景には，男

62

第4章 「男性問題」の時代と男性相談

性の女性に対する固定観念，すなわち「男は女を支配してコントロールできる
くらいでないと一人前じゃない」といった男性たちの無自覚なこだわりがある
のです。

　そして，女性に対する暴力の問題には，支配の構図だけではなくて甘えの構
図もあると思います。支配への強い思いだけではなく，同時に女性に対して依
存する傾向が潜んでいるのです。女性のサポートがないと生活できないと言っ
た方がいいかもしれません。アメリカのDV問題の啓発ビデオなどを見ると，
「I love you!」と言いながら男性が殴っているシーンがありますが，その意味す
るところは「I love you!」ではなくて「Love me please!」だと私は言っていま
す。「おまえを愛している」じゃなくて「オレを愛してくれ」と言いながら殴
っているというわけです。つまり自分の悩みやストレスを全部吸い込んで解消
してくれるのは，身近な女性だ，と思い込んでいるのです。これは，すごい甘
えだと思います。こうした，自覚のないままの支配と甘えの構図が，DVをは
じめ親密な男女関係には，しばしば存在しているのではないでしょうか。

　日本の配偶者間の暴力事件を見ると興味深い点があります。暴行等の一般の
暴力では被害者の95％が女性です。しかし配偶者間の殺人については，男性が
被害者になっている割合が高く，4割くらいあります。この男性の殺人被害者
のうち，かなりのケースでDVの加害者男性が含まれているのではないかと
思います。もう耐えきれないということで，男性が寝ている間等に，女性が男
性を殺してしまうというケースがあるのではないか思われます。

　こうした，男性被害者問題も考える必要があると思います。しかし，男性被
害者に対する対応は日本のDV対策ではまだ十分にとられていません。被害
にあった男性が，現実に相談に行ける場所もあまりありません。とはいえ，女
性の被害者が相談を受けている場所に，男性が出入りすることに問題がありま
す。男性の被害者を受け入れる，何らかの仕組みをつくっていく必要があると
思います。男性被害者のなかには，殴られて収容された病院で相談を受け，高
齢者施設で一時保護を行うといったこともあるようですが，こうした実際の事
例を，関係者間で共有しておく必要があると思います。

63

第Ⅰ部　現代社会における「男性の問題」と男性相談

第3節　男性のコミュニケーションと社会

　男性たちはこれまで仕事中心で生きてきました。差別的な用語だと思いますが，定年後の男性たちは「産業廃棄物」や「濡れ落ち葉」と言われてしまうことがあります。夫婦間のコミュニケーションがないまま，気まずい関係のなかで，夫が家にいることで妻が病気になってしまう，夫在宅ストレス症候群のようなものも話題になっています。仕事だけの生活が続くなかで，夫婦間・家族間のコミュニケーションをうまく形成できなかった男性たちが，今までの生き方を問い直しはじめている状況なのかもしれませんが，この問題は，個人レベルだけで解決できるものではありません。社会的な問題，特に長時間労働という問題が大きいと思います。個人的レベルと社会的レベルの双方から，男性の生活スタイルを変えていく必要があるのだと思います。

　男性のコミュニケーションは，用件のみ，結論のみのコミュニケーションになりがちです。相手の気持ちに配慮した共感型のコミュニケーションが苦手だと言われているのです。たとえば，2012年の厚生労働省「生活と支え合いに関する調査」によれば，65歳以上で一人暮らしの男性のなかには，2週間に1回以下しか人としゃべらない人が16.7％もいるのです（表4-2参照）。一人になって寂しいはずなのに，他者と気の置けない会話がなかなかできません。「今日は天気がいいですね」といった話題から入ったらいいと思うのですが，それができず，用事がなかったらしゃべれないのです。やはりそれは，「弱みを見せたくない」という男性のこだわりが背景にあると思います。男性たちは，これで幸せなのでしょうか。

　2014年の内閣府の男女共同参画白書は男性がテーマになっています。そのなかで，「今，幸せだと感じている」と答えた人の割合は，男性よりも女性の方が高いことが示されています。国際的に見ても，先進国の中で男性の幸福度が女性よりも低くなっているのは日本だけです。日本は，まだまだ男性主導社会なのに，男性がハッピーとは言いがたいのです。われわれが行った2012年の

第4章 「男性問題」の時代と男性相談

表4-2 性別・世帯タイプ別・会話頻度（65歳以上）

世帯タイプ	総数	毎日	2〜3日に1回	4〜7日に1回	2週間に1回以下
男性					
単独世帯	252	50.0	18.3	15.1	16.7
夫婦のみ世帯	1,338	85.4	8.1	2.4	4.1
女性					
単独世帯	646	62.8	24.9	8.4	3.9
夫婦のみ世帯	1,026	86.7	8.6	3.1	1.6

出所：国立社会保障・人口問題研究所，2012

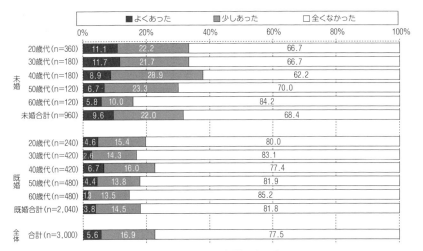

図4-1 死にたいと思ったこと

出所：内閣府男女共同参画局，2012

「男性にとっての男女共同参画」に関する意識調査をみても，悩んでいる男性が多いことがわかっています。死にたいと思ったことがあるという人も約3割います。未婚の方の方がやや高く出ていますが，結婚されている方でも2割強の方が「死にたい」と思ったことがあるという結果でした（図4-1）。

第Ⅰ部　現代社会における「男性の問題」と男性相談

第4節　日本社会を変えていくための男性相談

　2010年に作られた内閣府の「第3次男女共同参画基本計画」のなかでは，「男性/子ども」という新しい分野が設定されました。私が，主担当をさせていただいていたので，男性相談を入れることを，かなり強くお願いしました。男性の意識や生活態度を変える必要があるからです。

　女性の社会参画，男女平等の労働条件の整備，男女ともに仕事と家庭生活の両立できる働き方をつくるとともに，男性たちがもっと家庭生活や地域生活を取り戻す必要があります。そうすることで，男性ももう少し人間らしい，より幸福度の高い生活が可能になってくるのではないかと思います。

　変化はすでに始まっています。たとえば，育児を希望する男性は増えています。しかし実際に育児休暇をとっているのは3％程度です。こうした男性のおかれた状況のなかで，男性対象の公的相談をしようという動きが出てきています。男性たちがどこかで無自覚に背負いこんでいる「男はこうあるべき」というこだわりを解きほぐしながら，男性たちが，女性との関係であれ子どもとの関係であれ，ハッピーになれるような相談が必要なのです。

　先ほどの2012年の全国調査でも，女性の約6割が「夫には，悩みがあったら，気軽に誰かに相談してほしい」と答えていました（図4-2）。しかし，男性は配偶者にも悩みが話せない人が多いのです。男性たちが身構えて相談しにくい状況を変えるためにも，男性相談が必要です。

　DVの加害者の問題についても，加害者と名指しされたら「それまで」ということになりがちです。指弾されるだけでは，「なぜ自分がそんなことをしたのか」という反省になかなかつながりません。そうなると，表面的にとりつくろうか，あるいは恨みを内部にかかえてその後の生活を送ることになります。加害者問題への対応は，加害者に「なぜ自分がこんなことをしてしまったのか」を見つめ直し，そこから自分を変えるためのチャンスを開いていくことだと思います。何が問題だったのかをきちんと自覚してもらうような時間と場所

第4章 「男性問題」の時代と男性相談

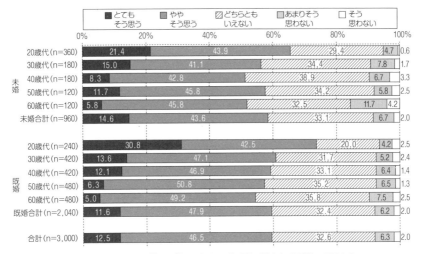

図4-2 夫には，悩みがあったら，気軽に誰かに相談してほしい
（女性が配偶者との関係で希望する意識）

出所：内閣府男女共同参画局，2012

が必要なのです。その意味でも，男性相談が男性の気づきの入り口となるのです。

　ここまで述べてきたとおり，男性のジェンダー問題は，社会にとって非常に重要なテーマです。職場・家庭における今までの男性・女性の関係を再度点検し直して，男女とも，家族関係も含めてハッピーになれるような仕組みをつくるにはどうしたらいいでしょうか。このことを，冷静に男性自身に考えてもらうような場として，男性の自己変革の場として，男性相談が活用されるといいと思います。

　もちろん，やみくもに今までの男性の生き方を肯定するようなかたちで男性の悩みを受けとめると，かえって問題をこじらせることになりかねません。ジェンダーに敏感な視点にたって，これまでの男女関係，家族のあり方，地域の方向性をどうつくり変えていくのかという視点が重要です。

　世界の動き，日本社会の現状，家族と男性・女性の生活の変化といった観点をきちんと踏まえつつ，何が今男性に問われているのかということを冷静に客観的に考えるために，男性相談の取り組みが必要だと考えています。

第Ⅱ部

男性相談の内容と相談対応の基本

第5章

男性相談に寄せられる内容

濱田智崇・田中陽子・福島充人

　ここでは，男性相談にどのような内容の相談が寄せられるかを，『男』悩みのホットラインと，大阪市立男女共同参画センターの男性の悩み相談の実績から紹介します。なお，それぞれの悩みの内容に対して，どのように対応するかについて詳しくは，第Ⅲ部をご覧ください。

第1節　『男』悩みのホットラインに寄せられる相談

（1）実施回数と件数
　『男』悩みのホットライン（以下，ホットライン）は1995年11月に開設されました。それから丸21年間（2016年10月末まで）で664日実施し，のべ3,249件の電話を受けました。これは1日（19時から21時までの2時間）につきおよそ5回受話器を取っていることになります。ホットラインは1回線ですので，受話器を置くやいなや電話が鳴りだすということも珍しくありません。需要の高さから，2003年2月にはそれまで毎月2日だった実施回数を毎月3日（第1・第2・第3月曜日）に拡充しました。

（2）相談内容
　「性に関する悩み」はホットライン開設当初は全件数の2割ほどでしたが，2000年代に入ってから右肩上がりに増え，2008年には年間件数の65%を占めました。ホットラインの活動が時代の流れとともに認知され，またインターネットの普及などで「性に関する悩み」を話せる場として知られることになった結

第Ⅱ部　男性相談の内容と相談対応の基本

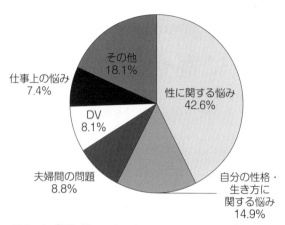

図5-1　『男』悩みのホットライン・これまでに寄せられた相談内容

果かと思われます。これまでの総計では42.6％となっています。

　次に多い相談内容は「自分の性格・生き方に関する悩み」です。年によって相談件数に波はあるものの，およそ15％で推移していますが，ここ数年は増加傾向にあり，2015年は過去最高を更新しています。

　夫婦間の問題とDVの相談件数は，それぞれ10％弱になっています。DVについて見てみると，開設から4年ほどは0件だったものが，2001年には26％まで伸び，近年は再度減少しています。これは2001年のDV防止法施行が影響していると思われます。社会的な関心の高まりによって，相談件数が増加し，法の成立と同時に，公的なDV相談の窓口が開設されたことで，相談者がホットライン以外の窓口も利用するようになったと想像されます。

　次に多いのは仕事上の悩みで，全体の7.4％です。このデータをみて，男性は仕事の悩みがもっと多いと思っていた，と言われることがあります。仕事上のことは，自分で解決すべきと思っている男性が多く，こうした相談窓口には，なかなか相談しにくいのかもしれません（図5-1参照）。

第5章　男性相談に寄せられる内容

第2節　大阪市「男性の悩み相談」に寄せられる相談

（1）「男性の悩み相談」の開設と展開

　次に，ホットラインが協力している大阪市の男性相談について紹介します。大阪市立男女共同参画センター（以下，クレオ大阪）では，2004年4月に男性相談を開始しました。相談開始当初から面接と電話両方で対応しています（相談員を『男』悩みのホットラインのメンバーが交替で担当しています）。開設後の相談件数は，概ね年間200件程度で推移してきましたが，2011年度から，それまでの週1回金曜日19〜21時に加え，月1回第3日曜日（5時間）が拡充され，年間300件前後の相談件数となっています。

　2011年度に，第3日曜日の相談時間を拡充した直後は，日曜日の相談件数が伸びませんでしたが，男性相談のポスター・チラシを，地下鉄主要駅に掲示・配架するなど，広報を強化したことなどにより，徐々に相談が増加しました。2014年度に相談件数が減少したのは，同年度末に相談場所のクレオ大阪北が閉館することになった影響と推察されます。2015年度から，相談場所と電話相談番号を変更した影響が心配されましたが，新たな相談場所となったクレオ大阪子育て館の地下鉄駅直結という立地の利便性もあり，300件を超える相談を受けることとなりました。また，移転と同時に，面談予約の受付電話番号と受付時間も変更し，女性総合相談センターが担当しています。

　男性相談の場合，相談時間外の問合せ件数も多く，男性相談の潜在的ニーズを把握するには，面接予約電話や問合せの内容等を記録・分析することも重要と考えています。

（2）相談者の年代

　開設後，相談者のもっとも多い年代は30歳代でしたが，2011年度に第3日曜日を拡充して以降は，40歳代が一番多く，50歳代，30歳代と続いています。しかし電話相談では，年齢等を聞くことができない場合も多いため，不明の割合

73

第Ⅱ部　男性相談の内容と相談対応の基本

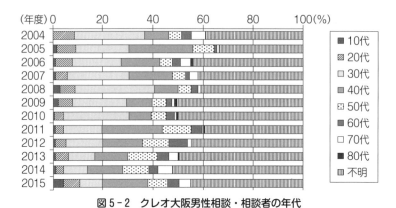

図5-2　クレオ大阪男性相談・相談者の年代

が高くなっています（図5-2）。

（3）相談内容

　次に相談内容についてみていきます。統計上，相談の主訴を11の分野に分けてコード化しています。このなかでは「夫婦」が一番多く，「こころ」「人間関係」「親子」と続いています（図5-3）。

　なお，「夫婦」には，性格，生活上の不和・不満，離婚，婚外関係等，「こころ」には，不安，病気，依存症等，「人権侵害」には，DV，セクシュアル・ハラスメント等，「人間関係」には，職場，学校，友人関係，男女関係，近隣との関係等が含まれています。

（4）男性相談と女性相談の相談内容比較

　図5-4，5-5は，それぞれ2015年度にクレオ大阪に寄せられた男性と女性の相談内容を相談方法別（面接・電話）に示したものですが，面接相談の場合，双方とも，「夫婦」の相談件数が一番多くなっています。男性相談の場合，妻から勧められて面接の予約を入れることも多いです。

　電話相談の場合，双方とも，「こころ」の相談が一番多く，「夫婦」と続きます。男性相談では，「からだ」の相談も11％を占め，なかでも性（セクシュアリティ）の相談が多いです。女性相談では，保健師・看護師資格を有する相談員

第5章 男性相談に寄せられる内容

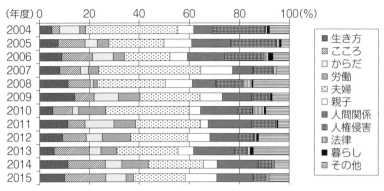

図5-3 クレオ大阪男性相談・相談内容

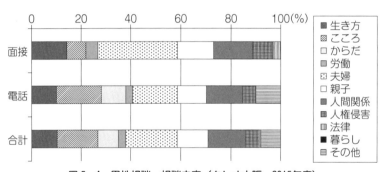

図5-4 男性相談・相談内容（クレオ大阪，2015年度）

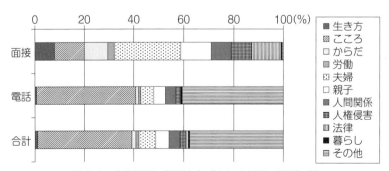

図5-5 女性相談・相談内容（クレオ大阪，2015年度）

75

第Ⅱ部　男性相談の内容と相談対応の基本

が対応する「からだの専門相談」の相談件数は9.3%を占めていますが，内容は，婦人科疾病・妊娠・出産・更年期が多くなっています。

第3節　男性の代表的な相談内容

（1）性に関する相談

　ホットラインにもっとも多く寄せられ，クレオ大阪でも男性に特徴的な相談は「性に関する悩み」です。男性が男性の相談を受けるというホットラインの特徴を活かすことができている相談内容と言えるでしょう。相談窓口によっては「セックステレフォン」（第8章参照）として受け止められてしまう可能性のある相談であっても，ホットラインでは1つの悩みとしてとらえ，向き合います。セックステレフォンと思われるような内容を繰り返すリピーターの場合でも，話を重ねるうちに，その人の本当の悩みを話すようになるといったことをわれわれは経験しています。

　男性にとっての性の悩みは実に多種多様です。「男らしさ」と直結しやすく，非常に大きなウェイトを占める問題であるにもかかわらず，これまで真剣に取り扱われてこなかったきらいがあります。男性が真剣に性のことで悩んだとしても，なかなかそれを打ち明けられる相手はいないのです。「男らしさ」の文化のなかでは，性的なことを語るのはいわゆる「猥談」や「自慢話」くらいしか許されてこなかったのではないでしょうか。男性が性のことで悩んでも，他人に（たとえ男同士でも）語るのは恥とされ，性に関する悩みをもつこと自体が恥とされるような価値観がまかり通ってきたようにも思われます。現在，そうした「男らしさ」の縛りのなかで苦しむ男性が実に多く存在することを，相談内容から推察できます。以下に代表的な例を挙げます。

①　性器に関する悩み

　大きさについて，形について，あるいは包茎であることなど，誰にも相談できないまま一人で悩み続け，ホットラインに電話をしてくるケースは珍しくあ

りません。思春期や青年期など若い世代はもちろん，さまざまな年代からの相談が寄せられます。

インターネットやメディアからの情報，他者からの指摘により，相談しようと思い立つことが多いようです。男性器は「強く，たくましく」という，まさに「男らしさ」のシンボルとして世間にとらえられています。そのシンボルの傷つきや，揺らぎというのはまさに男性にとっての一大事といえます。このあたりは特に，相談者にとっては女性相談員には話しづらく，また女性相談員としても共感しにくいテーマかもしれません。

②　性的嫌がらせ・性被害

実際に嫌がらせやいじめを受けてきたケースは，非常に深刻です。性器について悪口を言われる，触られる，人前にさらされるなどの嫌がらせを受け，深く傷ついている人は少なくありません。性的嫌がらせがきっかけで，不登校やひきこもりになってしまうケースもあります。また，男性がレイプの被害者になってしまうケースも散見されます。これらの悩みは，非常に打ち明けにくいことが特徴でしょう。性的な被害にあった場合，女性ももちろん声をあげにくいのですが，男性はそれ以上に言い出しづらいかもしれません。男性が被害者になることそのものが，一般的に想像してもらいやすい状況ではありませんし，「男らしさ」のプライドから，自分が被害にあったことは言い出せないことが多いと推測されます。

③　性行為に関する悩み

価値観として「勃起」と「男らしさ」を切り離すことが困難であることは容易に想像できます。それゆえに「勃起障害」は「男らしさの喪失」の象徴的できごとになり得ます。勃起という現象には，心理的な要素が大きく働きます。些細であっても性的なことと結びつきにくい事柄が頭をよぎると，意識が集中できなくなり，勃起しなくなるという事態は珍しくありません。この事実は意外に男性には自覚されていないようで，勃起がうまくできないと即，性器の機

第Ⅱ部　男性相談の内容と相談対応の基本

能的障害，ひいては自分に男性としての欠陥があるかのようにとらえてしまいがちです。心因性の勃起障害のなかでも，代表的なのは予期不安によるものでしょう。「うまくいかないのではいか」「相手を喜ばせることができるだろうか」といった不安により，勃起しなくなってしまうものです。勃起がうまくいかなかったとき，「こういう日もあるか」と本人が思えたり，あるいはパートナーがその事態を肯定的に受け入れてくれたりすれば，こうした予期不安による慢性的な勃起障害へは至らないと思われます。しかし，自ら深刻にとらえてしまったり，パートナーの態度や発言に傷つけられたりすると「男らしくなくなった」という失望や「男らしくあるべきなのに」という焦りを呼び，これらが勃起障害の心因を強化する方向に働いてしまうことが考えられます。

（2）自分の性格・生き方に関する相談

　ホットラインにおいて，性に関する相談に次いで多いのは，自分の性格や生き方についての相談です。クレオ大阪では，「こころ」や「人間関係」に含まれている内容と思われますが，大きく分けて2つの方向性が読み取れます。

　一つは「もっと男らしくなりたい」「情けない奴だと思われたくない」といった自身の「かくあるべき」という「男らしさ」に向かおうとする相談です。たとえば「勉強（スポーツ）ができなければならない」「心身ともにたくましくあるべき」「弱音を吐いてはいけない」「泣いてはいけない」「女性をリードすべき」「稼いで家族を養わなければならない」など，ほんの一例にすぎませんが生活場面には「男らしさ」と結びつく価値観があふれています。

　もう一つは，「本当は周りとの競争をやめたい」「男らしくしろと言われてつらい」という「男らしさ」というしがらみから逃れ，「自分らしさ」や「ありのまま」を模索する相談です。「ありのままの自分」や「自分らしい」という感覚と「男らしい」という価値観が一致しないことが多くあるのは想像に難くありません。こうした「自分らしさ」と「男らしさ」の不一致は混乱を招きます。多くの人が，男であるために「男らしさ」という価値観に振り回され，この違和感に気づきながらも懸命に社会からの期待に応えようともがいてきたと

78

いうのが実際ではないでしょうか。

（3）男性の子育てと価値観

　そして，近年では社会から求められる「男らしさ」そのものが変化しつつあります。イクメンという言葉はその一つの象徴であると思えます。イクメンという言葉には「男」という言葉が入っている一方で，行動としては従来の「男らしさ」とは真逆のことを期待される一面があります。たとえば，「男は稼いで養う」という価値観と「育児の時間をより多く確保する」という期待は同時に成り立たせることは物理的に困難に思えます。また，「泣いてはいけない」「弱音を吐いてはいけない」と気持ちの揺れをよしとされずに育ってきた人にとって「子どもの気持ちに寄り添って」というメッセージは，気持ちの揺れを抑えることで保ってきた安寧を揺るがすことになります。

　価値観の変遷の良し悪しは横に置くとして，それまでの社会から期待される「男らしさ」を必死に生き，適応しようと綱渡りをしてきた人にとって，まさに手のひら返しともいえる変化が起こっていることになります。こうした変化は従来の「男らしさ」を求める人たちにとっては受け入れづらい提案であり，これに抵抗するほど社会から取り残されてしまうような孤立感や，立ち行かない現実に傷つきを味わいます。一方で，「男らしさ」から距離を取りたがっていた人たちにとってはようやく「自分らしさ」を堂々と模索することができるようになったとも言えますが，「男らしさ」の社会的な期待の方向性が変わっただけかもしれません。その意味で，イクメンという言葉が「男らしさ」と同じように新しく男性を縛る言葉になるのではないかと危惧さえします。

（4）夫婦間の問題

　「黙って俺についてこい」という決まり文句に象徴されるように，言葉で語らずに行動で示すことが「男らしく」思われた時代がありました。ところが，語らないことで溝が生じ，行動の結果が示されなかった場合には溝が深くなってしまうことがあります。ホットラインには夫婦間のコミュニケーション不足

第Ⅱ部　男性相談の内容と相談対応の基本

を背景とした相談が寄せられます。

　パートナーに意見を聞いたり，力を借りたりすることが「一家の大黒柱たる自分」を脅かしてしまうように感じる男性は少なくありません。弱さを露呈することは信頼を損なったり，自身の価値を下げたりすることであり，結果「男失格」と思い込み自分を追い込んでしまいます。

　自分自身の感情を素直に相手に伝えることが苦手な男性は多くいます。ホットラインでは，相談をしてきた男性の気持ちを十分に聴き，必要に応じて，コミュニケーションの方法についてのアドバイスも行っています。自分の想いを相手に伝える際に大切なのは，内容よりもむしろ感情を表現することではないかと思います。中年期以降の男性に，相手に感情を表現してはどうか，というアドバイスをすると，「そんなことをしてもいいのか」という驚きをともなう反応が返ってくることがあります。旧来の「男らしさ」においては感情を表現することは避けるべきものです。それを破ることはそれだけハードルが高い場合があり，その意識を変えていくには時間がかかるのかもしれません。

（5）ＤＶ

　ホットライン開設時の一つの目標はDVの加害者の救済でした。加害者に対して適切な対応がなければ，被害者も減りませんし，真の解決にはなりえないと考えています。ただし，相談員は加害者の立場に立って話を聴きますが，当然のことながら，決して暴力を容認しているわけではありません。暴力は許されるべきではありませんし，それを加害者に伝えていきます。ただ，暴力をふるってしまった男性を責め，単に被害者と隔離するだけのやり方は，DVの真の解決にはならないとわれわれは考えています。

　DVに関する相談は「突然妻が子どもを連れて出ていった。探しているが居場所を誰も教えてくれない。妻を叩いたことはあるが，それが原因でこんなことになるのか」「妻を殴ってしまった。悪いことをした。出て行ってほしいと言われているが，なんとか暴力をやめて，元の夫婦に戻りたい」といったものがあげられます。妻や子どもなどすべてを失い，八方ふさがりになってしまっ

第5章　男性相談に寄せられる内容

たケースは，聴いている側も非常につらくなります。自らの暴力行為について語ることは決して簡単なことではないでしょう。DV加害者になってしまったという自覚があっても，直視することが非常に困難であることは想像に難くありません。

　「暴力をふるったあなたが悪い」という態度でしか対応してもらえなかったり，門前払いを受けたりしたという相談者は少なくありません。被害者の立場にすれば，加害者の言い分など聴く必要はなく，とにかく近寄るな，ということになってしまうのは無理もないことかもしれません。しかし，加害者の「感情」を聴くことが，どうしても必要だと，われわれは考えています。暴力をふるうときの怒り，相手に理解してほしいという気持ち，暴力をふるってしまったという後悔，自分をどうにかして変えたいという気持ちと，変わることができるのかという不安，そういったものを受け止められて初めてDVの解決につながると考えています。「おまえが悪い」だけでは加害者を傷つけ，追いつめ，解決の道をかえって閉ざしてしまうことになりかねません。

　また，最近われわれの実感として増えているのが，男性のDV被害者からの相談です。なかには，妻に殴られた傷跡も生々しく，相談に訪れる人もいますが，言葉の暴力，精神的な暴力に耐えかねて，という人も多いです。男性は，自分が被害者になったとき，助けを求めにくい傾向にあります。男性は「強くなければならない」という思い込みから，自分が被害にあったこと，すなわち自分が弱い立場に追い込まれたことを恥と思ってしまい，表明しにくいのです。妻から暴力を受け続けているのに，「男はこのくらいのことには黙って耐えるべき」と思っていたという人も少なくありません。

　現状では，男性被害者に対する救済策は不十分です。男性被害者が利用できるシェルターは全国的に見てもほとんどありませんので，男性が避難する必要があっても，インターネットカフェを転々とするしかない，といった状況があります。男性被害者に対する，一般社会や警察・司法関係者の理解も，かなり遅れていると言わざるを得ません。今後早急に対策が必要な部分と言えます。

（6）仕事上の悩み

　仕事上の悩みも多様なものが寄せられます。就職・転職，自分の仕事の適性に関する悩みもありますが，やはり目立つのは，職場での人間関係に関するものです。日本の職場は，まだまだ男性主導で従来の「男らしい」価値観が蔓延していると思われます。その中で，上司によるパワーハラスメントや，ブラック企業の問題が顕在化して久しいのですが，なかなか職場の価値観が変わるというのは難しいようです。

　「男らしさ」に対する社会の価値付けの変化や，それらの個々の男性の受け止め方の多様化によって，男性同士でも価値観が対立し，摩擦が生じるような状況が考えられます。その典型的な例として「パタニティハラスメント（パタハラ）」があげられます（「イクメン」の名付け親でもある東レ経営研究所の渥美由喜氏が，男性の育児参加を阻むような言動をこう呼ぶことを提唱しています）。たとえば，共働きで育児も可能な限り分担しようとしている若手社員が，熱を出した子どもを保育園に迎えに行くため早退したい，と上司に申し出たのに対して，「そんなのは女房の役割だ。それでも迎えに行くというのなら家庭の事情で会社に迷惑をかけるのだから，評価が下がるのは当然」などと言う状況です。従来の「男らしさ」が深く根ざしているところへ，新しい価値観が上乗せされることによって，男性たちがそれぞれの立ち位置で，さまざまに混乱している様子がうかがえるのです。

＊

　以上のように，男性の悩みの内容は多岐にわたりますが，そこに共通する男性特有の「悩み方」のようなものも見えてきます。男性が従来の「男らしさ」すなわち男性ジェンダーに縛られる，あるいはそれが現代の価値観と齟齬を起こしていることから，多くの悩みが生まれていると考えられます。男性の「悩み方」の傾向について，次章で見ていきます。

第6章

男性相談から見える男性の心理

濱田智崇

　この章では，私がこれまで，『男』悩みのホットラインをはじめとする男性相談や，カウンセリングオフィス天満橋などのカウンセリング機関等で経験してきた男性の事例をもとに，男性に多く見受けられる心理的傾向をまとめてみます。なお，事例は，相談者のプライバシーに配慮して改変し，抽象的な表現にしてあります。言うまでもなく，こうした傾向には個人差があり，女性にも共通して見られるものもありますが，ここでは，男性のジェンダー意識が影響していると思われる，一般的に女性に比して目立つ特徴をあげています。

第1節　「かくあるべし」の縛り

（1）男性の悩みに共通する背景

　男性のあらゆる悩みの背景として，共通して見えてくるものに「かくあるべし」の縛りがあります。悩みがある状態というのは，何か現状に満足できない，あるいは何か現状に耐え難いことがあるわけですから，「○○であるべきなのに，そうはなっていない」状態と言い換えることもできますが，男性はこの「○○であるべき」の思い込みが特に強い場合が多いようです。

　男性は，子どもの頃から「勉強ができなければならない」「スポーツができなければならない」とあらゆる意味で発破をかけられながら育ちますし，学歴社会日本の教育制度においては，教師が一方的に示す枠組みに素直に従って，それを習得するよう努力し，特定の基準のもとでよい成績を上げることが徹底して要求されます。大人になってからも「稼ぎがよくなくてはならない」「仕

事で成果を上げなければならない」とプレッシャーをかけ続けられます。個人がどうなりたいかよりも，与えられた枠にどう収まるかが重視されていると言えるのではないでしょうか。日本社会が伝統的に価値を置いてきたガンバリズムが根強く残っているとも言えます。こうしたプレッシャーには，女性も曝されているはずなのですが，男性の方に，より「強さ」や「タフさ」を求めるジェンダー・バイアスは未だに人々の無意識のなかに存在するようで，男性は，「かくあるべし」を自分に課し続けること，自分に課した課題を成功させ続けることを，社会から強く求められている（少なくとも当の男性たちはそう感じている）ように思います。

（2）理想と現実のギャップ

「かくあるべし」と叱咤激励されること，あるいは自分で自分を奮い立たせるために「かくあるべし」を自分に課すことにも，自分のスキル等を向上させる一定の効果はあると思いますし，努力を否定するつもりもありません。努力を続けることにより，自分が理想的な男性であり続けることができていれば，それはそれで素晴らしいことだと思います。また，ある種の緊張感をもって臨まなければならない瞬間も，人生にはしばしばあると思います。

しかしながら，すべての人が常に理想通りに生きられるわけではなく，多くの人が，人生において何らかの挫折や不全感を味わうことがあるでしょう。こうした，理想通りではない自分をなかなか認めることができない苦しみが，多くの男性の悩みとして現れていると考えられます。男性が「かくあるべし」を満たさない自分に対して，情けないとか，つらいとか，悲しいとか，焦ってしまう等の感情を語ることができれば，まだそれは自分と向き合うことができている方です。たとえばハードルを自分に課しすぎることでオーバーワークとなり，休職せざるを得なくなってしまったサラリーマンが，休職する自分はダメ人間なんだ，許せないんだと，さらに自分に鞭を入れるような，非常に自責的な思考になってしまう，といったことはよくあります。仕事をどこまでもバリバリと続けられる「理想の男」ではない自分を受け入れることがなかなか難し

いのです。

そうした人が取り得る対応として，男性相談で「すぐに解決できる方法」を尋ねてこられることがあります。この例で言えば「短期間で自分の精神を強くする方法を教えてほしい」といったことになるでしょうか。自分の弱みは他者には見せない，自分もその弱みを見ないようにしたまま，できれば誰にも知られないうちにサッと解決してしまい，後は何事もなかったように過ごしたい，という意図が，すぐに解決できる方法を求めてくる相談者から感じられることがあります。

（3）自分も他者も無意識に縛ってしまう

「かくあるべし」の縛りがやっかいなのは，本人がそれに縛られていることを自覚しにくいという点です。「かくあるべし」を自分に課すことは，長年当たり前のこととしてすり込まれがちで，その部分は見えにくくなります。そして，無自覚に思い込んだ「かくあるべし」と，現実の自分とのギャップばかりが目につくようになり，現実を何とかして理想に沿わせようとしてしまうのです。また，高い理想をもち，それをある程度自分で実現できていると感じている人ほど，周りにも同じようなものを課しがちです。仕事の能力の高い人が，職場で部下に能力以上の要求をしたり，家庭でも妻に完璧な家事を求めたりしてしまう，といったように，無自覚なまま，周りも「かくあるべし」で縛ってしまうということが起こり得ます。

第2節　感情よりも思考を優先する

（1）女性相談と男性相談の違いから

女性相談を担当する女性相談員と話していて，女性相談と男性相談との違いをもっとも感じるのは，相談者の感情表出の仕方です。女性相談では，受話器を取った瞬間から，相談者が自分の聴いてほしいことに感情をこめてしゃべり続け，相談員から何か解決策を示したわけでもないのに，「あーすっきりした。

第Ⅱ部　男性相談の内容と相談対応の基本

ありがとう」と言って電話を切る，といったことがあると言います。こうした相談者は，男性相談では，ほとんど見られません。逆に男性に多いパターンの一つは，現実的な状況を淡々と説明したうえで「こうした場合はどう解決すべきでしょうか」と解決策を尋ねてくる，といった相談の仕方です。たとえば，妻から離婚を切り出された，という相談内容であれば，「妻がこう言いました，妻がいついつ出ていきました，今実家に帰っています」といった現実状況の説明だけされた後，「私は離婚した方がいいのでしょうか？」と尋ねられます。これでは相談員としては，何とも言えなくなってしまいます。「自分はどう感じているのか」「自分はどうしたいのか」という感情表現が抜け落ちているので，解決策を一緒に考えることができないのです。

（2）コミュニケーションの男女差

　「レポートトーク」と「ラポールトーク」という言い方があります。たとえば，われわれが開催している父親の語り場に初めて来た幼児のお父さんに「最近どうですか？」と尋ねると「〇月〇日，午前〇時〇分，自宅から徒歩5分の〇〇児童公園に到着し，4歳8ヶ月の息子は，滑り台を8回，ぶらんこを4分30秒しました」と答えられる，これが「レポートトーク」で，事実や情報を客観的に正確に伝える話し方です。実際には，さすがにここまで極端な方はおられませんが，初めて参加するお父さんは，これに近い話し方になることがあります。われわれが父親の語り場で話したいのは，たとえば「うちの子が最近ぶらんこを立ち漕ぎしようとするようになって，危なっかしいのでハラハラするんですが，でも，あの赤ちゃんがここまで成長したのかと思うと何だかうれしい気もして」といったことです。自分の感情も相手に伝え，相手との間に情緒的交流が生まれる話し方，これが「ラポールトーク」です。男性は，レポートトークは得意でもラポールトークが苦手，という方が多いようです。

　男女間のコミュニケーションの違いを示すものとして，もう一つ，買い物のときの会話をあげます。男女一緒に買い物をしているときに，女性が男性に対し「この赤い服と青い服，どっちがいいと思う？」と尋ねたとします。これに

対し男性は「赤い服をたくさん持っているから，今日は青い服にしたら」など
と一生懸命考えて答えます。しかし，女性はそんな答えはまったく求めていな
いかもしれないのです。女性は「この服も素敵だけど，こっちも捨てがたいか
ら迷ってしまう（でもそれが楽しい）」という感情を共有してほしいだけで，結
論や助言を求めているわけではないのです。それに対して男性は，相談された
以上助言をするべきであると考え，理屈に裏づけられた結論を出そうとするの
です。結果を求められているという「思い込み」もあります。先ほどの父親の
語り場に関しても男性からは「そんなもん語って何になるんですか？」という
冷ややかな反応をされることがあり，感情を他者と共有するということに，そ
もそも価値を見出していない男性が多いのです。

（3）男性の生育歴のなかで

　これは，ある意味無理もないことかもしれません。男性は，感情を軽視する
ように育てられていることが多いからです。感情を押し殺すことが推奨され，
感情的になることよりも，冷静に考えることや理屈に当てはめることに価値が
あると教育され続けた結果，感情を表現することに慣れていない，あるいはさ
らに，感情を表現することはなるべく避けるべき，くらいに考えている人も多
いのではないでしょうか。物心ついた頃から「泣くな！」「弱音を吐くな！」
と育てられ，大人になってからも仕事で「効率を上げろ！」「結果を出せ！」
とプレッシャーをかけ続けられたら，感情はできる限り抑圧して思考の世界に
生きることしかできなくなってしまうでしょう。

　実は私自身も，母親から口癖のように「男の癖にフニャフニャするんじゃな
い！」と叱られながら育ちました。私はどちらかというと感受性が強く，泣き
虫な子どもでしたが，一方では濱田家の名を継ぐ唯一の男児というプレッシャ
ーに常に曝されて，周りの大人の気に入るように「男らしく」振る舞おうと努
力し，それがうまくいかないときには自分を責めていました。そして，今度は
自分が子育てをするようになってから，保育園の保育士さんが「男の子なんだ
から泣くんじゃありません！」と言っているのを何度か聞いてしまい，未だに

こうした言い方をされるのか，と驚いたことがあります。保育士さんは，決して悪気なく言っておられるのだと思います。長い間染みついた社会の価値観というのは，なかなか変えることが難しく，世代を超えて継承されていってしまう部分もあるのでしょう。

第3節　コントロール幻想

（1）コントロールできる人間が優れている？

このように「かくあるべし」を追求し，感情のような「あいまいで移ろいやすいもの」を排除していくと，その先にあるのは，徹底した「コントロール」です。近年の情報化社会の進展によって，人々は大量の情報に曝されるようになり，すべての情報を吟味する余裕はなくなりました。情報を取捨選択し，効率的にこなさなければ，変化の速い社会に適応できなくなっています。人と人とのやりとりにおいても即応性が重視され，そこに感情的なものを持ち込むことは「邪魔」になります。

こうした今の日本社会においては，すべてを自分の望むようにコントロールできるのが「優秀な男」であり，それを目指して努力を怠らないのが「一人前の男」とされている節があるように見えます。人間関係ですら，スマートにコントロールできるようになることを求める人が多いことは，最近，ビジネス雑誌で特集が組まれたり，啓発書がベストセラーになったりするテーマが「相手をうまくコントロールする心理学」といった内容であることからもわかります。

あるいは，私が乳幼児の子育てに関する相談を受けていても，発達に若干の遅れや偏りがあるお子さんに対して「この子に何を与えれば早く治るのか」という尋ね方をされることが最近増えている実感があります。「保護者がお子さんにどう関わるか」がお子さんの発達に大切と思われるケースであっても，「何を教えればいいのか」「どこに通わせればいいのか」という発想になりがちで，極端な場合，われわれがお子さんに実施する発達検査を事前に家で練習させてきて，検査場面だけクリアさせようとする保護者も見られます。そして，

こうした即物的な思考になってしまいがちなのは，やはり母親よりも父親の方に多いようです。

（2）コントロール幻想から抜け出しにくい男性

　人生において，本人の意思通りにコントロールできることは，ごく限られています。それにもかかわらず，現代に生きるわれわれは，人間関係や他人のこころ，人間の発達成長まで含めて，あらゆることを自分の思い通りにしようとする「コントロール幻想」にとらわれてしまうことが多いのではないでしょうか。これは，男性の方が重症に見えますが，女性もある程度罹患している，現代の病と言えるのかもしれません。コントロール幻想にとらわれてしまうと，よくわからないものやあいまいなものを自分のこころのなかに抱え続けておくことができなくなります。そしてどうしても自分の思い通りにならない問題にぶち当たると「解決を人に丸投げする」「諦める」もしくは場合によっては腹を立てて「暴れる（暴言・暴力)」という対処を取りやすくなり，問題そのものに向き合いにくくなります。

　解決の難しい問題に向き合い続け，苦しみ続けることは，あまり格好の良くないこととも言えます。自分で自分の問題もすっきりコントロールできないような姿を周りに見られたら「無能」と思われるのではないか，そんな不安も，特に男性の内面には生じやすいと思われます。コントロール幻想から抜け出しにくいのも，男性のジェンダーに由来していると言えそうです。

第4節　優越感と不安感の間で

（1）優越することへのこだわり

　かつて，こんな相談がありました。学校で息子がいじめられたが，その加害者が暴力団関係者の子どもだった，という父親からです。校長室で話し合おうとしたら相手の親に因縁をつけられ，学校も及び腰なので，泣き寝入りせざるをえない，これ以上食い下がるのは，息子のためにもよくなかろうと頭では納

得しているが，どうしても許せない部分が残る，というのです。もう少し話を聴いてみると，その父親自身も昔，喧嘩では負けたことがないと地域で有名だったので，どうしても負けられないと思ってしまうと言われました。この事例を女性の相談員に聞いてもらったところ，「なぜそこにこだわるのか理解できない」「父親の気持ちに共感しにくい」といった反応がほとんどで，こうした感覚には，ある程度男女差があるように感じました。

「優越志向」は男性性の要素の1つであり，他者よりも上に立っておきたいという気持ちは，やはり男性の方が強いのかもしれません。男の譲れないもの，というのは多かれ少なかれ，何かあるように思います。他者からの評価を気にする傾向も，自分の方が優れていることを確認したいという気持ちからきていると言えるかもしれません。テストステロンと呼ばれる，いわゆる男性ホルモンが，男性の競争に勝ちたい気持ちや性欲のもとになると言われており，男性の脳は「頑張る」「勝つ」ことを目指しがちです。このホルモンの分泌量やその状況による変化には個人差も大きく，女性にも分泌されるものですから，一概にこれだけで説明できるわけではありませんが，男性の「優越志向」の強さは，後天的に身につけるジェンダーとしてだけでなく，先天的なものもある程度ベースにありうると理解しておく方がよいこともあります。

（2）不安の裏返し

「優越志向」とは裏を返せば，自分が劣った存在，弱い存在であるとは認めたくないということです。「優越志向」の裏には，本人は意識できていないことも多いのですが，常に「不安感」が存在しています。自分が何か相手から脅かされるのではないかといった不安を払拭するために，相手よりも上に立つことを目指すと考えられます。意識してしまうと苦痛や不快感を生じることを，本人も十分に自覚しないまま，意識しないで済むように処理してしまう，精神分析の言葉で言うところの「自我防衛」が働いて，不安感を処理しているのです。

男性性の他の要素，「所有志向」や「権力志向」もそれぞれ「自分の財産が

減る不安」や「主導権を握られて不利益を被る不安」といったものから逃れるために，それを目指しているという言い方もできそうです。男性は，漠然とした不安をどこかで感じながらも，それをできるだけ感じないようにし，さらにプライドの高さから，そんな不安を感じているように周りからは見えないように振る舞うことを，社会的にも学習していきます。本人も意識しにくい不安感が強くなればなるほど，それとは向き合わずに済まそうとして「優越」「所有」「権力」を目指す力も強くなり，場合によっては暴力的な方向へ走ることも考えられます。男性の威圧的な態度や暴力的な振る舞いは，実はその人が根底で抱えている不安を感じないよう，防衛するために起きている可能性があります。

第5節　素直に言えないから振りかざす大義名分

（1）弱さを表明することの難しさ

　男性は自分の感情，とりわけ，悲しさ，寂しさ，不安，心細さといった自分の「弱さ」につながるような感情を素直に表現しにくい傾向があります。本当は，これらの感情を放っておくことはできず，何かの形で解消したり，できればそれを誰かに受け止めてもらったりしたいのです。しかし，それは「男のプライド」が許しません。そんなことをすれば「弱い」すなわち「ダメな」男であると認定されてしまうからです。男性が，暴力などの被害者になったとき，なかなかそれを表明できず，ひたすら我慢したり，被害に遭っていること自体を認めようとしなかったりしがちなのは，このためです。あるいは，こうした感情を「怒り」へ変換して表現することもあります。怒りやイライラであれば，それは自分が「弱い」のではなく「正しい」ことを主張できます。さらに，それを何らかの大義名分や正論めいたものとリンクさせることができれば，なおさら主張しやすくなります。

（2）「正しい」ことは主張しやすい

　見通しの悪い脇道から，1台の車が出てきて本線の車の流れに合流，そのす

第Ⅱ部　男性相談の内容と相談対応の基本

ぐ後ろを走っていた大型トラックが，クラクションを盛大に鳴らしながらブレーキを踏み，その先の信号で停車したときに，ドライバーが怒鳴りながら降車してきて，合流してきた車を運転している人に食ってかかる，こんなシーンを見かけました。「危ないやないか！　交通ルールを知らんのか！」とトラックのドライバーは怒鳴っていました。確かにおっしゃる通りです。トラックが減速しなければ，接触の危険があったかもしれませんし，ドライバーの言っていることは正論です。間違ってはいません。しかし，一方で，客観的には「間一髪で事故を防いだ」といった緊迫した状況には見えませんでしたし，それとは不釣り合いなほど相手を激しく責めたて，次第にヒートアップしていく彼を見ていると，そのこころのなかには，もっと他のものもあったのではないかと思えてきました。すなわち「自分の前に割り込まれてプライドを傷つけられた怒りや悲しみ」，そして「事故になるかもしれない状況が急に目の前に現れたことによる驚きや不安，委縮して心細い気持ち」といった，彼自身の感情です。

　男性にありがちなパターンとして，このように，個人的な感情を表現する代わりに大義名分を振りかざす，ということがあります。個人的な感情は人様にお見せするようなものではない，ましてや悲しみや不安や心細さといった「男らしくない」感情は人に見せてはならないと思い込んでいます。しかし，その存在そのものは示したい，つまり自分のこころに大きな波が起きたこと自体は相手に思い知らせてやらないと気が済まない，そこで大義名分や正論を振りかざすことになるのです。このドライバーの例で言えば，「交通安全」は誰も反論する余地のない正論ですから，それを理由に相手を強く責めても問題にならないということになります。自分の個人的感情を，個人的なものではないようにカムフラージュして表現でき，しかもある意味世間を味方につけている意識があり，強く主張すればするほど自分は「正義の人」になれるので，こうした形で相手を責めはじめると，歯止めが利かなくなることもあります。歩きながらスマートフォンを操作していた人にわざと体当たりして重傷を負わせる事件がありましたが，これも同じような機序から起きているのではないかと思います。犯人は「歩きスマホをする方が悪い」と主張しているようですが，歩きス

マホが「ルール違反」であることを背景にして，自分が世間を代表して制裁を加えたようなつもりになってしまっているのかもしれません。しかし実際には，個人的な感情（この場合推測に過ぎませんが，自分がぶつかりそうになって怖かったとか，相手はゲームやSNSを楽しんでいるのに，なぜルールを守っているこちらがぶつからないように気を遣わなければならないのかという不公平感など）を過剰にそこへぶつけてしまったことになります。

　こうした大義名分までは見つからないときには，不機嫌さをもって，自分の不快な感情の存在を示すこともあります。他人に対しては大義名分がないとなかなか主張できませんが，妻など家族に対しては，筋の通った裏づけがなくても，不機嫌に接し，場合によっては理不尽な言いがかりをつけることで，直接素直に言えなくとも「何となく察して欲しい」というアピールをすることができるわけです。

第6節　「かくあるべし」を満たせず「悲劇のヒーロー」になる人も

（1）劣等感により動けないこともある

　相談者の男性のなかには，相談員から現実的に可能そうな対応策をいくら示しても，なかなかそれを実行に移せない方もいます。相談員が，相談者の「これからどのようにしたいか」をじっくりと受け止め，ではこういう方法もありますね，と話しあったうえ，相談者自身も納得して「やってみます」と言って一旦相談を終わるのですが，後日また相談してこられて「やっぱりできません」となります。長期間にわたって繰り返し相談してくる，いわゆるリピーターになる方もいます。たとえば「親の育て方が悪かった」と訴え続けるひきこもり傾向の青年や，「若い頃，親族のせいで結婚できなかった」ことを，20〜30年経っても気持ちのうえで整理できない中高年の方など，年齢は幅広い印象です。

　こうした男性たちの共通項として「一人前の男としての生き方，すなわちバリバリと仕事をして結婚して子どもを育てて，といったルートから自分が外れ

第Ⅱ部　男性相談の内容と相談対応の基本

てしまった」という強い劣等感を奥底に抱えている，ということがあるのではないかと思います。しかもこの劣等感は，できるだけ感じないで済むように，つまり「自分に悪い部分，弱い部分があるからこうなった」とは思わないで済むように処理されるため，非常に他責的になる傾向があります。ここにも男らしさの「かくあるべし」が深く根ざしています。「かくあるべし」を満たさない自分と向き合うことを避ける防衛策として他者に「かくあるべし」を振りかざしてしまうわけです。自分の理想通りにならない状況を，自分の周囲の人，あるいは社会全体のせいにして責め，場合によっては激しく攻撃するようなことを言う相談者もいます。

（2）解決に向かうことの難しさ

　こうなると，たとえば本人が経済的に破綻して生活の変化を余儀なくされるなど，現実的に変化を求められる状況がない限り，自分で自分と向き合い，自分の問題を引き受けて，解決に向けて一歩踏み出すことは難しくなってしまいます。「自分で解決しようとする」ことはすなわち「自分の非を認める」ことになってしまいますので，結局それを避けるために，いつまでも他者のせいにすることになります。また，「男のプライド」が失敗を許しませんので，絶対にうまく行くという保証がない限り（そうした保証がある解決策は現実にはありませんが）解決策を自分がやってみることはできないのです。自分の不幸を他者のせいにして批判し続けることで，自分は自分の問題と向き合わずに済む「悲劇のヒーロー」状態は，その意味では居心地がよく，その構造を変えると自分の現在の立ち位置が脅かされるので，「このつらい状態から抜け出したい！」と毎回訴え続けながらも，抜け出す方策は実行できないのです。そして，それでも誰かに話を聴いてもらって，自分の主張は認めてほしいという承認欲求のようなものがあると，相談では毎回同じ話を繰り返す，リピーターになることがあるのです。

第6章　男性相談から見える男性の心理

第7節　社会的に強化される男らしさの鎧

　ここまで見てきた通り，男性は，こころのなかでさまざまな「弱さ」を抱え
つつも，それをできるだけ外に見せないように，さらには自分でもそれを見な
くて済むように「男らしさの鎧」を身に着けて生きていると言えるでしょう。

　自分の弱さを意識しないようにする元々の心理的傾向が，生育歴を通じて社
会から学ぶ固定化した性別役割意識（ジェンダー意識）によって，社会的に男
性のあるべき姿として正当化され，強化され，簡単には脱ぐことのできない強
固な鎧になっているのです。その鎧は，男性自身や周囲の人を縛り，あらゆる
悩みを生み出しています。こうした男性たちの悩みに対して，どのように対応
するか，次章で見ていきたいと思います。

第7章

男性に対する相談対応の基本

濱田智崇

　この章では，男性からの相談を受ける際，相談員としてどのように対応するのがよいかを考えていきます。ただ，ここで取りあげる対応は，男性だけに適用できるような，何か特別なものではありません。相談やカウンセリングを学べば，必ずそのなかで基本的な姿勢として示されるものばかりだと思います。しかし，男性は，そもそも相談すること自体に高いハードルを感じており，相談のなかでもなかなか自分の本音を言い出しにくいとすれば，相談者としての基本に忠実に，できるだけ丁寧に対応することが，重要になってくるのではないでしょうか。その意味で，男性相談の対応というのは，相談員にとっては，その基本的な姿勢がもっとも問われる場面ではないかと思っています。男性相談窓口には，電話での対応，面談での対応，両方があり，対応の仕方は少し違ってくるかと思いますが，ここでは主に電話での相談を想定して考えていきます。

第1節　まず相談者とつながる

（1）相談者と相談員の出会い

　第1章でデータに基づいてお示しした通り，男性は，相談をすることそのものに抵抗がある場合も少なくありません。相談者によっては，かなり思い切って，覚悟を決めたうえで恐る恐る電話をかけてくる，ということもあるでしょう。場合によっては，一旦無言のままで電話を切り，様子をうかがうようなこともあります。また，「どんな相談でもいいんですか」や「くだらないことな

第Ⅱ部　男性相談の内容と相談対応の基本

んですが」などと，本題に入る前のいわば助走のように，前置きする場合があるのも男性の特徴と考えられます。相談する，すなわち人に弱みを見せることに対する，心理的抵抗の大きさがうかがわれます。こうして，高いハードルを越えて相談してきた男性に対しては，「よく相談してきてくれましたね」と，必ずしも実際に口に出す必要はありませんが，相談員が少なくともこころのなかで一度唱えるといいかもしれません。電話であっても，その雰囲気は，声の感じとして伝わるでしょうし，面談であればなおさら，自然と相手を受け入れるような表情が出せるでしょう。

　『男』悩みのホットラインの相談員は，一期一会の精神を大切にしています。何かを求めて，勇気を振り絞って声を発する相手に敬意を表して，その一回のつながりを大切にします。ホットラインをはじめ，多くの電話相談では，お互いに匿名で話をするため，継続的な関係性を築くということを前提にしていません。たとえ同じ人からの相談であると気づいても，基本的にはそれを明かすことはありません。そうすることでお互いに距離を保って話をすることができます。継続を前提に築かれる信頼関係というものもありますが，1回限りだからこそ安心して話せるというのも大切な関係だと考えています。

（2）信頼関係を作る

　そして，信頼関係を作るために大切なのは，ひとまず相談者の言うことに耳を傾け，そのまま受け止めることです。そのまま受けとめるというのは，肯定的受容と言ったりもしますが，相談員側が相談者の話の内容について価値判断をすることなく，相談員の価値観とたとえ相容れないものであっても，否定しないということです。特に男性は，人から低く評価されることや，否定されることを恐れています。相談員に自分のうまくいっていないことを話し，ダメな部分や弱みを見せるのですから，それを低く評価され，自分の男性として，人間としての価値を否定されるかもしれない，という不安を多かれ少なかれ抱えています。その予防線を張るかのように，自分から最初に「自分が悪いんですけど」「ダメだとはわかっているんですが」などと前置きする人もいるくらい

です。ですから，たとえば相談者のしてきたことが，客観的に見れば状況を悪化させる結果を生み出していたとしても，「なんで，そんなまずい対応をしてしまったんでしょう？」などと，その善し悪しについて，少なくとも最初の時点で相談員が判断して返すようなことはしません。なお，「なんで」「なぜ」という言葉は，相談員としては単純に「理由」を尋ねているつもりでも，相談者には非難されているように聞こえることがありますので，注意が必要です。理由を尋ねるときには「その理由をお尋ねしてみていいでしょうか？」や「そうした行動をとられたのは，その時どんなお気持ちがあってのことだったんでしょうかねえ？」などと言う方がいいかもしれません。また，自分で自分のことを否定的に言う相談者に対して，つい慰めるような言い方をしたくなる（たとえば「私はダメな男なんです」に対して「そんなことはないですよ」と言いたくなる）こともあるかと思いますが，それも「自分をダメだと思っている」状態の相談者を否定することになりますので，そのまま聴いていきます。

　話をそのまま受け止めて聴いていると，どこかで相談者に対して，共感できる部分がでてくるものです。共感的理解などと言いますが，違う人生を歩んできた別の人間である以上，完全に共感できることなどあり得ないのであって，相談者のすべてに共感するのはたいてい難しいはずです。身勝手な発言を繰り返す相談者に腹が立ってくる，といったこともあるでしょう。しかし，何か一つでも「この人のこの気持ちはわかるかも」というポイントがあれば，その部分から相談者を理解しようと考えていけばよいのです。そうすることで，相談者にも「この人ならわかってもらえる」「この人なら話せる」という感覚をもってもらうことができ，その後話の内容を深めていくのに必要な相談者と相談員のつながりや信頼関係が生まれます。

　電話や1回限りの面談のなかで，短時間のうちに信頼関係を作るのは，難しく感じられるかもしれませんが，「自分のことをわかってもらった」と相談者が感じることができることがポイントになります。相談者が「この人は聴いてくれているな」と思えるような応答をするということです。それには，前提として，話しやすい雰囲気を作り，相手の波長にできるだけ合わせるということ

第Ⅱ部　男性相談の内容と相談対応の基本

が必要です。相談員自身の話し方の持ち味のようなものはもちろんあるでしょうから，完全に合わせる必要はありませんし，しようと思ってもできません。たとえば小さな声で，ポツリポツリと語る相談者に，あまり元気よく相談員が話しかけるようでは話しづらそうですし，逆に怒りに任せてまくし立ててくる相談者に，静かに対応しすぎても嚙み合わないということになります。

（3）相槌の重要性

　そして，関心をもってしっかりと耳を傾けて聴いていれば，自然と相槌が出てきます。この相槌を活用することが重要です。面談では黙ってうなずいていても伝わりますが，電話では特にはっきりと声に出して相槌を打たなければ，当然相談者には伝わりません。人間は，言葉そのものだけでなく，声のトーンや間，息遣いなどでもやりとりをしています。たとえば書き起こしてしまえば同じ「ああ」という一声であっても，言い方によってさまざまな意味が相手には伝わります。相槌には，同意する，安心感を与える，ねぎらう，勇気づける，受け取る，などのさまざまな意味を込めることができます。ちなみに私がよく使う相槌の一つに「驚く」というのがあります。相手の話に驚く（ときには意識して驚いてみせる）ことが，相談者とのつながりを作るのに効果的な場合があります。相談ですから，あまり幸せな話というのは出てこず，たいていは不幸な話，つらい話，苦労話をお聴きすることになりますが，あまりにもつらい話，ひどい話に対しては，こちらがきちんと「えー！」「うわー，それは……。」などと驚く，という反応は意外と重要です。相談員として初心者の方にありがちな傾向として，相手の話を「受け止める」ことに一生懸命になりすぎて硬くなり，あるいは相談員は常にポーカーフェイスで，どんな内容でも動じずに聴かなければならないと思うあまり，反応が単調になってしまうことがあります。反応が単調だと，相談者は自分の話が伝わっているかどうか不安になります。特に思い切って自分のつらかった話をしているのに，反応が素っ気ないと，肩透かしを食らった感じになる人もいるかもしれません。さらに，男性の「優越志向」と照らし合わせて考えると，男性がしてくる「不幸話」には

第7章　男性に対する相談対応の基本

若干の「自慢」の要素が入っている場合もあるのです。「どうだ，俺はこれだけひどい目にあってきたんだ。すごいだろ」というニュアンスを相談者の話のなかに感じることがあります。こうした場合は特に，こちらが驚いていることをしっかりと示すことで，やりとりが噛み合い，相談者は「聴いてもらっている」と感じることができます。

　この「驚き」に限らず，相談員は常に「普通の」「人として当たり前の」感覚を持ち続けて，自然な反応ができるようでないといけないと思います。相談者を受け入れなければならないと思うあまり，相談員自身の感情を抑圧して硬くなってしまうと，人として普通の感覚を失ってしまいますので，「相手を受け止めること」と「自分に正直でいること」の両立が相談員には求められます。そうすることによって，相談者に対して，ここに生身の，相談者と同じ社会を生きている人間（男性が受ける場合であれば，相談者と同じ社会を生きている同じ男性）がいて，対等な立場で話を聴こうとしているんだ，ということを示すことにもなります。第1章で説明した，男性相談でもっとも大切な「対等な立場で聴く」ことを，相談の最初の段階で枠組みとして提示し，「人と人」のつながりを，相談者との間に作るということです。

第2節　コミュニケーションと男性

（1）コミュニケーションの本来的な意味

　コミュニケーション（communication）には，語源としてラテン語の「commu」が含まれており，これは「共有」という意味です。ところが，たとえば私が大学で学生と話をしていると，就職活動中の上級生は「採用の際はコミュニケーション能力を重視する」とか「面接に向けてコミュニケーション能力を鍛えよ」とプレッシャーをかけられていますし，入学してきた新入生のなかには，「自分はコミュ障（コミュニケーション障害）なので人に話しかけるのが苦手です」とクラスメイトへの自己紹介をする人もいて，コミュニケーションが何か特別なスキルであるかのようにとらえられている気がします。現在日本で

第Ⅱ部　男性相談の内容と相談対応の基本

使われているコミュニケーションという言葉は「他者に伝達すること」やそれによって「他者に影響を与えること」という意味が強調されてしまっていますが，それらはコミュニケーションの結果に過ぎず，本来は「他者と共有する」という意味です。複数の人間の間に，共通してイメージできるものがあるかどうか，何かを共有しようとするかどうかが問題の本質なのですが，目に見える結果や効果が求められる現代社会では，そのあたりは忘れられてしまっているようです。言い方を換えれば，人間が，何をするか「doing」ばかりに目がいき，どうあるか「being」が軽視されてしまっている世のなかと言えるかもしれません。

　特に男性は効率的に「結果」だけを求める傾向がありますので，共有することそのものに，あまり意義を感じていないようです。ましてや，自分の悩みなどというものは，できれば誰の手も借りずにさっさと解決できればそれでいいのであって，わざわざ恥をかいてまで他者とそれを共有することなど，何の意味もないと感じている男性は多いのかもしれません。実際に相談をしてきていても「こんなこと，人に話してどうなるもんでもないんですけどね」などと言う人もいます。

（2）共有することそのものに相談の効力がある

　ある自治体の男性相談窓口に，相談できる内容を勘違いして来られた方がいました。「ケガの後遺症で今の仕事が続けられそうにないので，新しい仕事を紹介してほしい」という主訴の中年男性です。私が対応しましたが「仕事を紹介してほしい」という男性に対して，臨床心理士である私が直接お役に立てることは，残念ながら一つもありません。彼の悩みを現実的に解決する手段を私は持ち合わせていないのです。窓口違いであることを伝えると，彼はがっかりしましたが，せっかく来られたのでよければお話だけでも，とお勧めして，お話をうかがうことにしました。最初は自分よりも若くて頼りにならない相談員に対して，「あんたに話してもどうにもならんやろ」と渋々でしたが，これまでどれだけ仕事を一生懸命やってきたか，しかしそれをケガであきらめざるを

102

第7章　男性に対する相談対応の基本

得なくなったのがどれだけつらかったか，などを徐々に語ってくださいました。そして，50分間話した後，「何か，ちょっと楽になったわ。しんどいけど，とりあえず明日，ハローワークに行ってみることにする。聴いてくれてありがとう」と帰って行かれました。

　この事例では，現実的には何も解決できていませんが，彼が自分の話を私と共有することによって，気持ちのうえでは一歩前進できたと考えられます。これこそが「共有」することの大切な意義であり，いわば「相談の効力」なのではないでしょうか。自分のしんどさを誰かと共有する，誰かに自分のことをわかってもらえる，ということは，その人に安心感や，精神的な活力を与え，次の一歩を踏み出す原動力になり得ます。たとえ，共有する相手が赤の他人（相談員）であっても，その力は，われわれが想像するよりもはるかに大きいのかもしれません。それに加えて，一人で抱えていたモヤモヤやストレスを吐き出すことですっきりするカタルシスの効果もあるでしょう。さらに，相談者が自分の問題を相談員と共有するためには，相談員にわかるように説明したり，相談員が自分の理解のために相談者に質問したりします。そのことによって，相談者は自分の問題を頭のなかで整理して，よりよく理解し，さらに次の手を考えることができるようになるのです。

（3）しっかり悩めるようにする

　こうした「共有」としてのコミュニケーションの意味を，男性は軽視しがちで，すぐに「解決方法」だけを求めてしまう傾向があります。相談員から解決方法をパッと示すことができれば，それはそれでいいのかもしれませんが，最近はインターネットで何でもこっそり調べることができますから，解決方法をすぐに示すことのできるような悩みは，皆さん自分で調べて解決するので，わざわざ相談してこられません。相談に来られるのはたいてい，個別性の高い内容で，一般的にどうすればいいとは言えず，本人がどうしたいのかをよく考えなければならないようなものです。そうなると，相談員が解決できるようなものではなく，相談者ご本人が，その問題を自分で抱えて「しっかりと悩むよ

103

第Ⅱ部　男性相談の内容と相談対応の基本

うにする」のが男性相談の役割ということになります。

　確かに，つらい思いをしている相談者が，解決方法をすぐに求めようとしてしまうのも無理はありませんし，相談員の方も，それに応えてあげなければ，という思いがつい先走ることがあります。しかし，男性相談の相談員は，走り続ける相談者にもっと強く走り続けられるよう武器や鎧，すなわち安易な助言や新たな「○○すべき」を与えるのではなく，一旦立ち止まって，相談員との「共有」を体験してもらい，そこから自分の内面と向き合う姿勢を取り戻してもらうことを目指さなければなりません。相談者に求められるままにすぐに「解決」を目指してしまうと，それは問題の先送りになりかねません。先ほどの事例でも，相談者は「とにかく次の仕事さえ見つかれば解決する」と思っていたかもしれませんが，その前にケガや仕事を失ったことに対する気持ちの整理がつかなければ，次の仕事に就く意欲もなかなか出ず，問題が長引いたかもしれないのです。

　相談者が「共有」の意味を理解しにくいような場合，相談員から「つらい気持ちは人に話すと軽くなる」「自分のことを話すうちに自分の考えが整理される」といった共有のわかりやすい効果について，早目に説明することも必要でしょう。あるいは，相談員の方で問題点の整理を強めに意識しながら，相談者の語りをこちらから積極的に要約して返すことで，相談者が解決の糸口を見つけやすくなるかもしれません。いずれにしても，相談員自身が，共有すること自体の意義，「相談の効力」を意識することにより，安易な解決を目指すのではなく，立ち止まってともに考える姿勢が大切かと思われます。

第3節　「かくあるべし」を緩める

（1）出来事と感情の間に挟まった信念

　アルバート・エリスが提唱し，認知行動療法の元祖と言われる論理療法においては，出来事と，そこから生じる感情や行動とが直結しているわけではなく，出来事をどう受け取るかによって，感情や行動が生み出されると考えます。た

第7章　男性に対する相談対応の基本

とえば「絶望的な状況」が存在するのではなく，ある状況に対してそれをどう受け取るかで，人が絶望するかどうかが決まるということです。論理療法では，この「出来事」と「感情や行動」との間に挟まった，「受け止め方」に含まれている非合理な信念を「イラショナル・ビリーフ」と呼び，その非合理性に気づいて，合理的な考え方に置き換えることで，不安や怒り，不適応な行動を緩和，修正していこうとします。

　これを男性の悩みの発生機序に当てはめてみると，「かくあるべし」の縛りが，「イラショナル・ビリーフ」として，出来事と感情・行動との間に入り込んでしまっており，しかもその存在を本人が意識しにくくなっているととらえられます。たとえば「帰宅したときに妻が夕食を作っていなかった」という「出来事」に対して怒りという「感情」が出てきたとすると，その両者の間には「妻は夫が帰宅したときには夕食を作っておくべき」という非合理な信念が挟まっていることになります。しかし，実際にはこうした「かくあるべし」が間に挟まっていることは意識されず，「夕食を作っていなかった」ら即「怒り」を感じてしまうことが多いものです。相談では，相談者がその存在に気づいて，それを緩めることを目指します。この例で言えば，「夕食を作っておくべき」は，男性の側の感情としては，「仕事でお腹を空かせて帰ってくるから，夕食を用意しておいてもらえると嬉しい」といったことになります。「作っておくべき」は，「作っておいてほしい」と言い換えられるはずなのです。

　自分に対して「かくあるべし」を課していることも多くみられます。「仕事が想定よりも長い時間かかってしまった」出来事に対して「できる男は仕事を常に計画通り進めるべき」という信念が挟まっていると，「自分は仕事ができない，ダメ人間だ」と落ち込むことになりますが，「かくあるべし」は「いついつまでに終わったらいいなあ」と緩められるはずです。こうした，自分も相手も無意識のうちに縛っている「かくあるべし」の存在に気づき「○○だったらいいなあ」や「○○したい」に置き換えられないか，と考えるのです。

105

第Ⅱ部　男性相談の内容と相談対応の基本

（2）当たり前だと見過ごすところに注目

　そのためにはまず，相談者が「当たり前すぎて」意識を向けていないことに対して，相談員には何らかの違和感があったとき，それを素朴な驚きを含む相談員側の気づきとして表明してみることがきっかけになることがあります。相談者を責めるのではなく，相談員の感じることを，場合によっては独り言に近いつぶやきでもよいので，できるだけニュートラルに表してみるのです。先ほどの夕食の例で言えば，「へえ！　奥さんはいつも作ってくださってるんですねえ」とか，仕事の例で言えば「わー！　いつもすごく頑張ってるんですねえ」「気持ちとしては常にそうありたいものですが，実際には大変ですよね」などでしょうか。それに対して最初は「そんなの世間では常識だ」「当たり前のことですよ」などと反応されるかもしれません。そうした場合は，そのような「かくあるべし」を強くもっていること，なかなか男らしさの鎧を脱げないことを尊重しつつ，「男の強さや完璧さを常に目指すとしても，必ずしもそのとおりにはならないこともありうる」くらいのところから気づいてもらう姿勢が必要になります。男の鎧は，無理に「脱がそう」とすると余計に頑なに，強固になることがありますので，「そんな思い込みがあるからよくないのです。変えなさい」という姿勢で相談員が臨むことは逆効果になってしまいます。

第4節　拾いにくい感情を拾う

（1）感情を受け止める意味

　男性のつらさ，悲しみ，怒り，あるいは「本当はこうしたい」といった感情は，思考，理屈，「かくあるべし」といったものを主成分とする「男らしさの鎧」に覆われていて，なかからのメッセージは，それが「もうこれ以上頑張れない」といったSOSであったとしても，微弱電波のように拾いにくいものです。あるいは男性自身，それを不要なノイズとしてしかとらえようとしないかもしれません。それを拾って本人に示し，それと向き合ってもらえるようにするのが相談員の重要な役割です。

精神分析的心理療法の考え方では，赤ちゃんがお腹をすかせて泣いていると
きに養育者がおっぱいを飲ませることには，赤ちゃんの「欲求を満たす」こと
よりもずっと重要な「共感的で受容的な他者との出会いを体験する」という意
味があるとしています。それにより，赤ちゃんには，自分の気持ちを表現して
よいのだ，適切に表現すれば受け止めてもらえるのだ，という感覚が芽生えて
いきます。その後さらに，受け止めてくれた相手のやり方を，自分のものとし
て内在化し，今度は自分で自分の気持ちを適切に処理できるようになるのです。
感情を軽視してしまいがちな男性にも，この赤ちゃんと同じような，こころの
なかでの作業をして，感情と向き合う姿勢を取り戻すことが必要な場合があり
ます。こうした作業を促すことができるのが，男性相談における相談員との出
会いだと思います。相談員が，男性の感情を受け止めるのが大切なのは，こう
した理由によるのです。

（2）感情を推測しながら聴く

　相談員の姿勢としては基本中の基本ですが，話の内容に含まれる事実と感情
のうち，感情に焦点を当てて「聴く」ことが非常に重要になります。ただ耳に
入れる「聞く」ではなく，しっかりと聴く側が相手に関わり反応を返しながら
「聴く」のです。たとえば「せっかく今日は鹿児島に講演で呼んでもらえたの
に，明日は京都で会議もあるし，ゆっくりしていけないのがつらい。こんな仕
事はもういやだ」と私が言ったとします。友人との日常会話であれば，「え？
今日帰るの？」「明日会議か」等と，事実に対して反応が返ってくるかと思い
ますが，相談員であれば「ゆっくりできないのはつらいですね」「仕事に嫌気
がさしますね」等と感情面に注目して反応するはずです。しかし，男性の場合，
自分では感情に気づいていないこともあるので「今日は鹿児島で講演，明日は
京都で会議です」しか言ってくれないかもしれません。そんな場合は，相談員
が推察して，こういう気持ちになりませんかねえ（この場合「ゆっくりしていけ
ないのは残念ではないですか？」等）と言語化してみることも有効です。相談員
が「私だったらこんな気持ちになるかなあ」と自分のこととしてつぶやくこと

第Ⅱ部　男性相談の内容と相談対応の基本

もあります。

　こうした相談者の感情を推察するときに，相談員が間違っていてはいけない，外したらどうしよう，とあまり思いすぎる必要はありません。もちろん，決めつけるような言い方はせずに，「○○と感じておられるかもしれないですね」「もしかしたら××という気持ちが出てくるでしょうか」といくつかの可能性を示せばよいのです。このときに，相談者にとって大切なのは，自分の気持ちを占い師のようにピタリと言い当ててもらうことではありません。自分の感情面について，一生懸命推察してくれて，受け止めようとしてくれている他者がそこに存在する，ということが大切なのです。そのように接していれば，もしも相談員の推測が相談者の実感と異なっていたら「○○ではなくて，××と感じていたかもしれない」と相談者の方から言ってくれるようになるはずで，そこに相談者の自分の感情への気づきが生じるのです。

（3）具体的対応の例

　その他，感情を拾うためには，以下のような対応が考えられます。

①　ねぎらうことによりプロセスに注目してもらう

　状況改善のため，努力を重ねてきたのにもかかわらず，なかなか結果が出せていないと言ってくるような相談者の場合，まずはこれまでの努力を認め，ねぎらうことから始めます。たとえば「妻とのコミュニケーションを改善するために，説明が下手な妻に対して会話の方法を指導してきた」という相談者がいたとします。相談員から見ると，必要なのは指導ではなく，夫の方がもっと，感情面を含めた会話の中身を共有することではないかと思われるようなときでも，すぐにそれを指摘するのではなく，まずはその努力そのものを認めようとします。たとえ方向性は間違っていると相談員が思ったとしても，相談者自身がエネルギーを注いできたこと自体は否定せずに「ああ，すごくよく考えて，これまでいろいろ対応されてきたんですね」といったように返すのです。男性は「うまくいかなかった」という結果だけにとらわれてしまっていることがあ

108

りますので，結果はともあれ，改善を目指そうとしたプロセスについてねぎらい，肯定的に受け止めることによって，プロセスにも目を向けてもらいやすくします。そこから，妻と自分の間に，感情面も含めてこれまで何が起きていたのかについて，少しでも気づけてもらえるようにします。

② 自分が「つらい」ことを認めたがらない場合

　多くの男性は，自分が精神的に弱いと思われることに抵抗があると思われます。そのため「つらいですね」と相談員が共感を示そうとしても，「別につらくはない」「そうでもない」等となかなかそれを認めにくいこともあります。そうした場合，ストレスや体調（睡眠・食欲・肩こり等）の話に変えると，受け入れやすくなる印象があります。「その状況だと，知らず知らずのうちに相当ストレスがかかっている可能性もありますよね」のように，本人の「弱さ」ではなくストレッサーの「強さ」の視点から相談員が指摘することによって，そこに目を向けやすくなるような配慮が必要になることがあります。

③ 大義名分を振りかざしてしまう場合

　自分の「こうしてほしい」という欲求や，悲しみや不安や心細さといった感情を素直に出せず，大義名分にすり替えて振りかざしてしまう傾向は，第6章で触れたとおりです。こうしたときに他責的になり，さらに相談員に同意を求められるようなこともあります。たとえば「自分が帰宅したときに妻が夕食を作っていなかった」ケースで「そんなの世間では当たり前や，常識や，それなのに何でうちの嫁はそれができへんのや」と怒って，相談員に「そう思うやろ，夕飯くらい作っておかなあかんやろ」と言われるような場合です。相談員としては「身勝手やなあ」と思ったとしてもそれは表には出さず，まずはとにかく相談者の言うことに耳を傾けます。しかしながら，特に行政機関の男女共同参画セクションで主催している電話相談で，この相談者に完全に同意するような返し方もしにくいかと思います。そうしたときは，「確かに，夕食がないと困りますよね」といった「相談者を否定しない」ことと「男女共同参画として問

第Ⅱ部　男性相談の内容と相談対応の基本

題のない価値観のライン」とのギリギリの線で反応することもあります。「世間一般としてかくあるべし」という主張から「相談者が個人として嫌だと感じている」という感情の話へと，本来のあり方へ戻していく，つまり振りかざした大義名分を降ろして率直に言ってもらえるようにする作業です。

　これは「ご自身がそう感じているんですね」という方向づけであり，相談者からすると，「相手」を主語にして責める YOU メッセージから，「私」を主語にして自分の気持ちを素直に表明できる I メッセージ（この場合，「私は夕食を作っておいてほしい」）への変換を目指していくことにもなります。

第5節　「男の譲れぬ何か」を軽視しない

（1）一旦受け入れる

　第6章第4節で述べた通り，男性の優越志向，勝ちたい気持ちからくる「男の譲れぬ何か」は，個人差も大きいのですが，多かれ少なかれ存在します。相談員がそれを軽視したり，否定したりするのは，避けた方がよいと思います。第6章第4節の，暴力団関係者の子にわが子をいじめられた例で言えば，「そんな意地を張るよりも，現実的にお子さんのためを考えて」と相談員から言う，といったことです。こうした対応をすると「メンツをつぶされた」「プライドを傷つけられた」と男性は非常に傷つきます。しかも「自分が傷つけられた」とはカッコ悪くて素直に言えないので，さらに大義名分や「かくあるべし」や他責的な物言いが増してきて，相談者自身も引っ込みがつかなくなり，怒りがヒートアップすることもあります。女性相談員には特に，こうした男性性は理解しにくいのかもしれませんが，そこは一旦でいいので「男の譲れぬ何か」を，恐れずに受け入れていただく方がよいと思います。

（2）中身にすべて共感できなくても尊重をする

　ただし，必ずしも相談員が，その中身を完全に理解し，共感することができなくてもよいのです。そうした「男の譲れぬ何か」が存在することを想像して，

第7章　男性に対する相談対応の基本

大切に扱うことが重要です。その存在を認めてもらえたら，頑なに主張する必要がなくなり，態度も軟化するはずですので，一旦受け入れても大丈夫です。相談者の怒りには正論でぶつかったり抑え込もうとしたりせず「伴走」します。理不尽な怒り方をしている場合は，どこかでその理不尽さに本人が気づいていますが，誰も止めてくれないがゆえに，矛を収めるチャンスを失っていることも多いものです。「そらあ，確かにね，もう，何とも言えない思いがありますよね」「頭ではわかっていてもね，気持ち的には収まらないですよね」等，思いが「存在」するのだ，ということについて理解を示すことが，逆に必要以上のヒートアップを防ぐことにつながります。たとえば，実際に「妻をなぐる」のは避けるべきですが「なぐりたい」気持ちを受け止めてもらえれば，実行に移される危険性は軽減されるはずです。気持ちを真剣に受け止めれば，実行を助長する方へは流れませんので，「それはダメです」と頭から否定するのではなく，たとえ相談員が共感しづらかったとしても，そうした気持ちの存在はできる限り想像し，尊重する対応が必要となります。

第6節　相談員は裁かない

（1）正論を押しつけるのはパワーの応酬になりかねない

　幼児を叱るときに「謝りなさい！」という親御さんがいらっしゃいます。「小さいうちから，悪いことをしたらきちんと謝れるようにしつけています」と誇らしげにおっしゃる親御さんの隣で，なぜ自分が謝る必要があるのか納得がいかないという顔をして，しかしとりあえず言われるがまま謝っているお子さんを見ることがあります。まだ，状況を十分に理解する力もなく，「相手（被害者側）の気持ちを想像する」ということもおぼつかないうちに謝れというのは，理不尽な気がしてしまいます。

　男性相談も，一歩間違えると，特に暴力の加害者に対して，これと同様の対応をしてしまう可能性があります。言うまでもなく，暴力は決して許されてはなりませんが，それを取り締まったり，裁いたりするのは，警察や裁判所にお

111

任せしておけばよいのであって，相談員の仕事ではありません。相談員養成研修を受けようという方のなかには，その点を勘違いされ，「相談者に悪いことは悪いと教えてやる」つもりになっている方が散見されます。第1章第3節で述べた相談員自身の男性性の話と重なりますが，そうした態度は，われわれが男性相談のなかで目指してきたものと，むしろ逆の方向性のものです。

　加害者が，自分の加害者性ときちんと向き合い，本当の意味で謝罪し，真の贖罪の道を歩むためには，被害者の感情を思いやることができるようになることが大前提です。そして被害者の感情を思いやることができるためには，その前提として自分自身の感情と向き合うことが必要であり，そのためには，自身の加害者性を一旦は脇に置いた状態で，誰かに自分の感情をそのまま受け止めてもらえる体験が不可欠です。自分の感情が誰かに受け止めてもらえると，自分で自分の感情を受け止めることができるようになり，さらに相手の感情についても受け止めたり考えたりしようとする余裕が出てきます。そして，自分の感情や，それを自分がどのように被害者に対して向けていたかが見えてこなければ，暴力をやめ，それ以外の方法で感情を表現する道を進むことはできないはずです。そうしたことをせずに，加害者の感情を抑圧して，いきなり自身の加害者性への直面化を促し，謝罪や反省へ仕向けるような対応は，暴力の問題の本質的な解決を遠ざけるだけになってしまいます。暴力というパワーを，暴力を許さない「正論」というさらに強大なパワーで押さえつけようとしてしまえば，それは「パワーゲーム」以外の何物でもありません。そうしたものからの解放を目指す男性相談の本質的な理念と矛盾するのです。加害者への対応がそんなパワーゲームに終始しているようでは，権力構造のなかで適応することに慣れた男性が「長いものに巻かれたふり」をして，うわべだけの謝罪・反省をする「狡猾な加害者」が増えていくだけで，本質的に何の解決にもなりません。

（2）譲れないラインと相談者に寄り添うこと

　暴力やそのほかの犯罪行為（性的逸脱等）が許されないというラインは譲ら

第7章　男性に対する相談対応の基本

ずに，しかしながら同時に，その行為をした本人を直接責めるのではなく，そこに至った感情を受け止めるのは，相談員にとって簡単なことではありません。加害者の加害者性を，一旦相談員が脇に置く，預かるということには相当な覚悟が必要です。しかし，男性相談の相談員として避けては通れない部分です。相談の時間中は，「相談のなかの世界」と「外的現実の世界」を分けてとらえることも，こうした場合に有効かもしれません。「外的現実の世界」においては，相談者の行為が犯罪として扱われてしまう，あるいは相談者が犯罪者，加害者として扱われてしまうという外的な事実は，必要に応じて示しながら（「あなたは犯罪者だ」「あなたは加害者だ」と言うのではなく「それは警察に知られたら逮捕されてしまうことですよね」「暴力の加害者として扱われている状況ですかね」等），電話線を介した相談の世界や面接室のなかの世界，すなわち相談者の内的世界においては，相談員が直接相談者を裁くことなく，外的世界での善悪は，保留した状態で，できる限り相談者の立場に寄り添っていくことが求められることになります。

第7節　無言電話やリピーターについて

（1）無言電話を受けるとき

　『男』悩みのホットラインにかかってくる電話の，件数にして約3割が無言です。無言電話を受けた相談員は，自分の声の調子が合わなかったのか，電話をかけてみたがイメージと違っていたのか，助走（ためらい）か，などと思いを巡らせます。連続で電話口に出て，連続で切れるということも起こります。こうなると，何か気にいらないことがあるのだろうかと思うこともありますし，「なぜ受話器を置いたのだろう」と，受話器の向こう側への想像も膨らみます。相談者の声にならない想いがそこにはあるのでしょう。

（2）受話器で探るもの

　開設当初，世間からホットラインに対しては，どこか「怪しい集団」を見る

113

ような視線も向けられていたように思います。週刊誌で「男が男の性の悩みも聴くらしい」と取りあげられた直後から，性的な話題ばかり集中してかかってきた，といったこともありました。いずれにしても「男が男の話を聴く」という日本で初めての試みは，100％われわれの意図通りすんなり受け入れられたわけではなく，開設当初の無言電話には，こうした風潮の影響もあったかと思います。どんな場所なのか，どんな人間がいるのか，どんなことを言われるのか，そんなことを探るために電話をかけてはみたものの話さずに切ってしまうということです。その後時代の流れで，男性の悩み相談というコンテンツが受け入れられるようになりました。しかし，数は減りましたが今でも，どんな場所でどんな人がいるのか，と探る思いで電話をかけ，結果無言で切ってしまうということは起きていると思います。意を決して，電話をかけてはみたものの，話す勇気がなくて切ってしまう，ということもあるでしょう。

（3）リピーターとの関係

　ホットラインをはじめ，いくつかの男性相談には，リピーターが存在しています。無言電話のなかにも，リピーターからではないかと思えるものが存在します。電話がつながってから無言の時間がしばらく続きます。相談員は「もしもし？」「聞こえますか？」など相手の出方をうかがいます。その電話はしばらくして切断されてしまい，また無言の電話がかかってきます。ところが，2回目，3回目と同じ相談員が受話器に出るとすぐに切断されます。そして，交代して別の相談員が対応すると，ポツリポツリと話しはじめます。このようなパターンの無言電話の後はリピーターの相談が多いように思われます。相談者は，全神経を耳に集中させ，こちらの声や口調を吟味し，知っている，あるいはお気に入りの相談員を探しているようです。なお，大阪市の女性相談でも，ここ数年，こうした無言電話が著しく増加しているそうです。

　現実的には，時間帯が限られていることが多い男性相談において，リピーターの相談件数が増えてしまうと，貴重な相談窓口が特定の人にふさがれてしまい，初めて相談する人にとっては，電話がなかなかつながらないという事態も

第7章　男性に対する相談対応の基本

招いてしまいます。こうしたことを防ぐため，場合によっては，1日の相談で同じ方は1回のみ，あるいは1回の相談時間をある程度区切るといった工夫も必要な場合があります。ただ，リピーターであっても，何度も同じ相談員がお聴きしているうちに，少しずつ話が展開したり，本音を語りはじめたりすることも，われわれは経験しています。

「匿名・1回限り」というホットラインの枠組みは，多くの電話相談窓口に共通するものですが，かつて，この枠組みのなかで最大限ホットラインを利用した，とでも言うべき相談者もいました。彼は，ホットラインの相談員のなかで，特定の人にしか話しませんでした。そして，何年もかかって，継続のカウンセリングのように自分の深刻な問題を，その都度の変化を交えて話していきました。「担当として指名」された相談員も，名前も顔もわからない「彼」を継続的に支える覚悟をし，電話を取り続けていたのですが，最終的には，現実的に問題の解決に至り，相談を終結する，という事態が起きたのです。電話相談の，ある意味限界を超えていますが，相談のもつ力を深く実感した，ホットラインにとっても印象深い出来事でした。

115

第Ⅲ部

相談内容別に見る実際

第Ⅲ部では，男性相談に寄せられる悩みについて，内容別に紹介し，どのように
対応するのがよいか考えます。言うまでもなく，こうした対応に唯一の正解はあ
りませんし，まさにケースバイケースですが，ご自身の対応のヒントにしていた
だけたら幸いです。事例を挙げながら，対応の具体例を示していきますが，ここ
で取りあげられている事例は，架空のものです。実際に寄せられた相談内容を，
複数組みあわせたり，若干改変したりして，相談者のプライバシーが侵害される
ことのないように配慮しています。

第8章

性の悩み

一色涼輔

第1節　性（セクシュアリティ）の相談のむずかしさ

　インターネットが十分に普及している現代社会では，性に関する情報は，何が真実かわからなくなる程に溢れかえっています。そういったさまざまな情報が飛び交っている現代では，人々は「自身は他の人に比べて変ではないか」「自分の性とはなんだろう」と性に対して敏感になっているように思います。周囲に相談ができるのであれば，それで解消すればよいのですが，男性は「男らしさ」というジェンダーの枷のためか，他者に対して，自身の気持ちを打ち明けて相談をするのが女性に比べて上手ではありません。性の悩みだとその特徴は顕著です。性の悩みは，個人のパーソナリティに深く関係しているため，人に打ち明けることなく，心のうちに押しとどめておくことも少なくありません。時に，上手く解消できず，抑えていたものが積もりに積もり，不安を増大させ，心の健康を害することにつながることがあります。そうならないためにも，男性がしっかりと性の悩みについて吐き出せる，話し合える場所は一定の需要があると言えます。特に，電話相談窓口では，匿名性があるゆえに，性の悩みも話しやすくなります。

　しかし，相談員としては，対応の難しさには毎度頭を悩まされます。性の相談は，内容が過激だったり，相談者の深い傷つきが話されたりすることがあるため，相談員自身の気持ちが強く揺さぶられることがあります。その結果，どのように聴いていけば良いかわからなくなり，気後れして取り乱すこともあります。そうなると相談者を常識的な理屈で納得させようとしたり，「そういう

第Ⅲ部　相談内容別に見る実際

ことはここでは聴けません」と頑なに拒否して，相談者を傷つけてしまう対応
をしてしまうこともあり得るでしょう。また，後にそのように言ってしまった
相談員自身も，相手を傷つけたという後悔の念で傷ついてしまうことになりま
す。加えて，後に触れますが，「セックステレフォンだ」「性の道具として使わ
れた」と相談員が相談者の性の対象にされたと感じたときに，相談員自身が性
被害を受けたような怒りと悲しみを伴う傷つきを負う場合もあります。そうい
ったことに対処するためにも相談員は，性の悩みについて，支援の知識や視点
をある程度もっておく必要があります。本章では，性の多様性に触れ，そこか
ら性に関する悩み，傷つきの理解，聴き方について考えます。

第2節　セクシュアリティの多様性

　一言で性の悩みと言っても実際は多種多様に，まさに人の数だけ存在すると
言っても過言ではありません。一般的に，日本社会で用いられる性の意味は，
男性，女性といった性別，もしくは性行為，性欲に関することを指しているの
ではないかと思います。しかし，これらの意味だけでは偏ったとらえ方になり
ます。より多様的に包括できる概念に「セクシュアリティ」があります。植村
(2014) はセクシュアリティの特徴について，以下のように指摘しています。

　「「セックス」が生物学的性別であり，純粋な生物学的概念であるのに対して，
「セクシュアリティ」は人間学的概念だということである。(中略)「セクシュ
アリティ」は，生きている人間一人一人がもつ性的な欲望，観念，意識である。
(中略) 有性生殖生物に汎通的な規定であるオス・メスに関わる「セックス」
とは異なり，「セクシュアリティ」は何よりも人間学的な「性」概念であり，
個体差を大きく許容する概念なのである」。

　また，針間 (2014) は，セクシュアリティの用いられてきた歴史に触れ，
「単に性的なことを包括的に示す意味だけでなく，「個人の人格の一部であり，
他者から強制されたりうばわれたりするものではない」という権利意識も同時
に含有しつつ用いられている」と述べています。以上のことから，セクシュア

リティは，個々人のそれぞれの人間的な多様な性の権利を尊重し，包括した概念だといえます。セクシュアリティはさまざまな要素がそれぞれに重なり成り立っている概念といってもいいでしょう。セクシュアリティの要素としては，主に，「身体的性別（からだの性）」「心理的性別（こころの性）」「性指向（好きになる性）」「社会的な役割（ジェンダー・ロール）」の4つがあります。以下それら4つの構成要素について取りあげます。

（1）身体的性別（からだの性）

からだの性，生物学的な性とも言われますが，性染色体，外性器，内性器の状態や性ステロイドホルモンなどから，男性の身体，女性の身体と性別を判断されることです。しかし，そういった身体的特徴には個人差があり，はっきりと2つに区分できるものではないという見方もあります。加えて，性分化疾患（Disorders of Sex Development）を有する者の存在があります。性分化疾患は出生時に身体的性別が男女いずれかにはっきりと区別できない状態を指します。インターセックス，インターセクシュアル，IS という名称もあります。

（2）性自認（こころの性）

心理的性別，性自認，性同一性とも言われ，心理的な自己の性別自認にあたります。つまり，自分自身が性別をどのように認識しているのかということです。それは，「自分は男」「自分は女性」という強い確信であることもあれば，「自分は男性かなぁ」「自分は女性かなぁ」というどこかおぼろげながらの自認であることもあります。また，男性，女性のどちらでもある，もしくは，いずれでもない，または，男性，女性のあいだであると自認している人もいます。その人たちは，X ジェンダーと呼ばれています。

（3）性指向（好きになる性）

性指向とは恋愛や性愛の対象の性別が何かという方向性を指します。大きくは，異性愛，同性愛，両性愛，無性愛があります。ただ，ここにおいても多様

第Ⅲ部　相談内容別に見る実際

性が多分に見受けられます。女性を愛するというなかにも，マスターベーションの対象としてなのか，セックスをする対象としてなのか，恋愛としての対象なのか等さまざまな形態があります。

（4）性役割（ジェンダー・ロール）

　性役割は心理的性別とは似て非なる概念で，ある性別に対して付与された役割を指します。社会や文化，歴史で生じる影響を非常に受ける要素といえます。一般的に，「男らしさ」「女らしさ」の「らしさ」と呼ばれているものです。これが機能しており，自己の役割を認識して社会生活を送りやすくなる人もいれば，一方で，いわゆる「男らしさ」に縛られて自由に生きられない人もいます。最近では，小学校や中学校等の教育現場で，制服を無理に着させないという考えが徐々に広まっていますが，男性なら男性の格好，女性なら女性の格好をしなければならないという固定観念は，未だに教育現場に限らず，まだまだ社会に強く浸透しています。

＊

　上記の要素の色合いは，個人によって異なり，さらにそれが重なり，個人のセクシュアリティの色が作られているのです。重なった色は人それぞれでどれも同色ではあることはないのです。

　セクシュアリティの多様さから，それぞれの要素を指す多くの用語が作られ，用いられています。それらの用語について少し整理しておきます。セクシュリティを指す用語は，さまざまな解釈がありますが，ここでは薬師ら（2014）が説明している用語を用いてまとめていきます。まず，LGBTですが，セクシュアルマイノリティと呼ばれる人を限定的に指す表現で，4つのアルファベットはそれぞれレズビアン（Lesbian），ゲイ（Gay），バイセクシュアル（Bisexual），トランスジェンダー（Transgender）を指しています。こころの性と好きになる性が同じ場合に同性愛と言い，レズビアンとゲイは同性愛者を指す言葉です。レズビアンは，こころの性は女性で好きになる性が女性という人を指します。ゲイは，こころの性が男性で，好きになる性も男性という人を指

します。バイセクシュアルは，好きになる性が異性の場合も，同性の場合もある人を指します。トランスジェンダーは，からだの性とこころの性が一致しない感覚（性別違和）をもっている人を指します。

　他には，自分自身のセクシュアリティを決められない，わからない，またはあえて決めない人を指すクエスチョニングがあります。また，すべてのセクシュアリティの人が恋愛や性愛の対象となる人を指すパンセクシュアル（全性愛），いかなる他者も恋愛や性愛の対象とならない人を指すアセクシュアル（無性愛），こころの性が女性の場合に男性が，こころの性が男性の場合に女性が，恋愛や性の対象となる人を指すヘテロセクシュアル（ヘテロセクシュアル）等があります。

　上記の用語以外にも多くの表現があり，もし相談者が相談時に使用していることがあれば，相談者のなかでどういった意味で使用しているのかに気をつけておくといいと思います。

第3節　セクシュアリティにまつわる悩みについて

（1）受け入れてもらえなさ

　人の悩み，傷つきの由来は，家族との関係，環境，文化等，多くの要素が複雑に絡み合って生じている場合が多いため，一概にこれだと言えませんが，基本的には，他者に自身の行為や考えや表現を受け入れてもらえないことにあります。特にセクシュアリティの悩みや傷つきにおいては大きく関係しています。一般的に，公の場でセクシュアリティの話をすることは避けるべきだという感覚は根強く，より他者に受け入れてもらえないと感じやすいと思います。人がセクシュアリティを他者に表現するときに生じる感情の特徴として「恥ずかしさ」があります。そして対人関係において「恥ずかしい」という感情を過度に体験すると人は他者と距離をとるようになります。スティーブン（Stephen, 2016）は，恥意識について以下のように述べています。

　「恥意識は生後18か月には芽生え，それはもともと子の振る舞いや特性（た

とえば，垂れ流された排出物）のいくつかに世話をする人が怒り，恐怖，嫌悪もしくは拒絶をもって反応をするときに引き起こされる。このような世話をする人の反応は，子どもの交感神経が活性化した状態（興味，好奇心，興奮）から，副交感神経が活性化した状態（ひきこもり，ショック，苦痛）へと迅速に変化させてしまう。それは，前進しようとする車にいきなり「バックギア」が入ったようなきわめて突然のひきこもり体験を引き起こす」（スティーブン・E・フィン，2016，54頁）。

　また，この恥意識はその後の経験により，醸成されたり，強化されたりする可能性があるとも指摘しています。恥意識を強く感じたという体験が繰り返されると，受け入れてもらえなかったときの恥ずかしさを意識して，なかなか自身の想いを人に打ち明けることは難しくなるでしょう。特に，セクシュアリティに関して言えば，幼少期に一度，性的関心が高まるときに，両親に自身の性的表現を理解されず，一方的な禁止を強要されていた場合には，成長してからでも人に自身のことを打ち明けるのに極度の緊張を引き起こすことがあります。さらにライフサイクルから見ていくと思春期の中学生，高校生になると性的な関心が高まるとともに，「男女交際をする」「人と親密な関わりをもつ」という課題が生じてきます。ここで自分のセクシュアリティとは何かという悩みが強まり，他者に自身のセクシュアリティを認めてもらえないのではないかという不安に苛まれます。この時期に，友人や親しい人と恥ずかしながらも性的な話ができて受け入れてもらえたという経験をもつ場合，そこから少しずつ表現でき，恥意識が薄れることもあるでしょう。また，青年期の親しい人との性交渉は，社会的性役割を担えた，他者に愛してもらえたという自信になり，自己肯定感を高めるように作用するかもしれません。青年期は，性的なエネルギーが強まり，その混乱から解消する手段の一つとして親しいパートナーを作ろうとします。しかし，表現できた，受け入れてもらえたという経験が乏しい場合は，「自分は人と比べたらおかしいのかな」と他者と比べ，それが強い孤独感，混乱，または，他者への劣等感や怒り，自己否定を生み出すことが大いにあり得るのです。そうなったとき，自身のセクシュアリティを他者に表現することに

第8章　性の悩み

表8-1　ライフサイクルにおけるさまざまな性の事象

段階	ライフサイクル上の性に関する出来事
乳幼児期	性器（とくにペニス）との出会い
思春期	第2次性徴期（性器の発達，体つきの変化と精通・初潮） マスターベーション 初恋 童貞・処女　性器の悩み
青年期	恋愛・失恋 初体験　避妊
成人期	結婚と同棲　性的な親密な関係 妊娠と出産　子どもの誕生・育児
中年期	セックスレス　不倫　離婚 EDと勃起信仰 性機能の衰え　更年期
老年期	性的関心 パートナーとの別れ ふれあいへの渇望 老いらくの恋

出所：永田，2016（全国男性相談研修会第1回（2014），第2回（2016）の分科会で発表した資料を加筆・修正）より作成

強く恥意識を感じ，臆病になり，自身の殻のなかにこもることになります。そういった傷つき，悩みへの支援としては，その恥意識に寄り添い，受容していくことで，利用者が周りに受け入れてもらえたという実感をもち，自分自身を受けいれていくことが理想になります。

　男性のライフサイクルにおいては，多くの性に関する事象や課題が生じてきます。それについて，『男』悩みのホットラインのメンバーである永田が，エリクソン（Erikson, E. H.）のライフサイクル論の視点に人生におけるさまざまな性的な事象を加えたものを表にしています（表8-1）。これはある程度の指標に過ぎませんが，相談者がどの段階にいるかを知ることができれば，そこを想像しながら話を聴くことができます。

（2）性指向の悩み

　ここまでセクシュアリティの表現の受け入れてもらえなさについて述べまし

125

第Ⅲ部　相談内容別に見る実際

た。それでは，具体的にセクシュアリティの構成要素のなかから取り出して細かく見るとどうでしょうか。異性愛主義（ヘテロセクシズム）が現代社会に深く根づいており，「普通に結婚し，普通に子どもをもつ」がマジョリティであるなかではそれに当てはまらない人たち，いわゆるセクシュアルマイノリティの人たちは，劣位に置かれるか，ある種わけありと位置づけられる傾向があります。そうした社会背景から，性指向に悩みをもつ人は，他者にカミングアウトをすることに強い抵抗をもつことが考えられます。

◆ 事例1：Aさん「同性に興味をもっている」(21歳)

　私は，高校のときから，自分が本当に女性を好きなのかどうか，ずっと悩んでいました。好きと言えば好きなのですが，たまに男性に性的な魅力を感じるときがありました。大学生になると，男性が好きだという気持ちが段々と強くなってきました。女性も好きなのですが，今は同じくらい男性に興味をもっている自分がいます。そんな自分は，異常なんじゃないかと落ち込むこともあります。こういった悩みは話したい気持ちはあるのですが，馬鹿にされたり，軽蔑されそうで怖くて友達や家族にずっと話せていません。でも，最近，自分のなかでも整理がつかなくて，気がついたらそのことばかり考えてしまってどうしたらいいのか悩んでいます。

〈相談者の心理〉

　Aさんの話からは，自身のセクシュアリティのあり方について，今まで悩んできたけれど，それを人に話すことができずに押し込めてきた経緯がうかがえます。その悩みが膨れあがり，整理がつかず，どうしたらいいのかとすがる思いで相談につながったことが想定できます。今まで周囲に打ち明けることができなかったのは，「異常なんじゃないかと落ち込むこともあります」と話しているように，Aさんは同性に興味をもつ自分を受け入れることがとてもつらか

第8章　性の悩み

ったからだと考えられます。「周りとは違う」「自分は変なんだ」という気持ち
が渦巻いていたのかもしれません。また，家族や友人のことを言及していると
ころを考えるに，Ａさんはそんな気持ちを周りにわかってほしい，受け止めて
ほしいけれど拒否されることに恐怖を感じていると推測できます。

〈対応のポイント〉
① 受容と支持
　まず，相談員はＡさんが勇気を振り絞って電話をかけてこられたということ
を労う姿勢をもつことが大切です。そして，Ａさんが，自身の話を相談員が不
快に感じずに聴いてくれたと感じるように聴くことを意識しましょう。その自
身を受け入れられない気持ち，自己嫌悪に至りそうなまでの気持ちを相談員が
じっくりと受け止めることが重要です。たとえば，「Ａさんとしては，自分の
ことを異常だと思われて落ち込まれる。つらいですよね」「今まで，話したい
気持ちはあったけれども，馬鹿にされたり，軽蔑されそうで話せなかったので
すね」とＡさんの気持ちに想像をめぐらせながら伝え返していきます。相談員
が共感的にその不安と恐れに寄り添っていくとＡさんの拒否されることへの不
安は少しずつ，本当に少しずつですがほぐれていきます。一回の電話相談では，
そういった体験の積み重ねの一歩を担うことが重要なのです。
② 社会資源の提供
　もし，少しずつ他者に拒否される不安が解きほぐれてきて，相談者が望まれ
るのであれば，当事者の自助グループや勉強会等の利用できる社会資源をお伝
えしてもいいでしょう。Ａさんが，男性と女性の両方を性的対象にする，いわ
ゆるバイセクシュアルとして自分を大事にして生きていくと判断した場合，お
手本となるモデルが見つからず，苦労される可能性があります。その苦労を緩
和して他者とつながっていくためにも，利用可能な社会資源をお伝えすること
は何かのきっかけにつながるでしょう。

127

第Ⅲ部　相談内容別に見る実際

（3）性行為についての悩み

　セクシュアリティの悩みのなかで，よく聴くのが性行為，性交渉の悩みです。「性行為がしっかりできてこそ男だ」という考えをもっている方は，多くいます。一方で，「性行為がわずらわしいけれど，しなきゃいけないのか」と悩んでいる方も見受けられます。相談では，性行為，性交渉を相談者がどのようにとらえているのかを理解していくことが大事になります。

◆ 事例2：Bさん「性行為が億劫」（37歳）

　私は，4年前に結婚したのですが，妻との夜の生活が上手くいっておりません。妻は求めてくれるのですが，元々，私はセックスに対して苦手意識をもっています。いざ，セックスをすることになると億劫な気持ちになることが多くて。私も妻の思いに応えたい気持ちはあるのですが，下手な自分を妻が嫌うんじゃないかと不安になるんです。ただ，周りの人からも，「夫婦にはセックスが大事」とか「子どもをつくった方がいい」と言われるので，「無理にしなきゃいけないのかな」と考えます。そんなに，夫婦においてセックスは大事なことでしょうか。

〈相談者の心理〉

　性行為，性交渉ができないことで他者に嫌われることを恐れる人は，少なからずいます。Bさんは，「下手な自分を妻が嫌うんじゃないか」と不安を吐露しています。この話からは，性行為をすると妻に「男らしい男性」ではないと嫌われるのではないか，というBさんの恐れが見受けられます。話を聴いていくなかで，性行為が下手であると嫌われるという考えに強い執着心をもっていると聴き手が感じるのであれば，そこに，傷つきが隠されているのかもしれません。もしかすると，Bさんは幼少期に，両親から性行為や性交渉への興味関心に対して抑圧を強いられてきた体験を重ねてきたのかもしれません。そうな

128

ると性行為，性交渉は「けがらわしいもの」として，他者に認めてもらえない事柄として自身のなかにもっている可能性があります。性行為をすることで，「してはいけないことをしてしまった」という罪悪感を感じる体験をしているかもしれません。また，「周りの人からも，「夫婦にはセックスが大事」とか「子どもをつくった方がいい」と言われるので，無理にしなきゃいけないのかなと考えます」という発言から，Ｂさんは，夫の価値として性行為を求められていることに，疲れを感じていることが見受けられます。もし，Ｂさんが，性行為・性交渉に関することを「けがらわしいもの」と感じているのであれば，性行為・性交渉を通じて男の価値を求められることで，自身が無価値であると感じ，つらい気持ちに陥ることが想像されます。

〈対応のポイント〉

○　受容と傾聴

　上記の気持ちをもっているかもしれないと想像しながら，Ｂさんのパートナーとの性行為への想いを聴いていきます。そして，実際に語られる気持ち，感情の部分に寄り添っていくことが大切です。たとえば，「セックスが下手だと奥さんに嫌われると思っているのですね」と返してみるとよいでしょう。気をつけなければならないのは，Ｂさんからすると，そこに触れられるのに抵抗が少なからずあるかもしれないということです。Ｂさんにとっては他者とつながる性行為は，自身を無価値と感じさせるもの，けがらわしさを感じさせるものであることが想像されます。そうだとしたら，そこに目を向けることに抵抗感をもつことは自然なことです。そうするとそこに触れるのも相談者のペースに合わせることが理想です。たとえば，Ｂさんが急に話をすり替えたり，沈黙するようなことがあれば，まだ触れたくない，触れる時期ではないということを察し，「その話はまだ触れるのがつらいでしょうか」と返していきます。こういったかたちで，Ｂさんの気持ちの揺れをとらえながら，相槌をうったり，気持ちや感情を返したりとＢさんのペースに合わせて聴いていくのがよいでしょう。すると上手くいけば，その揺れが少しずつ整理され，Ｂさんは自身の傷つ

第Ⅲ部　相談内容別に見る実際

きとの距離が測れるようになるかもしれません。簡単にはなかなかいかず，時間がかかるかもしれませんが，寄り添って聴いていくことがここでも必要とされます。

（4）思春期の性の悩み

　思春期には，性的興味が高まるとともに，ペニスの増大や精通といった身体の変化も生じます。その変化についていけず，悩む人もいます。

◆ 事例3：Cさん「マスターベーションは汚くないか」（17歳）

　自分は女性に興味が出てきて，オナニーをすることが増えてきました。なぜかしたくなります。ただ，なんというか，してしまった後に罪悪感というか，いやらしいことをしているな，やっちゃったという虚無感に陥ります。何か悪いことをしているんじゃないかと。家族にはもちろん，内緒にしています。それに，身体にとってよくないんじゃないかと思います。そういううしろめたさがあるのに，オナニーする自分はおかしいのかなとつい考えてしまいます。

〈相談者の心理〉

　Cさんは，マスターベーションをいやらしいこととしてとらえています。村瀬（2014）は，自身の電話相談や講演会，その他の機会でわかった男子が射精を肯定的に受け入れられない理由として「精液が汚い」「尿道を通るので汚い」「快感をいやらしい卑しいと思う」をあげています。Cさんは射精ではなく，マスターベーションに対してですが，「オナニーをすることが増えてきました。なぜかしたくなります」と語っているように，その性的な衝動を自覚していますが，肯定的に受け入れられていないのがわかります。さらに，Cさんは，「そういううしろめたさがあるのに，オナニーする自分はおかしいのかなとつ

第8章　性の悩み

い考えてしまいます」と語っていることから，マスターベーションをする自分を責め，否定的にとらえていることがわかります。

〈対応のポイント〉

① 自己否定の受容と寄り添い

　受け止め，寄り添うポイントは，Ｃさんのこの自責的，自己否定的な感情です。もしかするとその感情が強く感じられていて，視野が狭くなっており，一般的な知識や意見が耳に入りにくくなっているのかもしれません。そのため，この話を始められた段階で，「周りの男の子も同じ思いをしているよ」「いやいや，君はおかしくないよ。男の子はみんな，そういうことがあるよ」と伝えても納得してもらえない場合が多いでしょう。逆に，「わかってもらえない！」という否定的な気持ちになるかもしれません。まず，Ｃさんの自責，自己否定的な感情についてしっかりと耳を傾けていくことが必要です。返し方としては，たとえば，「自分がおかしいと思い，自身を責めてしまうのでしょうか」と伝えるのがいいと思います。感情に寄り添い，言語化していきます。上手くいけば，Ｃさんは，その自責的，自己否定的な気持ちから距離を少しとれるようになるかもしれません。

　思春期のマスターベーションは，性的欲求を抑えきれず，内側にエネルギーを向けて処理をしていると言えると思います。その性的欲求への葛藤を乗り切り，「自分は性的欲求をもってもいい」と肯定的に自己をとらえることができるようになれば，他者の性的欲求，衝動も肯定的にとらえることができ，将来的にも大人としてお互いを尊重し合う豊かな性行為，性交渉の実行につながるのではないかと思います。

② 情報の提供

　相談をしていてＣさんが，自身の気持ちを感じ，ある程度消化されたようであれば，性についての一般知識を伝えることも一つの手でしょう。男性のセクシュアリティの情報は飛び交っており，特に，マスターベーションについての性教育を十分に受けていないと，どうしたらいいのかと宙ぶらりんのような気

131

第Ⅲ部　相談内容別に見る実際

持ちに陥ることもあります。そのため，相談員がしっかりとした知識をもっているのであれば，それをお伝えすることも大事です（村瀬幸浩の『男子の性教育』（2014）などが知識として参考になります）。ただし，これについては，相談者が求めれば伝えるという姿勢で十分だと思います。

（5）性嗜好の悩み

　性嗜好は男性の相談，特に電話相談で語られることがあります。性嗜好の相談は，セックステレフォンになる可能性を秘めています。女性相談員からすると，聴くに堪えないこともあるかもしれません。

◆ 事例4：Dさん「女性に触れたい」（28歳）

　自分は，人通りが多い場所だと女性の身体を触りたくなります。ダメだとわかっています。現に今までしたことはありませんが，電車で近くに女性がいると触りたくなる気持ちが強くなります。やはり，こんな気持ちはもってはいけないのでしょうか。

〈相談者の心理〉

　性嗜好に関する相談は，実際に行うと犯罪になる内容が語られることがあります。そして，それは虚構か事実か区別がつかない場合があります。Dさんの場合も現段階ではわかりませんが，本人は，実際に行動に移すことが，逸脱した行為であることを重々承知しています。そのうえで「触りたくなる気持ち」が出てくると訴えてきています。ここで考えられるDさんの心理としては，欲動とその満たされなさ，そして飢餓感です。加えて，「やはり，こんな気持ちはもってはいけないのでしょうか」と投げかけてくる発言から，自身の満たされなさ，飢餓感を他者と共有したいことが推測されます。

132

第8章　性の悩み

〈対応のポイント〉

① 丸呑みしない受容

　実際に，社会でこうした性嗜好を自由に話せる場はなかなかありません。対応のポイントとしては，Dさんの満たされなさ，飢餓感を受け止めていくことが大事です。返し方としては，気持ちに寄り添うように「ダメだとわかっているけれども，したい気持ちが強くなるんですね」と伝えるといいでしょう。そして，「あなたはよく我慢していますね」とDさんの頑張りを労うことも，Dさんが満たされなさ，飢餓感から，もち堪えることを後押しするでしょう。一方で，「ただ，実際に痴漢を行うことは犯罪になります。あなたの身も滅ぼしてしまうことになります」と逸脱行為に走らないように，しっかりとそのことは伝えておく必要があります。「実際に行動を起こすのは，許されませんが，満たされないのはつらいですよね」とDさんの気持ち受け止めながらも，実際に起こす行動は安易に認めないという姿勢が重要です。

② 相談員の気持ちの変化に気づいておくこと

　こういった性嗜好の話で，注意しなければならないのは，聞いている側自身の内面の変化です。性嗜好の内容はどこか，興味本位で触れてはいけない，もしくは，単純に触れたくない，聴きたくないと感じさせることがあります。そういった気持ちに圧倒されている自分の感情があるなら，それになるべく早く気づき，上手に距離を取りながら，相談者の傷つきに向かっていくことが大事です。性嗜好の裏側には，Dさんのどんな想いがあるのだろうかと思いを馳せましょう。

③ 資源の提供

　Dさんの場合では，実際に行うのではなく，誰かと会話をしてファンタジーを共有するだけならネットの掲示板や，実際に金銭を支払えば受けられる合法的なサービスもあるので，そういった現実的な提案をしてもいいでしょう。坊（2012）は，「性的嗜好の場合，倫理上の論理を伝えるだけでは相談として成立しないことも多い。合法的かつ現実的な選択肢を提示することで社会的逸脱行動を抑制させるように持ちかけた方が効果的なこともある」と指摘しています。

133

第Ⅲ部　相談内容別に見る実際

時に，電話での性嗜好の相談は，気持ちに寄りそっていても，後で述べるセックステレフォンになる可能性を秘めています。そうなると相談者自身，我を忘れて自分で話すのを中断することができなくなることがあり，それがまた，相談者の傷つきにつながることがあります。そういった場合は，可能であれば，現実的な社会資源の話を切り出し，一度冷静になってもらうことも必要でしょう。冷静に性嗜好の話ができたという体験も相談者が自身の気持ちに向き合うために重要な体験だと思います。

（6）性被害

　男性が性被害にあったという相談も寄せられます。思春期に嫌がらせを受けてきたようなケースや，会社の上司から性行為を強要されたケースなど，さまざまです。男性が被害にあった場合，非常に助けを求めにくいと言えます。自分が性被害を受けたと表明することは，すなわち自分の弱さをさらすことになりますので，なかなか言い出しづらく，泣き寝入りしている場合も，潜在的にはかなりあると考えられます。そうしたなか，勇気をもって相談してきた方の事例を見てみます。

◆ 事例5：Eさん「性的ないじめを受けた」(19歳)

　私は，中学生の頃，友達とペニスを見せあうことをしていました。僕のは大きいと言ってからかわれました。高校に入ると，しょっちゅう触られたり，体育の授業の着替えのときにはパンツを下ろされたり，嫌がらせがエスカレートしてきました。大学に入ってから，そういう嫌がらせは減りましたが，自分のペニスがすごく嫌になって，切り落としてしまいたいと思うこともあるんです。

第8章　性の悩み

〈相談者の心理〉

村瀬（2014）は，男性の性被害について以下のように述べています。

「〔小さな子どもの頃の〕性被害はその後，思春期，青年期においても起こり得る問題（現に起きている）であり，深刻な影響をもたらす可能性があることを強調しておかなければならない。（中略）たとえば，同級生，仲間，友だち，周囲から見れば対等な（？）関係であると思われる二人，ないし数人の間での虐待である。それ故に，しばしば「遊び」「いたずら」「悪ふざけ」「からかい」という範疇で扱われることが多い」。

さらに，村瀬は，男性ジェンダー特有の傾向として被害の声のあげられなさを指摘しており，以下のようにも述べています。

「「カンチョー（浣腸）遊び」も同様で，される子どもにしてみれば，いつ誰からやられるか気になって仕方ない。しかも，された時，本気になって怒れば，「空気の読めない奴」として，遊びの輪から外されるのである。（中略）人間の身体すべてがプライバシーであるが，とりわけ性に関する部位や粘膜があるところ（口，胸，性器，尻）を本人の意に反する形でさわられたり，さわらせたり，見られたり，見せられたりすることは甚だしく屈辱的である。それが否定できない形で，しかも継続的に行われているとすれば，場合によっては「生きる」意欲そのものを削ぎ落とされることにもなりかねないのである。このことは性別の差はない」（村瀬，2014，89-91頁）。

われわれの想像を超えるような外傷体験がEさんのなかにあるかもしれません。よく勇気を振り絞って相談してきてくれたと思います。自分のペニスに対して，自傷行為をしてしまいそうになる（もしくはしてしまっている）ことで，どうにかしなくてはいけないと思って，相談したのかもしれません。

〈対応のポイント〉

まずは，話しにくいことをよく話してくれたという，労いの気持ちをもって，話の内容を丁寧に受け止めます。ただし，詳細について，急いでこちらから尋ねない方がよいと思われます。こうした心的外傷をともなう内容の場合，詳細

第Ⅲ部　相談内容別に見る実際

を語ることで，被害にあったときのことを再体験してしまい，再度傷ついてしまうことがあるためです。相談者が語るままに，そのペースに合わせていき，話を深めすぎないことを心がけます。少しずつであっても，語って気持ちを受け止めてもらうことにより，内面が整理されていくことを目指します。1回の電話では難しいかもしれませんし，特にこうした内容の場合は1回の電話が長くなることで，相談者の心理的負担が大きくなります。対面でカウンセリングできる機関を紹介した方がいいのかもしれませんが，こうした内容は，匿名の電話でなら話せるが，治療機関に出向くことはできない，ということも多いです。そうしたときは，電話を終了するときに，またかけてきてほしいと伝え，匿名の関係性のなかで時間をかけて抱えていく必要があります。

第4節　セクシュアリティの相談の聴き方

　ここまでの内容を踏まえて，セクシュアリティの相談の姿勢についてまとめたいと思います。先述したように，セクシュアリティの相談は，デリケートな側面をもっています。そのため，相談窓口では，受容的に，そして支持的に聴くことが求められます。相談員の相談での目的の一つとしては，相談者を受容し，寄り添い，相談が自身の感情を整理して，自己肯定感を獲得するのを手助けすることです。そのための姿勢の基本について述べていきます。

（1）一般的，常識的な思考に当てはめすぎずに相談者の話を聴く

　一般的，常識的な思考は，相談者の話がファンタジーか現実的かを判断するためには大事な機能ではありますが，それに頼りきって相談者の話を聴くと相手の話に納得しづらい場合があります。たとえば，電話相談で相談者が，「多くの女性に交際を迫られて困っている」と話されたときに，「それはとても羨ましい」とか「何を嫌がることがあるのか」と考えをもちながら話を聞いていくと，相談者と相談員のイメージにズレが生じてきます。場合によっては，相談者は「否定された」「わかってくれない」と感じるかもしれません。一般的

第8章　性の悩み

な常識や相談員の固定観念も必要ですが，同時にその相談者がどこに葛藤をもっているのか，どこに悩んでいるのかという視点をもつことも相談員としては大事な姿勢です。この時，取りあげるべき，受け止めていくべきは感情，傷つきの部分なのです。相談者には相談者が培ってきたセクシュアリティの経験や習慣があります。そこに少しずつ触れ，理解しようとすることで相談者の悩み，傷つきが理解しやすくなるでしょう。

（2）相談員が自身のセクシュアリティについて考えておく

　相談では相談者自身のセクシュアリティについてある程度気づいておくことが必要となります。相談をしていくうえでは相談者の感情，気持ちを受容することが大事ですが，相談員も人間です。引き受けられないこと，聴いていて何かしらのしんどさが出てくる場面は往々にして出てきます。たとえば，「何かわからないけれどもこれを聴いているとしんどい」と感じられるときや，気がつけば冷静さを失って発汗して多弁になっていたときや「もう終わりにしたい」という気持ちになるときもあるでしょう。ましてや，セクシュアリティは相談員にとっても自身の歴史のなかで少しずつ積み上げて固めてきた思考や感情があります。そのため，相談のなかでは，簡単には受け入れられない内容が話されることもあるかもしれません。その相談員自身の受容できる点とできない点をはっきりさせておくことで，それが相談中に出てきても対応がしやすくなると思います。なぜ聴き続けることができないのか，なぜ腹が立つのかと相談員自身のなかでクリアにしておくことで，相談員の思考や感情が相談者のしんどさに巻き込まれるのを避けることができるのです。そうすることで相談員が受け止める負担を大きく減らし，相談者の理解に近づく一歩になるでしょう。またそれが安全に相談を進めていくために必要な部分と言えます。

（3）ゆらぎを安易に納得させる方向にもっていかない

　相談者は，自身のセクシュアリティについてゆらぎを多少なりとも感じており，そこから少しでも抜け出すために相談窓口を利用されます。相談のなかで，

137

第Ⅲ部　相談内容別に見る実際

ゆらぎに対してそれはもってもいいことですと肯定的に伝える場合があります。たとえば，先ほど述べた事例のように相談者がペニスの大きさで悩んでいるときに，「大きさは人それぞれですよ」や「別に卑下することなんてないのですよ」と伝えます。このように支持的に相談者の背中を押すことが効果的な場面もあります。しかし，それは慎重に行わなければなりません。なぜかというと葛藤を抱えている人に対して，安易に説得することはある意味，その人が葛藤している状態を否定していると受けとられる可能性があるからです。あくまで人生の決定権は相談者本人にあることを忘れてはいけません。相談員は「自分はこうだと思います」とあくまで，自身の意見もしくは提案として伝え，「自分に合う選択をするのは，相談者自身ですよ」という態度が求められると思います。

（4）話してくれたことを労う

　セクシュアリティの相談においては，相談者にとって他者に話すことが極度の緊張感をもたらすことがあります。男性の場合，特に同性にも異性にも話すのが苦手な方が多く，また，セクシュアリティの話になると自身の弱点を話すような強い恥意識をもつ方もいらっしゃいます。そのため，「よく話してくださった」というような気持ちに相談員が自然となり，関わることが理想です。ただ，あまりに労いすぎると，プライドを逆なですることもあり，そこは注意しておく点だといえます。また，もう一つ注意点としては，相談者が勇気を出して話をしてくれたという気持ちから，相談員側が，「私に秘密を打ち明けてくれた」「特別視してもらえた」という満足感に満たされた場合です。自身のそういった気持ちに気づいておかなければ，相談員が知らず知らずのうちに，自分を満足させるために，「もっと話をしてもいいんだよ」と相談者に話を促し，傷つけてしまいます。そうならないように，真に相談者が勇気を振り絞って話をしたという点を受け止め，労っていくように心がけましょう。

第8章　性の悩み

（5）セックステレフォン

①　セックステレフォンへの対応

　相談員の基本的な姿勢とは少しずれますが，セクシュアリティの相談を受けるうえでは，欠かせないことについて触れておきます。それは，セックステレフォンです。セックステレフォンとは，電話相談において相談者が自身の性嗜好等を相談員に話すことによって性的に興奮し，楽しむことを指します。男性相談者からのセックステレフォンを受けるのは，女性相談員だけに限った話ではありません。男性に対して性的な内容を語ることで性的興奮を得る男性も存在します。そして，相談員がセックステレフォンであると感じたときに，電話を聴き続けるのが困難になる場合があります。それは，自分が性の対象にされたと感じたときに相談員が深く傷つき，冷静な対応がしづらくなることがあるからです。この判断は難しいこともあるのですが，明らかにセックステレフォンと思われるときには，それ以上無用な傷つきにならないために，「ここは悩みの相談窓口なので」と電話を切る場合もあります。

②　セックステレフォンなのか，悩みの相談なのか

　時には相談を装いつつ話を進め，結局は性的な欲求を満たそうとする人もいます。最初に「いじめられている」「対人関係で困っている」等の悩みから話を始め，徐々に，性嗜好的な話にもっていこうとします。また，相談者が，性的興奮を得る目的でかけてきたのか，セクシュアリティのことで本当に悩んでいるのかの判断がつきにくいこともあります。いずれにしても相談員は，あくまでも悩みや気持ちを取りあげることに専念する態度で聴くことが求められます。相談者の気持ちに歩調を合わせる努力をして，一方で性描写は掘り下げないようにします。すると，本当に悩みを語りたい，あるいは悩みを語れる段階にある人は，少しずつ悩みの中身について語ってくれるようになります。逆に，電話で性的興奮を得たい人は，相談員が悩みを聴こうとしても，具体的な性描写の話にもっていこうとします。

　セックステレフォンに聞こえるが，実はその裏にセクシュアリティの傷つき

139

第Ⅲ部　相談内容別に見る実際

があるようなケースにおいても，粘り強く相談者の気持ちに寄り添っていくことが必要です。相談者が「実は，つらさをわかってほしいんだけれども，わかってもらうのも怖くて」と話しはじめることがあります。その気持ちが相談者の言葉から出てきたら，「よくぞ話してくれました。話しづらかったでしょうに」と労うのです。こういったやりとりが相談者の気持ちを軽くすることは十二分にあります。性的欲求の充足によって，傷つきを塗り隠そうとする相談者への対応は困難です。しかし，その覆っていたものを相談者自身が少しずつ剥がしていき，本音で話せるようになったケースを，われわれは経験しています。

③　相談員自身のケア

　電話が終わった後にセックステレフォンかなと感じ，傷ついたケースは，可能であれば，相談員同士，またはスーパーヴァイザーと話し合って自身のこころのなかを整理しておくことが重要です。「セックステレフォンだから，考えなくていい」と思考停止に陥るとセクシュアリティ相談の対応が難しくなってしまいますし，電話を取ることが億劫になります。もちろん，傷つき，話しにくいこともありますし，対応や見立てを一つに絞ることは難しいですが，感じたことや見立てを話し合って整理して，ぼんやりとでも「あの人はこういうしんどさだったのかなぁ」「次，かけてきたらこうしよう」とその人なりに消化していくことが，相談員として力をつけていくことになります。それがまた，次の電話に向かえる気持ちにつながるのです。

第5節　セクシュアリティの多様性と自分を見つめ直す重要性

　これまで男性の性の悩みについて触れ，その対応について概観してきました。
　現在の結婚・家族制度，法律制度，社会制度自体に，結婚・生殖至上主義イデオロギーに根ざしている部分が多分に見受けられます。「男らしさの縛りや押し付け，多様な生き方の否定」の風潮は，これに多く影響を受けていると言ってもいいでしょう。昨今，同性パートナーを認める法制をめぐる論議が徐々

にではありますがなされようとしており，時代も少しずつですが，確実に変わりつつあります。そうなると人のセクシュアリティもさらに多様なものになっていくでしょう。しかし，一方で，人々に自分のセクシュアリティをどのように選択していけばよいかという混乱も生じるでしょう。そういったこれからの時代に個人の性の悩み相談を受けるときに，必要なのは多様性を引き受けられる柔軟さだと思います。人権，心理，福祉，医療，教育等の多くの視点をもちながら，しかし，思考を凝り固めずに，相談ごとに試行錯誤するという姿勢が必要になると思います。

＊

　最後に，当事者としての相談員について述べます。私は，本書を執筆することであらためて自身のセクシュアリティに向き合いました。ここに出ている事例にある悩みは私自身も他人事では決してありません。むしろ，全体に自身のセクシュアリティに関する考えや思いが色濃く出ていると思います。私は書いている際に，「受け入れてもらえるだろうか」と怖さを感じました。その怖い感覚こそ，セクシュアリティの悩みをもつ人の打ちあけることへの怖さに近い感覚だと思います。それを知っておくことが相談者への共感につながると考えます。相談員は自身のセクシュアリティに向き合い，ある程度，受け入れておくことが大切です。セクシュアリティの相談では，自身の体験をベースにした当事者性が大きな力になると私は考えます。

第9章

男性のライフサイクルと悩み

山口裕司

第1節 "ある男性の一生"から見るライフサイクル

筆者は，臨床心理士として男性相談に携わる傍らで，公立中学校でのスクールカウンセラーとしても勤務しており，多くの思春期の男の子と関わる機会があります。そんななか，一人の男子生徒が，とあるおもしろいインターネット動画を見せてくれました。

その動画は，『走れ！ "RUN"』というタイトルがついていて，30秒程度の短いアニメーションなのですが，そのたった30秒にある男性の人生がつまっているというものです。「おぎゃあ！」と生まれてから，運動会のリレー音楽に乗せて人生のさまざまなライフイベントを止まることなく一人走り抜けていきます。走っているときの男性は，前半は非常に鋭く好戦的な眼つきをしていて，人生の後半に入ると明らかに体の衰えとともに疲れた表情になっていき，最後は意外な形でゴールを迎え，その時に初めて達成感とともに満面の笑顔となります。ブラックユーモアが含まれていながらも，非常にインパクトと余韻の残る動画ですが，視聴された方，特に男性はどのように感じるのでしょうか。

この動画には，一般的な男性のライフサイクルが濃縮されていると言えます。そのタイトルの通りまさに闘走ともいえるような道をがむしゃらに駆け抜け，最後に戦いから解放されるという様には，男性の一つの人生の形が表現されていると言えるでしょう。

もちろん現代社会は多様化しているといわれるように，人の生き方やあり方も多様なものとなってきています。したがって，すべての男性がこの動画のよ

第Ⅲ部　相談内容別に見る実際

うな人生を送るとは限りませんが，このような動画が実際に作られ，現代の男子中学生を含む多くの視聴者が興味をもって視聴しているということは，それだけこの動画が男性にとって共感的なものであるといえるのかもしれません。

第2節　ライフサイクルと生涯発達

　先に紹介した動画の男性は，そのタイトルの通り，とにかくがむしゃらに人生という道を連続的に駆け抜けていますが，入学，就職，結婚といったさまざまなイベントとともにその様相が段階的に変化していきます。こういった人の一生の歩みを段階的にとらえるのが，ライフサイクルという視点です。そして，このライフサイクルを，「人間の精神は生涯にわたって発達するものであり，成長することは各発達段階での課題を遂行することだ」という生涯発達の観点から説明したのが，有名なエリクソン（Erikson, E. H.）の発達理論です。

　エリクソンは，その独自のライフサイクル論において，人生を大きく8つの発達段階に分け，それぞれの段階で獲得すべき課題を設定しました。もちろん，多様性にあふれた現代社会において，ライフサイクルにも個人差が出てくるのは当然であり，もっと詳細に段階を分けて説明するべきという批判もあります。しかし，エリクソンが提唱したモデルはあらゆるライフサイクル論の考え方の基礎となるものであり，臨床の世界においても大きな示唆を与えるものと考えられます。

　この複雑化した現代の社会状況のなかで，人はそれぞれの発達段階でさまざまな課題や困難にぶつかり，大きなこころの悩みを抱え，乗り越えながら成長していきます。そして，時にはそのような課題をうまく乗り越えることができず，それが生きづらさにつながってさらに深い苦悩を抱えていくこともあります。したがって，人のこころの問題を理解しようとするときに，その人が今どのような人生の段階に位置し，どのような発達課題に直面しているのかについて考えることが，理解をさらに深めることになるでしょう。そしてそれは，現代を生きる男性が，この厳しい社会においてどのような悩み・困難・生きづら

144

第9章　男性のライフサイクルと悩み

さを抱えているのかについて考えるうえでも，大きなヒントになると言えます。

　本章では，男性が抱える悩みについて，ライフサイクルという視点から事例を交えて考えてみたいと思います。ライフサイクルの各段階において，男性はどのような課題や危機に直面し，どのような悩みを抱えていくのでしょうか。

第3節　ライフサイクル別に見る男性のさまざまな悩みと課題

　内閣府の統計によると，2015（平成27）年おける自殺者数は24,025人であり，男女比で見ると男性は成人（20歳以上）において69.4％，少年（19歳以下）において69.3％と，いずれの年齢層においても男性が約7割を占める結果となっています。そしてその比率は1998（平成10）年以降ほぼ変わらないという状況であり，特に40歳代から60歳代の男性は全体の4割を占めているとのことです。

　自殺という痛ましい問題は，もちろん数字だけで語れるものではありませんし，さまざまな背景が存在するものです。しかし，15年以上にもわたって男性が自殺者の7割を占めるという実態は，現代社会において男性が何らかの生きづらさを体験しているということを如実に表しているといえるでしょう。そのような男性の生きづらさは，一体どういったところからくるものなのでしょうか。

　本節では，前節で取りあげたエリクソンのライフサイクル論に則って，各発達段階における男性の悩みや課題について概説します。そして実際の男性相談現場に寄せられる事例のなかで特に多い，各年代の代表的な悩みや課題を紹介し，相談者の心理や具体的な対応法について，ライフサイクルという視点で検討してみたいと思います。

（1）乳児期（0～2歳頃）　基本的信頼 対 基本的不信

　基本的信頼を育む時期です。最初の重要な人物としての養育者（主に母親）から，十分な愛情を得て基本的な信頼感を育み，安心感が得られるかど

第Ⅲ部　相談内容別に見る実際

うかが課題となります。ここで失敗をすると，他者に対して基本的不信となり，不安と恐怖感を覚えるようになります。

　現在，虐待やネグレクトが大きな社会問題となっています。保護者の愛情を受けることなく，そればかりか絶え間ない暴力を受けて，果てには死に至る子どもがいるという現実が，確かに存在しているのです。このような虐待を受ける子どもをはじめとして，養育者からの十分な愛情を得ることなく育った子どもは，この時期に達成されるべき課題としての基本的信頼が育まれないまま，他者に対する不信感や恐怖感が植えつけられることになると容易に想像できるでしょう。

　これは男女関係なく存在する問題ですが，その後身体的な成長とともに明らかな男女差が現れてくることがあります。たとえば，男子の場合は女子以上に身体的な力をつけてくる分，他者に対する不信感や不安を，激しい暴力や非行といった形で見せるということもあります。そしてそれが「暴力の連鎖」といわれるように，将来的にDVや虐待につながってくるということもありうるのです。実際に男性相談に来られるクライエントのなかには，そのような経験をもたれる方も少なくありません。

　この時期の子どもはもちろん自分からSOSを出す力もつけていないため，周囲にいる大人が敏感に察知できるようにしておく必要があります。

（2）幼児期（2～4歳頃）　自律性 対 恥と疑惑

　いわゆる「第一反抗期」とも呼ばれる時期で，運動・言語・認知能力の発達とともに自律性を育む時期。どんなことにも興味をもって自分でやろうとし，自己主張をしはじめます。ここでの失敗は，恥や疑惑を生み，失敗を恐れず自力で物事に取り組もうとする意思が得られなくなります。

　この時期になると，3歳半健診を受けたり，子どもによっては保育所に入っ

第9章　男性のライフサイクルと悩み

て集団での様子を観察されたりすることで，発達的・能力的な特性が少しずつあらわになってきます。自分の子どもが他の子と比べて知的・発達的に遅れていないかなどについて心配し，非常にナーバスになる保護者もいることでしょう。わが子を心配するあまり，何をするにつけても手を差し伸べるというような，いわゆる過保護や束縛といった養育態度によって，子どもの自律性の成長が妨げられるということもあります。

　まだ男女で明らかな差が出てくる時期というわけではありませんが，この時期における自立や自己主張の力は，今後の発達や成長にも影響を及ぼしていき，後に成人して社会に出た際に体験する男性ならではの困難さにつながってくるということも十分に考えられます。

（3）遊戯期（4～6歳頃）　自主性　対　罪悪感

　集団生活が始まり，人との交流のなかで自主性を育む時期であり，物事に対する興味や目的に対して率先して取り組む積極性を身につけます。ルールや規範，他者の価値観との衝突などが重なることで，失敗を恐れ，自分は関わらない方がいいという後ろめたさや罪悪感が生じます。

　保育所や幼稚園を経て小学校に入学し，本格的な集団生活が始まるなかで，いよいよ男女別の指導も始まっていきます。それにともない，子どもも自分の性別についてはっきりと意識して，他者と交流していくことになります。そして，環境によっては「男の子だからしっかりしなさい」という価値観のもとで生活する男の子も出てきます。

　この時期になって，子どもは初めて対人関係における衝突や葛藤を経験することになりますが，ここで周囲の大人の価値観が，子どもが自主的に解決する力に大きな影響を及ぼしてきます。男の子の場合は，「男の子だから我慢しなさい」「男の子だから負けずにやり返せ」といった周囲のメッセージによって，その子が本来有している自主的な解決力や表現方法との間で葛藤が生まれ，自

147

分の決定ではうまく解決できないという構えができてしまいます。一度この構えができると，なかなか崩せなくなります。

（4）学童期（6〜12歳頃） 勤勉性 対 劣等感

集団のなかで学習し，社会性や，教養を身につけていく時期に入り，周囲の人間との競争性がある環境のなか，他者よりも上を目指したいという勤勉性が育まれます。競争のなかで他者と比較され，うまく切磋琢磨していけば有能感や達成感につながりますが，ここで失敗すると劣等感が強まり，自信をもてなくなります。

スクールカウンセラーとして学校で勤務する際，校内を見回ったりしていると，たくさんの生徒・児童，教師の声が飛び交っています。そんななか，「だっせー！ 女に負けてやがんの！」「男のくせに弱っちい！」「男の子だからしっかりしなさい！」といった声もしばしば聞こえてきます。

多くの男性が，こういった言葉を子どもの頃に言われたという経験があるのではないでしょうか。ジェンダーについての理解が広まり，ジェンダーフリー教育が進められるようになったと言われる現代社会においてさえ，今なお横並びの教育現場ではこのような「男だからこうあるべき」という言葉，観念が根強く残っているのです。

「男の子は強くなければいけない」「男の子はスポーツができる方がかっこいい」など，今を生きる男の子たちもこのような価値観を植えつけられていると言えるかもしれません。そしてそれは一部の男の子にとっては非常にハードルが高く，大きなプレッシャーにもなって，劣等感や自信喪失につながっていくことになります。そしてそのような意識が，成人になってからも根強く残っているものです。

第9章　男性のライフサイクルと悩み

（5）青年期（13～22歳頃）　自我同一性 対 同一性拡散

　思春期を経て身体的にも精神的にも成長し，自分とは一体何者であり，人
生でどのような役割を果たしていくべきかという自我同一性（アイデンティ
ティ）を模索する時期に入ります。この時期は，進学や就職，社会進出とい
った大きな転機を迎えることになり，ここでつまずくと自分が社会でどうあ
るべきかがわからなくなってしまい（同一性拡散），いわゆるモラトリアムと
いう迷いと混乱の時期が長く続くことになります。

　この時期に入ってくると，非常にたくさんの問題が出てきます。まず教育現
場における大きな問題となっているものに，いじめ問題があります。特にここ
数年の間，いじめによる自殺に関する報道が後を絶えません。そして，報道調
査によると，いじめによる自殺をしてしまう子どもは，中学2年生前後の男の
子が圧倒的多数を占めるという現実が存在します（伊藤，1996）。

　あくまで筆者個人的なものではありますが，中学校スクールカウンセリング
において，相談に来る子どもの大多数は女子生徒であり，男子生徒は遊びに来
るという印象があります。そして男子生徒の多くが，「悩みなんてないし，話
なんてする気もない」ということをはっきりと答えます。しかしそれでも，先
述したようないじめによる自殺者に男の子が多いという現実があることから，
男の子が深い悩みや傷つきがありながらも，それを一人で内部に抱え込んでい
るということが推察されます。その背景には，「男は弱みを見せず，我慢しな
ければならない」という観念が存在することも考えられます。ましてや，ここ
ろの殻に閉じこもり，自分とは一体何かについて考えだす「さなぎの時期」と
も言われる思春期では，そういった傾向がさらに強まるとも言えるでしょう。

　そんな迷いや悩みの嵐のなか，男の子は身体的にも大人になり，進学や就職
といった人生の大きな節目を迎えることになります。昨今の就職難の社会状況
も相まって，「モラトリアム人間」と呼ばれる若者が増えていることも，現代
社会における大きな課題の一つになっていますが，そのような若者のなかには，

149

第Ⅲ部　相談内容別に見る実際

「男は社会に出て一人前にならなければならない」といった「男らしさ」の枠にはまることができず，プレッシャーのなかもがいている男性が少なからず存在します。

「モラトリアム人間」にも関連して，この時期の大きな問題として不登校・ひきこもり・ニート問題があります。このような問題を抱える青少年も，やはり社会的に築かれた「こうあるべき」という常識や観念にはまることができずに立ち往生していると言えます。このような時期こそ，教師や先輩，友人といったさまざまな他者との交流のなかで，自分という人間を深く見つめて築いていけることが重要となってくるでしょう。

（6）前成人期（23〜34歳頃）　親密性 対 孤独

> 　成人として，職場の人間関係や恋愛関係，親友関係など，他者との心理的絆・親密性を育む時期です。社会のなかでさまざまな出会いを体験し，仲間意識を形成するなかで人間的成長を果たしていきますが，ここでつまずくと他者に対する不安や恐怖感を強め，孤独を招くことになります。

古代中国の思想家である孔子は，「三十にして立つ」という言葉を残していますが，現代の日本においても，男性は30歳代に入る頃には社会での足場や立場を確立すべきだという考えが根づいていると言えるでしょう。

いよいよ社会人として就職して間もない頃は，それまでの社会に対して抱いていたイメージとのギャップに衝撃を受け，早いうちに耐え切れずドロップアウトする人も出てきます。男性相談の現場でも，なかなか仕事が続かずに転職を繰り返すという人が相談に来られるケースも少なくありません。

仕事がうまくいかないと言って相談に来られる人の話をおうかがいしていると，その背景に対人関係に問題が潜んでいるということが大半です。さらに言えば，他者とのコミュニケーションの課題にぶつかっているということになります。他にも，仕事を遂行することに対する自己効力感がもてない人，営業成

第9章　男性のライフサイクルと悩み

績などの競争に疲れきった人，仕事に対するモチベーションが低く，空虚感を感じている人などもいます。

　こういった男性においてはそれまでのライフサイクルの各段階において未解決とも言える課題は，その後の人生に大きく影響してきます。たとえば，過去の成長過程において，他者に対する基本的信頼感や，自信や自主性が極端に育まれずにきたとすると，社会における対人関係にも支障が出てくるということも当然の流れといえます。

　自分が社会において果たす役割が一体何なのかという自我同一性が確立せず，いまだに模索し続けながら人生の段階を進んでいるという人も数多く存在しているのです。いわゆる若年での結婚がその典型例といえるでしょう。たとえば，伝統的な「男らしさ」の価値観に縛られている男性が，十分に自立できていないまま早いうちに結婚をすると，特に妻が社会的に活躍しようという意識が強い場合は大きなすれ違いが起こる，といったケースがこれに該当します。

　このような時期こそ，周囲の人間との信頼関係をうまく築けるかどうかによって，その後の人生は大きく左右されることになるでしょう。他者との信頼関係を築いて，十分なサポートを得ながら課題を乗り越えていけるかが重要となってくるといえます。

◆ 事例6：Fさん「仕事が続かない」（27歳）

　最近，また仕事をやめて就職活動中です。これまで3回転職をしているのですが，どの仕事もなぜこんなにも長続きしないのか，自分でもわからないんです。仕事したくないとか，そういうことではないですし，むしろこのご時世で男なのに甲斐性がないという状況はいかがなものかと思い，焦る一方です。初めは飲食の仕事をしていましたが，失敗することが多く，周囲の社員からも「どんくさい」といってしょっちゅう怒られていたため，自分には向いていないと思い，やめました。その後営業職に就いたのですが，自分はもともとコミュニケーションが苦手な方なので，取引先の人ともなかなかう

151

第Ⅲ部　相談内容別に見る実際

まく話せず，営業成績もとれないまま事実上のクビとなりました。人と接す
るのが下手なので，むしろ事務職の方が合っているかと思い，就職したので
すが，細かな作業ばかりでやりがいも感じないし，上司からもミスの駄目出
しをされるばかりで，このままひたすら同じことを続けていくのも地獄だと
思い，退職しました。両親など家族からもいつも冷たい目で見られているし，
こんな自分につくづく嫌気が差してしまいます。

〈相談者の心理〉

　「仕事をしなければならないし，できなければならない」という意識がある
一方で，そのようにできない現実とのギャップに苛まれている様子がうかがえ
ます。その背景には「男は甲斐性がないといけない」という「男らしさ」の課
題が存在します。また，他者の評価をかなり気にしており，対人関係に対して
も強い不安や苦手意識をもち，自己嫌悪感まで感じています。

　この男性は，これまでのライフサイクル過程をさかのぼると，幼児期から児
童期において自主性や自信，自尊感情が十分に育まれることがないまま，劣等
意識や対人不安，自己否定感といったネガティブな意識が植えつけられた可能
性も考えられます。さらに，「どの仕事にもやりがいや適性を感じない」とい
うように，自分が本当に全霊をかけて打ち込めるようなものが見つからず，社
会におけるアイデンティティがまだ確立できていない状態であるとも考えられ
ます。このように，これまでのライフサイクル過程のなかで十分に達成できて
いない課題を抱えたまま，激動の社会に振り回されているというケースはこの
世代の男性にもよく見られます。

〈対応のポイント〉

① 傾 聴

　相談者の自己否定的な発言を，相談者が「そんなことはありませんよ」と言
って励ますことは簡単です。しかし，ただ励ますだけでは，相談者によっては

152

他人事として扱われて突き放されたように感じることもあります。まずは，「あなたの立場だったら，自分が嫌になるのも無理はない」というように，相談者自身の自己否定感に相談員が徹底的に付き添うことが大切です。

② 「こうあるべき」という縛りをゆるめ，自己肯定感を高める

このように受け止めてもらうことをきっかけにして，相談者は「ありたい自分」ではなく，「あるべき自分」に縛られていたことに気づきます。そしてこれまでの自身の課題やあり方を見つめていくなかで，「これも自分なのだ」というような自己肯定感につながっていきます。

③ 新たな自己発見につなげる

相談者が「自分にはこんな一面もある」といった新たな自己発見を通じて「ありたい自分」にも開かれていき，さらなる可能性を広げていけるようになることを目指します。

（7）成人期（35〜60歳頃）　生殖性 対 停滞性

生殖性を育む時期とされますが，これは結婚という大きなライフイベントを迎え，家族（配偶者や子ども）を育て，守っていくことを指します。また，職場や社会における貢献感や充実感といった意識がもてるかどうかも課題となります。ここでうまくいかない場合は，自分の欲求以外のことには興味関心がうすれ，自身の行動に不満足で不活発となり，自己中心的になって停滞性が現れてしまいます。

前成人期で取りあげた孔子の言葉は，その後に「四十にして惑わず，五十にして天命を知る」と続きます。そのまま訳すと「40歳になると迷うことがなくなり，50歳には自分の人生の使命を知る」ということになりますが，現代を生きる40歳，50歳代の男性は多くの迷いを抱えているのが実情ではないでしょうか。男性相談の現場では，主に10歳代から70歳代と幅広い年齢層から相談が寄せられていますが，その多くが30歳代から40歳代となっています。その内容の

第Ⅲ部　相談内容別に見る実際

大半が，夫婦関係や親子関係といった家族の問題や，仕事上での人間関係です。

　先述したように，日本における男性の自殺者数のうち，40歳代から60歳代が多いという現状からも，この時期が男性にとってもっとも苦しい時期と言えるかもしれません。いわゆる「中年の危機」と呼ばれるような，現状に対する疑問や後悔の念といった精神的な危機を迎えるのもこの時期です。また，この時期の男性には自殺だけでなく，会社に献身的になって過度に働いたり，付き合いをするうちに健康を損ない，死にいたるというサラリーマンの過労死問題もあります。特に「ブラック企業」と呼ばれるような，劣悪な労働条件のなか従業員を酷使する企業が増えている現代社会では，非常に深刻な問題といえるでしょう。

　アメリカのイタリア系マフィアの血族を描いた映画『ゴッドファーザー』において，主役であるマフィアのボスが，「家族を守れんようなヤツは男ではない」と話すシーンがあります。この台詞を聞いた男性はどのように感じるでしょうか。それほど違和感を覚えないという方が多いのではないでしょうか。あるいは，耳が痛いと感じる男性もいらっしゃるかもしれません。

　男女共同参画社会の実現を目指す一方で，「男が働き，家族を養い，守っていく」という伝統的な価値観が，いまだに多くの男性の意識のなかに深く根ざしているのが現状といえるでしょう。今この成人期を迎えている男性の多くは，そのような社会的に作られた「男らしさ」の縛りを長年にわたって受けてきた年代であり，無理もないことかもしれません。

　この時期は，社会におけるステータスもある程度確立してくる分，家族を支える責任や職場での管理責任といった大きな社会的責任を負うことになります。「男らしさ」に縛られている男性は，そういった責任を負うことは当然と感じていながらも，実際はこころのどこかで非常に大きなストレスとしんどさを抱えています。そんななか，たとえば家族を経済的に守るために仕事に打ち込み，結果家族をおざなりにしてしまうといった負のパラドックスが起こるわけです。家族との信頼関係が崩れはじめ，仕事に疲れきった男性にとって憩いの場であるはずの家庭のなかで孤立し，帰宅するのが嫌になってしまうというケースも

珍しくありません。それまでは大きな問題もなかった家族関係にほころびが見えはじめ，衝突することも増えます。

　こんなときに，男性は自分が今までの人生で築いてきたものが何だったのか，これまでの生き方はどうであったのか，あの時自分はどうするべきだったのか，はたして今はこれでいいのだろうか，というように自身のあり方や過去について振り返り，対峙することになります。男性相談の扉を叩く人がこの年代に多いのも，こういった経緯があるのではないでしょうか。なかには人生に対する絶望感や無気力や空虚感を感じる人もいますが，相談等を通じて自分自身と向き合い，これまでには自覚することがなかった自身の対人パターンや，男性性に初めて気づき，今後の生き方について考え，再出発する人もいるのです。

◆ 事例7：Gさん「妻が子どもを連れて出ていってしまった」（43歳）

　私は昔から父親中心の厳格な家庭で育ってきたこともあり，息子に対しても誰にも負けないような強い大人になってほしいと思って厳しく育ててきました。何か悪さをすると怒鳴りつけたり，どついたりして叱るのは当たり前でした。女房はそんな私に対していつも怒って止めようとしてくるので，時には女房に対しても手をあげたりして大喧嘩になることもありました。そして先日，ついに妻が子どもを連れて出ていってしまったのです。仕事から帰ってきたら誰もいなくて，妻の手紙だけが残っていました。手紙には，「息子はお父さんを恐れているし，私もそんな家庭にいるのはもう嫌なので，出ていく」と書かれていました。それを読んで，私がいかに今まで家族に対してひどいことをしてきたのかを知り，打ちひしがれたのでした。妻と息子は今どこにいるのかもわかりません。自分が行ったことはまさにDVであり，本当に愚かだった。自業自得とはいえ，あれだけ大事に思っていた息子に避けられ，会えなくなったことは本当につらいです。家族が元通りになるために，一体どうしたらいいでしょうか。何か方法があれば教えてください！

第Ⅲ部　相談内容別に見る実際

〈相談者の心理〉

DV 加害の背景には，「男は強くあらねばならない」という価値観があります。幼少期から昔ながらの男性優位的な家庭のなかで育ってきたこの男性にとっては，そのような価値観は当然のことであり，自分の息子もそうあるべきだと思って厳しく育てるということもごくごく当然のことだったのでしょう。

これまでのライフサイクルにおいて，幼児期から青年期にかけて厳格に育てられるなかで競争を勝ち抜き，強い自主性や勤勉性を培ってきたのではないかと考えられます。しかし，あまりに厳しい家庭のなかで基本的安心感や信頼感が得られず，また父親の価値観によって縛られ，自立性が抑圧されてきたということも考えられます。その結果，ある意味では「作られてきた」人生を送ってきたという部分もあるかもしれません。

このような姿勢に対して妻や子どもも抗いますが，この男性は当然のように「力」でねじ伏せ，コントロールしてきました。しかし，時代の変化とともに家族やジェンダーの価値観も変わり，それが必ずしも通じない社会になってきたのです。そんななか，ついにこの男性は妻と息子の愛情を失い，初めてこれまでの自身のあり方や関わり方，価値観について向き合うことになります。

そして，この男性は，自分の DV 加害に対して自覚をもち，「自分は変わらなければならない」という意識をもって来談したのです。

〈対応のポイント〉

①　傾聴とねぎらい

相談者は，情報ももたないまま混乱し，不安感や焦燥感をもって最後の砦として来談されているため，まずはじっくりと傾聴して気持ちをやわらげ，安心感をもてるように心がけることが大切です。また，この相談者はすでに自身の DV について自覚し，「自分が変わらなければいけない」という意識をもって来談されていたため，それを相談員が肯定的に受け止め，前向きな気持ちをもてるようにねぎらったうえで今後について話し合っていくことになります。

② 感情に焦点を当てる

　DV加害に関する相談に関しては，「暴力は許されるものではない」という毅然とした姿勢も必要となってきます。しかし，「暴力はいけない」という正論をただ押しつけるだけでは，それそのものが暴力性を帯びてさらに相談者を追い詰めていくことにもなりえます。大切なことは，暴力行為そのものについては真摯に受け止めるように伝えつつ，そこに至らざるを得なかった相談者の感情に焦点を当てていくということです。

③ 自己決定を促したうえで情報提供する

　この男性はこれまでの自分を否定し，再び何らかの方法，つまりはこれまでと同様「力」でもって家族を取り戻そうという意識をもっています。そんな相談者は，しばしば相談員に対して「どうしたらいいですか！？」と強く詰め寄ってきます。「妻子を取り戻したい」という強い思いの表れであり，相談員もその迫力によって圧倒されることがあります。そんな時こそ，相談員は相談者の心情にできるだけ飲み込まれることなく，冷静に耳を傾け，具体的な指示をするのではなく，相談者がこれからどうしていきたいかについて整理しながら，相談者の自己決定を促します。そうするうちに相談者が自身のあり方や課題に気づき，大切なことは「方法論による解決ではなく，自分のあり方を見つめて，自分自身の力で意識から変えていくこと」なのだという考えに辿りつくことになるのです。そのうえで，脱暴力のための情報（社会資源）や対処策を伝えていくことになります。

◆ 事例8：Hさん「職場でも家庭内でも居場所がない」（52歳）

　私は商社で働いていますが，40代にはそれなりの地位につき，収入も安定して家を建てたりと，順調でした。しかし，最近は会社の景気も傾いてきており，社内も全体的に暗く，ピリピリしたムードで，私自身日々部下を叱りつけたりする毎日です。あまりに機嫌が悪いこともあって，部下たちは私を敬遠しているように思います。最近はなかなか定時に帰ることもできないの

第Ⅲ部　相談内容別に見る実際

ですが，これも家族のためしかたないと思って割り切っていました。家に帰るときには疲れきっていて，妻と子どもとも会話しようという気も起こらない状態です。妻も初めは自分と家族らしい時間を過ごすことを求めていましたが，自分もそんな余裕がなく適当にあしらっていたのですが，最近は妻と子どもはべったりとして，私を煙たい存在であるかのように扱うようになってきました。自分は家族のために，また会社のためにこの身を捧げてきたのに，まったく報われないどころか，邪魔者扱いを受けているんですよ。こんな馬鹿げた話があるでしょうか。

〈相談者の心理〉

　この男性は，成人期後半まで順風満帆にライフサイクルを進んできたように見えますが，実際のところはその裏で「男らしさの縛り」を背景に多くの代償を払ってきたことが推察されます。もちろん運や縁といった見えない力も働く世界ではありますが，この競争社会において，安定した社会的地位をかためることは並大抵の努力でできることではありません。

　自主性や自立性といった，競争世界を生き抜くための力は十分に体得してきたものの，この男性の場合は，そのような力を他者との安定した基本的な信頼感をベースにしたうえで育むことができなかったという可能性も考えられます。他者に対する不信感や不安が基本的な構えとしてあるため，他者との親密性を深めることもできず，どんなことも人に頼ることなく自分で抱えてきたのではないでしょうか。その意味では，この男性は人とのつながりや信頼関係を犠牲にして，社会的地位を獲得してきたと言えるかもしれません。成人期に育まれるとされる生殖性が，一見十分に築かれているように見えて，その実は非常に脆いものとなっているのです。そして，不況による会社の経営状況の悪化も相まって，これまで築いてきたものが大きく揺さぶられ，孤独感を深めていくことになります。

第9章　男性のライフサイクルと悩み

〈対応のポイント〉

① 傾聴と気づき

　相談者は，これまで自分が行ってきたことが「報われない」という理不尽な思いに駆られています。相談員がそのような思いを十分に受け止め，これまで家族や会社のために尽くしてきたことを十分に労うことで，相談者は初めてこれまでの自身が抱えてきたしんどさに気づき，「理解してもらえた」という感覚を得ることになります。どの事例にも言えることですが，この「気づく」ということが，相談者にとってイニシャルなできごととなります。

② 感情に焦点を当てて気づきを深める

　この男性は，これまでの自分のあり方に気づくことで，ようやく犠牲にしてきたものにも気づき，一旦立ち止まって考えることになります。相談員は相談者のこれまでの生き方も否定することなく，その過程において感じてきた感情に耳を傾けていきます。相談者はそのような「安心して受け止めてもらう」体験を通じて人への信頼感を高め，自分にとって何が大切かについて考えていくことにつながるのです。

③ 「男らしさ」の縛りを解きほぐす

　相談者がこれまでに自分が犠牲にしてきたものの背景にある「男らしさの縛り」に気づき，本来の自分のあり方や大切にしたいものについて，相談員の問いかけに応じながら洞察を深めていくことで，少しずつ縛りから解き放たれていくことになります。

（8）成熟期（61歳頃〜）　統合性 対 絶望

　これまでの人生を振り返り，自我との統合性を築きます。これは，人生が自分にとってどのようなものであったか，課題は達成できたかについて見つめ直し，人生を統合的に理解して充実感や満足感が得られるかどうかということであり，それが達成されない場合は懺悔と不満の念とともに絶望が待ち受けます。

159

第Ⅲ部　相談内容別に見る実際

> ここで，自分の人生を肯定的にとらえ，支える人間，または受容的に共有してくれるような人間が周囲にいるかどうかも大切になってくると言えるでしょう。

　60歳は「還暦」とも呼ばれる年齢であり，定年退職を迎える年でもあります。最近は定年退職の年齢を65歳にするという企業も増えてきており，還暦を迎えてもまだまだ現役意識をもって仕事に励む人も多いですが，ひとまずはそれまでの生活に一旦の区切りをつける大きな節目となり，いわゆる「第2の人生」が始まる時期といえるでしょう。また，加齢による肉体的な衰えとともに，近親者の老いや死を経験する機会も増え，死というものについて本格的に考えはじめる時期でもあります。

　この時期によく取り沙汰にされる問題の一つに，「熟年離婚」があります。この25年間で，熟年離婚する夫婦が7割増加しているという調査結果もあります。熟年離婚と聞くと，家族のために仕事に命を捧げてきて，ようやく定年退職した夫が，することがなくなっていわゆる「濡れ落ち葉」状態になり，嫌気がさした妻から見捨てられてしまうというイメージが強いのではないでしょうか。あるいは，現役の頃は仕事に打ち込んでいたため，妻とろくにコミュニケーションをとらずにいた夫が，定年後は家に居場所がなくなっていたというケースもよくあります。しかし，最近は家事も自分でできる夫が，今後はお互いに縛られず別々の人生を歩む方がいいと判断して，離婚を切り出すというケースも増えてきているようです。また，最近「卒婚」という言葉をよく耳にするようになりましたが，これは先ほどのケースと同じような状況でありながらも，あくまで婚姻関係は残したまま，それぞれの新しい人生に向けて婚姻（夫婦）生活を「卒業」するということです。いずれの場合も，第2の人生に向けた「再出発」というポジティブな意味合いが含まれています。男性相談の現場にも，たとえば「子どもが成人したためもう夫婦別々の道を歩もうと思うが，離婚してもいいか迷っている」といって相談に来られる方もいらっしゃいます。「卒婚」という風潮は，このような悩みを背景として生まれてきたのかもしれ

第9章　男性のライフサイクルと悩み

ません。

　また，上記のようなケースとは反対に，これまで結婚したことがない男性が，寂しいからこれから結婚相手を見つけたいと思って相談に来られるケースも最近はよく見られます。「結婚」という大きなイベントをはじめとして，自分がこれまでの人生において，達成すべきことを成し遂げることができなかったことに対して大きな後悔の念と，今後に対する絶望感をもっている男性もたくさんいます。そのように達成できなかったことが「男として恥ずかしい」というように，背景に「男らしさ」の問題を抱えていることがうかがえます。最悪の場合は，それを誰とも共有することもできないまま，静かに孤独死を迎えるというケースもあります。

　── There will be an answer. Let it be. ──これは，The Beatles の名曲『Let It Be』における歌詞の一節です。「いずれ答えが見つかる。それまでは，あるがままに」と訳されますが，ある意味では自己肯定しようというメッセージともとれます。これまでの人生と今の自分の姿を肯定的に意味づけすることができずに絶望する男性が，相談等で誰かと人生の振り返りを共有するなかで，少しずつ自分の思いを自分で受け止め，最終的には受け入れていく。人生の終盤の時期において，このような境地に辿りつけることは，一つの理想の形であるといえるでしょう。

◆ 事例9：Ｉさん「定年退職後，むなしい日が続いている」（64歳）

　私は技術職として足かけ30年以上働いてきて，無事に定年を迎えたのですが，退職してからというもの何をすればいいかわからず，途方に暮れています。お恥ずかしいことですが，私はかつて結婚するチャンスを逃していたため，ずっと両親と実家で暮らしていました。しかし，父親は自分が40代の頃に亡くなり，母親も2年ほど前に亡くなってしまい，それからずっと一人で寂しい生活を送っています。退職金や年金で生活は何とかなるものの，一人は本当につらい。私は昔から人づきあいも嫌いな方でちゃんとしてこなかっ

第Ⅲ部　相談内容別に見る実際

たため，今は誰かと会って過ごすというようなこともないです。何か新しい
ことを始めたらいいのかとも思うのですが，これといった趣味もありません
し，意欲がわいてきません。こんな時に誰か傍にいてくれる人がいたらかな
り違ってくると思うのですが……。これからよい結婚相手を探しても見つか
るでしょうか？　過去に婚期を逃してしまったことや，友達も作れなかった
ことがとにかく悔まれてなりません。このまま一人でむなしく生きていくの
なら，もういっそ死んでしまった方がいいのではないかと思います。

〈相談者の心理〉

　孤独と絶望を感じているこの男性は，まさに成熟期における大きな壁にぶつ
かっていると言えるでしょう。仕事という，打ち込めるものがあったときは問
題なかったかもしれませんが，退職してからは，自分がするべきこと，したい
こともなく，傍にいてくれる人もいないことに気づくことになります。もう自
分には何も残されていないという絶望感のなか，ただただ空虚な日々を送って
いる様子がうかがえます。

　この男性は，とにかく過去にできなかったことに対する後悔の念をもってい
ます。与えられた仕事を受動的にそつなくこなすだけの勤勉性は十分にもちな
がらも，能動的に物事に取り組むような自主性や，信頼できる仲間との親密性
などが十分に築けないまま，成熟期を迎えたといえます。そして，そんな自分
の生き方に対する否定的な気持ちに苛まれています。

　しかし，「これから何かしたいことや，結婚相手を見つけたい」というよう
に，人生に絶望しながらもそこであきらめるというわけでもなく，今からでも
これまでの生き方から脱却したいという意識があることがうかがえます。生涯
発達という観点に立つと，これまでにはあまり発揮されなかったと考えられる
自主性や自立性が芽を出しはじめているとも考えられます。

〈対応のポイント〉

① 傾聴と肯定

　この男性が話すように，これからやりたいことや結婚相手を見つけるということは，確かに現実的には容易なことであるとは言えません。しかし，それを実際に達成できるかどうかという視点に立っていては，この男性の話を受け止めることは難しくなりますし，相談員も無力感に苛まれるかもしれません。この男性はこれまでの人生を否定していますが，まずはそのように生きてきた自分を肯定的にとらえられるように，じっくり話に耳を傾けていくことが大切です。そうするうちに，相談者は現実を受け入れつつ，そんななかで今できることについて考えを深めていきます。

② 健全なあきらめ

　自分自身の資質や外界の現実について，どうしても変えることが難しい場合はそれを「あきらめ，あるがまま受け入れる（Let It Be）」ことによって道が開かれることがしばしばあります。田嶌（2009）は，それを「健全なあきらめ」と表現しています。ある意味「悟り」ともいえるようなその境地に到達することは非常に難しく，一人ではとうていできることではありません。しかし相談員がこころの作業に付き添うことによって，少しでも自分の人生に折り合いをつけ，新たな成長や今後の意欲につなげていくことができれば，相談員冥利に尽きるというものです。

第4節　男性のライフサイクルに通底する「男らしさ」の縛り

　前節では，「ライフサイクル」をテーマとして，男性が各発達段階で抱える悩みについて概観しながら，よく現場に寄せられる相談事例を取りあげました。男性相談の内容は実に多岐にわたるので，事例もほんの一部に過ぎませんし，そこで解説したように展開するとも限りません。相談における対応や，解決の仕方にも「唯一無二の正解」があるのではなく，「さまざまな正解」があるといえるでしょう。

第Ⅲ部　相談内容別に見る実際

　しかし，どのようなケースにおいても，理想と現実とのギャップから生じる自己否定が生じているという点において共通しており，その背景には社会的に築かれ，根づいている「男らしさ」と「こうあるべき」といった価値観の呪縛が潜んでいると言えます。どのライフサイクルにおける課題においても，男性は「男らしく」生きることと，「自分らしく」生きることとのせめぎあいのなかで，自分自身の現状を受け入れることができず，孤独に悩んでいるのです。そして一人で抱え込むことによって，自己否定感はさらに深まり，そしてまた孤独を深めていくという悪循環が生まれることになります。

　そんな悪循環を断ち切るために重要な役割を担うのが，男性相談であると言えます。男性に限らず，人が自身の課題と向き合う作業はしばしば「傷つく体験」となるため，一人で行うことは容易ではありません。相談員が相談者の「男らしさ」「こうあるべき」といった価値観に縛られた思いを受け止め，苦しみに寄り添っていくことで，相談者は「誰かと安心できる場で傷つく」体験を経てそのような縛りを解きほぐし，「健全なあきらめ」とともに自分の人生を自分のものとして受け入れ，歩んでいけるようになる。そのようなサポートをすることが，男性相談の大きな目標であると言えるでしょう。

第5節　“ある男性の一生”をふり返って

　本章では，「男性のライフサイクルと悩み」という，壮大で膨大なテーマについて概観してきました。当然のこと書面上でそのすべてを描くことはできないものですが，「男らしさ」や「こうあるべき」といった意識は，多くの男性のライフサイクルにおいて通底している課題といえます。

　本章の冒頭に紹介した動画の男性は，たった30秒でライフサイクルを駆け抜けていくなかで，ここで紹介したように幾多の段階において困難や危機を乗り越え，突っ切ってきたことでしょう。最後にすべての縛りから解放されるように笑顔になるところからも，この男性が常に「こうあるべき」という信念，あるいは縛りをもって突き進んでいた様子がうかがえます。あるいは人生という

164

第9章　男性のライフサイクルと悩み

長いマラソンをゴールした達成感，あるいは男らしさの縛りから解放されたことによる解放感による笑顔なのかもしれません。しかし，独走するこの男性には，一体どれほどのサポーターや助けとなる人がいたことでしょうか。

　さまざまな段階に分けられるライフサイクルは，長距離マラソンでたとえると中継所のある駅伝のようでもありますが，駅伝のような数人のリレー形式ではなく，あくまで一人で走っていくものであり，そして時には歩みを遅くしたり，立ち止まったり，逆走するということもあるかもしれません。まして，人生はその人しか歩むことのできない唯一無二の道であり，その意味おいて非常に孤独なものと言えます。

　しかし，マラソンにおいてランナーを応援，時には並走するサポーターがいるように，人生において人は多くのサポートや助けを得ることができます。走るのは他ならぬその人自身であり，「独り」の世界ではありますが，決して「一人」ではないのです。一人で悩みを抱えることの多い男性にとって，なんらかの形でサポートしてくれるような場や人の存在が，ライフサイクルという道を進んでいく原動力となっていくのでしょう。動画の男性が，そのようなサポーターに囲まれながら走っていく姿を思い描きながら，本章を締めくくりたいと思います。

165

第10章

男性の子育てと親子関係

福島充人・濱田智崇

第1節　「イクメン」になる／父親として存在する

　われわれは，父親を対象とした子育てに関する研究調査（新道ほか，2012；濱田，2017）や，父親と語り合うイベントなどを通じて，さまざまな父親の生の声に触れてきました。この章では，そういったデータや男性相談に寄せられた相談をもとに，男性の子育てと親子関係について考えていきます。

　イクメンという言葉をよく耳にしますが，それと同時に「イクメンとはこうあるべき」といった話も聞きます。欧州などと比較して，日本の男性がいかに育児に参加できていないかというデータなどが添えられることも多いです。イクメンを賛美する風潮も生まれ，イクメンでないといけないかのような息苦しさすら感じます。「○○さんのご主人，家事も育児も全部やってくれるんですって」などと妻に言われそうで，戦々恐々としている男性も多いのではないでしょうか。もちろん，「わたしはイクメンです！」と胸を張って言える男性もたくさんいるかもしれませんが，同時にさまざまな葛藤を胸に子育てと向き合っている男性も数多くいることも事実です。また，気持ちはあっても，何をどうすればよいかわからないという男性もいるでしょう。

　どのようにすればよいかという議論が先行して，男性がどのように子育てと向き合っているか見えてこないのも事実です。「男性は子育てにおいて何をすべきか」ではなく，「男性にとって父親とは何か」「男性が父親になるということはどういうことなのか」「男性が父親であるということ」について，実際の男性たちの声からひも解いていきたいと思います。

第Ⅲ部　相談内容別に見る実際

第2節　父親の語りから見えてくるもの

　男性の語りの特徴として，一般論や，表層的な話が多いことがあげられます。自身の気持ちをいきなり話すことに抵抗を感じたり，その場が自身の気持ちを話してもよい場なのか様子を見たいという気持ちが働いたりするのは，性別にかかわらずよくあることです。特に，男性の場合は自身の気持ちを場で共有するという経験があまりなく，弱さを見せることに強い抵抗を示すこともあり，その結果，深い話になることを避けがちになります。逆に，一般論を戦わせたり，問題について解決策を一緒に考えたり，ということは慣れていると言えます。

　われわれの調査（濱田，2017：以下本章の数量的データは乳幼児の父親1,356名から回収した質問紙「子育て環境と子どもに対する意識調査（草津市版）」に基づく）では，「あなたは子育てについて相談したいと思ったことはありますか」という質問に対して，父親も母親もほとんどの人が「はい」と答えました。次に「実際に相談をしたことがありますか」という質問について母親は約9割が「はい」と答えましたが，父親は6割弱でした。さらに，「子育てについて相談したことのある相手」として「配偶者」を選択した母親は約6割でしたが，父親は約16％という結果になりました。

　この結果をもって「母親は相談しているのに，父親はそれを受け止めていない」という風に解釈もできますし，「男性は困っているけれども相談できておらず，配偶者との子育て話は，相談される側として話している」という風にも解釈できるでしょう。さらに，半数近くの母親が子育てを通じて知り合った友人に相談しているのに対して，友人に相談する父親は3％にも満たないという結果もあります。男性の語る場所の少なさや，語れなさを示していそうです。

　男性が自身の体験について，気持ちを語るという壁はなかなか厚く高いものです。この語れなさこそが男性の「子育てにおける困難」そのものではないでしょうか。職場では私情を持ち込むことをよしとせず，お酒が入ったら話すこ

168

第10章　男性の子育てと親子関係

とはあるという男性は少なくありませんし，男性にとって子育てを語れる場所
はかなり少ないようです。しかし，語らないからといって思いがないわけでは
ありません。語られないだけで子育てに対する思いは確かにあるのです。

　自治体や保育園などのイベントで男性と話していると，子どもの発達につい
て心配される方，他の男性の子育てが気になって来られる方などさまざまです。
そのなかには，「妻に勧められて」そのイベントに参加したという人が一定数
います。「自分はそんなに困ってないんだけど」「子どもを連れて行って来てと
言われてしょうがなく」など，渋々と語ったり，ばつが悪い様子だったりしま
す。しかし，始まりこそ消極的だった「参加させられた」男性も，他の男性が
自身の気持ちを語ったり，意見を交換していると積極的に参加するようになっ
たりします。また，「正直，面倒だと思っていたのに，話せて良かった」と話
して帰る人も少なくありません。前述したとおり，男性にとって子育てについ
て自身の体験を語る機会というのは多くなく，そうした男性にとって子育てに
ついて語れる場というのは非常に貴重であるといえます。では，実際に男性は
子育てについてどのようなことを考え，悩むのでしょうか。

第3節　子育てにまつわる気持ち

（1）子育ては楽しい

　「子育ては楽しいですか？」という質問に，約9割のお父さんは「非常にそ
う」あるいは「まぁまぁそう」と答えています。「子どもならではの新鮮な見
方に驚いたり，笑ったりできる」「子どもがいるだけで生活すべてが楽しい」
といった子どもの関わりのなかで楽しさを感じているお父さんはとても多いで
す。また，「子どもの成長を通して自分の成長を感じることができる」「子ども
から教えられることがある」といった，子どもとの関わりのなかで得られる気
づきを楽しいと表現する人もいます。

　一方で，悩んでいることももちろんあります。「時間がない・休みがない」
など，自分の時間やゆっくりできる時間が少なくなったと感じている人は多く

169

います。また，「言うことをきかない・しつけが難しい」「なぜ赤ちゃんが泣いているのかわからない」と子どもとの関わりのなかで葛藤をもっている人も多いです。「自分の育て方でよいかどうか」「経験してないことなので，何が正解かわからない」と，悩むこともあります。「他の子どもに比べて言葉が遅い」「未熟児で生まれたので，人並みに成長してくれるかどうか」といった心配，「妻の負担が大きい」というパートナーへの気遣いや，「ただ漠然と将来が不安だ」という声も聞こえてきます。

（2）母親にはかなわない

　父親の8割が「子育てにおいては母親にかなわない」と答えています。懸命に子育てしていても「お父さんはいつもいいとこどり」などと言われてしまうこともあります。また，子どもが母親の方になついたり，何をするにしても「ママがいい」などと言われたりして落ち込む姿も見えます。

　子育てにおいて「母親にしかできないことがある」と考えている父親は約7割で具体例としては「お腹のなかにいるときからの愛情がある」「母乳をあげること」などが挙がります。母性や授乳というキーワードに関して男性は引け目を感じることも多いようです。なかには「おっぱいがあることがうらやましい」と言い「父親があやしても泣きやまないのが，おっぱいでピタッと泣きやんだ」「子どもが寝静まるのが早い」など，自身の体験からおっぱいをうらやましく思っている父親が一定数います。また，授乳について「自分の一部を分け与える」と表現したり，ただ羨ましいという感覚を越えて「おっぱいにはかなわない」と白旗をあげる人さえいます。そこには母性への畏怖にも似た気持ちすら見え隠れします。

（3）父親はなくてはならない存在

　父親が母親に対して子育て役割に関して引け目が少なからずあることは想像できます。一方で，9割の父親が「子育てにおいて父親はなくてはならない存在である」と回答しています。子育てにおいて，二番手ではあるが，不可欠な

第10章　男性の子育てと親子関係

存在として，男性たちは自分の存在を認識しているのでしょうか。さらに「子育てにおいて父親にしかできないことは？」という質問に対しては，次のような答えが多く返ってきました。

---

① 体や力を使った関わり

　　高い高い，肩車など力を使った遊び

　　キャッチボールやサッカーなどスポーツ

② 男性としての関わり（性に関する話を含む）

　　息子と同性として話をする

　　娘に男性のことを教える

③ 厳しく接する

　　きつくしかる

　　年に数回かみなりを落とす

④ 社会やルールを教える

　　社会の仕組みを教える

　　倫理や道徳観を伝える

これら以外にも「わからないけれど，ある」や「父親としての姿を見せる」という声もありました。こうした声のなかには男性にとっての「父親にしかできないこと」には「男らしさ」や「男性性」の要素がみられます。

　また，子どもとの関わりに加えて妻との関係についての言及がありました。代表的な具体例を紹介したいと思います。

　○「父親にしかできないこと，うーん，ちょっと難しいな。どちらかが叱ったらどちらかが甘えさせるみたいなバランスは大切だと思います。ほとんど叱らない，あなたは甘いって妻には言われますけど，これも父親にしかできないことかなぁと」。

　○「お母さんにないものを，補うという意味でお父さんがいると思うんです。必要だと。だから，お母さんとかお父さん1人だけよりも2人の方が良い

171

と思います。補えるという意味で2人いる方が良いという感じですね。で
も，「お父さんの方が怖い」みたいな方が必ずしも良いとは思いません」。

また，母親の補助をすることを自分の役割として挙げる男性もいます。

○「僕はイクメンではないんです。オムツとか替えませんし。後方支援とし
て一生懸命頑張っていきたいと思っています」。

○「母親を楽にしてあげるというか，そういう役目はできるかなって。でき
ないことはたくさんあります。おっぱいあげたりとか，たくさん一緒にい
てあげるとかも。だから自分が休みの日は楽をさせてあげたいなって思い
ます」。

他には「うちでは子どもと母親が強くつながっています。そこに父親，私がい
ることは第三者というか，外の風というか。母と子だけだと閉鎖的ですしね」
など母子関係に主観をおくことで，自身の位置を見る意見もあります。

男性に「母親にしかできないこと」も尋ねると，妊娠出産を例に出し「子ど
もとの根本的なつながり」や「母乳をあげること」などをあげる人が多かった
です。「母性」と一言で表現する人も多くいました。男性にとっての「父親に
しかできないこと」の内容は多様で，熟考のうえでの回答が目立つのに対し，
「母親にしかできないこと」の内容は非常にシンプルに「母性」となるのが印
象的です。また，「父親にしかできないこと」は「母親にしかできないこと」
に比べてどこか控えめで一歩引いた印象を受けます。

第4節　男性が父親になるとは

「いつ父親になりましたか？」という質問を投げかけると多くの男性は困惑
します。子どもを自らのお腹に宿し，出産を経験する母親は父親より「親」の
気持ちになるという意味においてプロセスが明確かもしれません。では，父親
はどのように「親」になったという実感がわいてくるのでしょうか。

父親になったと感じる時期については，誕生時と答える人が多いです。誕生
時といっても，生まれた瞬間から初めて抱いて存在を肌で感じたときなど，幅

第10章　男性の子育てと親子関係

表10-1　男性が「父親」になる実感をするとき

① わが子の存在を実際に感じたとき
　　妊娠の判明，エコー写真を見たとき，胎動を感じたとき，生まれた瞬間，初めて抱いたとき　など
② ふだんの子育てで，子どもに関わったとき
　　おふろ，おむつ交換，授乳，寝かしつけ　など
③ 子どもと気持ちが通い合ったとき
　　こちらの働きかけに反応したり表情が出てきたとき，笑顔をみたとき　など
④ 子どもの成長を感じたとき
　　首がすわったとき・歩きはじめたとき，離乳食になったとき　など
⑤ 夫婦の生活スタイルから，子どもを迎えた生活スタイルへと変わったとき
　　母子が退院するまでの通院時，一緒の生活の開始時　など
⑥ 家族や社会など，周囲に"父親"の立場・役割でふるまったとき
　　職場に報告したとき，親に連絡したとき，育児休暇をとったとき　など

があります。また，子どもと一緒に生活を始めたとき，オムツ替えやお風呂に入れるといった実際に子育てを開始したエピソードや，笑顔を見たとき，会話したときなど，情緒的な交流のエピソードもみられます。他には両親学級に参加したとき，診察に付き添いエコーを見たとき，職場に報告したとき，出産準備の買い物をしているときなど，行動様式の変化や社会的に他者と関わるなかで「父親になったんだ」という実感を得る人がいます（表10-1）。

　子どもの存在を知り・感じ，心身で触れ合うこと，または子どものために生活が変化したことに気づくこと，そして社会的な立場の変化を意識することで男性は父親になっていくようです。母親は「お腹で育み，産む」ことから，自分の内部から母親になっていくのですが，父親の場合は一つひとつのイベントをどのように体験するか，すなわち子どもといかに出会っていくか，が重要になっているようです。そのとらえ方の個人差がより大きいとも言えるでしょう。

◆ 事例10：Ｊさん「初めての子育てと妻の変化に戸惑っている」（32歳）

　子どもができてから，妻がちょっと変わってしまったようで，イライラしていることが多いんです。子育ては思った以上にしんどそうなので，自分としても，できる限りのことをしているつもりです。掃除や皿洗いなどの家事

173

第Ⅲ部　相談内容別に見る実際

や，子どもをお風呂に入れたり，おむつを替えたりはしているのですが，妻からすると僕のやり方が気に入らないようで，よく怒られます。下手なりに頑張ってしているのですが，つらいものがあります。子どもについても，寝かしつけだけは，どうしてもできないのです。ママでないとダメで，僕は一生懸命子どもとスキンシップをとったりしているのに，寝るときだけは僕だと寝ない，泣くんですね。妻を見ていると，おっぱいは必殺技だなって思います。僕も正直しんどいですね。子育てを続けていけるか，不安になることがあります。

〈相談者の心理〉

　自分としては，育児に関してできる限りのことをしているつもりなのに，なかなかうまくいかず，妻にも評価してもらえず，相当もどかしさを感じているのではないでしょうか。待望の第1子が生まれて，張り切って迎えたのに，現実は思った以上に厳しく，愕然としてしまって，今後やっていけるかどうかの不安の方が強くなってしまっています。自分の育児が思っていたようにできないだけではなく，妻の変わりようにも衝撃を受けて，かなり戸惑っていると考えられます。

〈解説・対応〉

　理屈で考えて結果の出る世界の方が得意な多くの男性にとって，子育てという，すぐに結論が出ず，正解も示されず，曖昧で混沌としたものが毎日続く世界を体験することは，もしかすると女性（妻）が想像する以上に，大きな戸惑いをともなうことかもしれません。出産後の女性は，もちろん個人差こそあれ，ホルモンバランスの変化もあって，精神的にも不安定になりがちです。ここから生じる夫婦関係の危機を含めて，産後クライシスと呼ぶようにもなりました。妻の側からすれば，自分がしんどいのだからもっと助けてほしい，という気持ちがあるのでしょうが，夫がそれに十分応じられるとは限らないのです。男性

第10章　男性の子育てと親子関係

は，評価を恐れ，自信のないことからは手を引きがちなところがありますから，特に乳児期の子育ては自分の手に負えないものとして，子どもが小さいうちは母親がずっと関わって育てるべきという「母性神話」を盾にして妻に任せ，仕事の世界などに逃亡してしまうこともあります。近年この逃亡を許さない「イクメン」という概念が登場することにより，恐れながらも果敢に子育てにチャレンジしようとする男性が増えていると言えるでしょう。

　この相談者は，その意味では，本人なりに（妻の側から見てどうかは別として），子育てに積極的に携わろうとしている方だと思われます。日々の子育てに関する自分の思いも，よく語ってくれていると思います。そのあたりを肯定的に受け止めて，自信をなくしそうな部分については，それで大丈夫だから続けてほしいというメッセージを送るのもよいと思われます。また，子育てに奮闘していると，この状態が永遠に続くような錯覚に陥りがちですが，実際には，子どももどんどん成長するし，妻の気持ちも変わってくるものです。このままの状態が長くは続かないということと，めげずに関わりつづけることの大切さを助言として示すとよいのかもしれません。

第5節　男性の考える父親像

　子育てをしている男女に「理想的な親のイメージ」があるかを尋ねたところ，「理想的な母親のイメージ」があると6割の母親が答えましたが，「理想的な父親のイメージ」をもっている父親は4割程度しかいませんでした。さらに「あなたにとって理想の父親とはどのようなものですか？」と子育てをしている男性に尋ねると次のような，多様な答えが返ってきました（表10-2）。

　「男は黙って○○ビール」というCMもありましたが，かつての「黙って働き，時々雷を落とす」父親像は，現代にはすでにマッチしていません。しかしながら，それに替わる新たな理想の父親像が示されたわけでもなく，男性に尋ねて出てくる理想の父親像は多様です。画一的な理想像が否定され，各自の多様な価値観が認められるようになったのは，望ましいことと言えますが，父親

175

第Ⅲ部　相談内容別に見る実際

表10-2　理想的な父親イメージ

① 子育て役割に対する姿勢や態度	・時に優しく，時に厳しい ・揺るがない，ぶれない ・リーダー，長である，強い，威厳 ・（遊んだり）一緒に過ごす，子どもと同じ目線 ・話を聞く，子どもを尊重する
② 子どもから見た際の自分の立ち位置	・相談できる，頼れる，必要なときに助ける ・好かれる，理解がある ・道しるべ，あこがれ，尊敬される，記憶に残る ・理想のお父さんだったと思ってもらえる，ずっと好きと言われる
③ 自身のあり方と向き合う	・ともに成長する
④ 家族（社会）から求められる役割を果たすこと	・家族との時間を大切にする，養うことができる，稼ぐことができる
⑤ 具体的な父親像	・自分の父親のようになりたい ・自分の父親のようにはなりたくない ・手本・見本となる，男性の先輩，社会やルールを教える ・特定の芸能人や漫画のキャラクターなど
⑥ まだわからない	・イメージはあるが言葉にはできない，まだわからない

としてどうあるべきかという問いに対しては，多くの男性が，迷い，模索している状態ではないでしょうか。

　以上から，男性のイメージする父親像の特徴として，自身がリーダーシップを取るようなものが目立ちます。リーダーとして優しさと厳しさを併せもった人物像がそれです。また，子どもからの信頼や好意を得られるというのも大切な要素になっています。「愛情を与える」という能動的な母親像に対して，父親像は「信頼や好意を得る」など相手の評価を気にする受動的なイメージがあります。また，子育てに対する姿勢のみならず，それらに付随する家族や社会的役割の要請に応えることも父親像に含まれています。自身の父親や特定の人物など具体的な父親像をあげる人もいます。こうした理想の父親像のなかには「男らしくあること」の影響が多く含まれているように思えます。「リーダー」や「なんでもできる」といったものがそうです。「あこがれ」「尊敬」など社会からの要請に応えようとするイメージも男らしくあるためと言い換えることが

第10章　男性の子育てと親子関係

できます。男性にとって「父親像」は「男らしさ」をもとに作られているともいえるでしょう。「男らしさ」は男性にとってアイデンティティを構成する非常に重要な役割を担っていると同時に，社会からの期待，圧力でもあります。

◆ 事例11：Kさん「父親と自分を比較して悩んでいる」（24歳）

　どうでもいいことで申し訳ないのですが。人生がむなしく感じられ，何のために生きているかわからないんです。上司はかわいがってくれますし，仕事にも自信があります。「結婚したい」と思える彼女もいます。

　子どもの頃から何でも頑張ってきました。大学も会社も誰もが名前を知っているところです。どちらのときも行くと決まると両親はすごく喜んでくれました。

　両親は若いときとても苦労したんです。特に父さんは家のために高校を出てから働きづめです。しかも，僕が小学生の頃に会社を立ち上げて，一人で始めたのに，今では従業員が何十人もいます。従業員からの信頼も厚くて，誰よりも僕自身，父さんのことが大好きで尊敬しています。父さんはすごいんですよ。自分で仕事をすればするほど，父がいかに偉大か本当によくわかります。でも，結局自分は，その父を超えられないと思うと，自分の人生がくだらないものに見えてしまうんです。

〈相談者の心理〉

　外から見れば，何も問題や不満がないように見える青年が，漠然とした空しさや不安を抱えているようです。青年期にありがちな，アイデンティティの問題が，大学生時代ではなく，就職してから顕在化することも多いのは，最近の特徴かもしれません。今の大学生は授業も忙しく，就職活動に追われて走り抜けるように卒業した後，ふと「自分は何をしてきたのか，何をしていきたいのか」と考え込むようなこともあるようです。この青年は特に父親との関係が鍵

177

のようです。父親を尊敬しているのは確かなのでしょうが，その存在が大きすぎてかえってプレッシャーとなり，努力しても結局自分は父親を超えられないのではないかという不安から，意欲を喪失してしまっている状況のようです。

〈解説・対応〉

　父親からではなく，息子から父親に関しての相談も，男性相談には寄せられます。この相談者の父親は，相談者が言うように「父親として立派に」これまでやってきたのだと思われます。「男は黙って働き，家族を養う」という旧来の男らしさの価値観のなかでは成功者なのでしょう。その価値観に素直に従い，勝者になることを目指して努力してきた男性が，経済的・精神的自立に向けて踏み出すときには，自分がよりどころにし，目標にしてきた父親との関係も見直す必要があるのでしょう。

　旧来の「男らしい」父親像が通用しなくなっていても，若い世代の男性には，その縛りがしっかりと受け継がれていると感じることがあります。男子大学生と話していても，就職活動のときには「自分が妻子を養うため頑張らなければ」とどこかでプレッシャーを感じている人も多いようです。この相談者も，その意味では今のところ「成功者」ですが，それと自分のアイデンティティの問題を重ねてみると，違和感が出てきたということなのかもしれません。

　こうしたものを乗り越えるには，父親と距離を取り自分と向き合ってみる，あるいは逆に父親と真剣に対話をしてみる，といったことが必要な場合があります。旧来の価値観に固まっている父親と本気でぶつかることで，何かが見えてくるかもしれませんし，もしかすると，相談者が思い込んでいるほどには，父親も相談者に対して「男らしさ」を求めていないかもしれません。

第6節　「イクメン」の功罪

　一昔前までは「母性神話」がまことしやかに語られ，子育てにおける「理想の母親像」がありました。そしてその影響は今も色濃く残っています。そして

今，男性にとって「イクメン」が，女性にとっての母性神話のような概念になりつつあるのかもしれません。イクメンというのは，かっこいい男性を意味するイケメンという言葉と育児をかけてつくられた言葉だそうです。そして「子育てを楽しみ，自分自身も成長する男性のこと。または，そんな人生を送ろうと考えている男性のこと」という意味で，厚生労働省が主導して普及させました。これほどイクメンという言葉が市民権を得たのはこの「かっこよさ」が背景にあるのではないでしょうか。

　育児に関する従来の固定観念を解消する一つのモデルという意味では大いにその役割を果たしていると言えます。今でも「男は仕事，女は育児」という価値観を根強くもっている人は確かに存在しています。しかし，男性も子育てをする存在であるという新しい価値観を「イクメン」は普及させました。それは育児休暇の取得率という形で少しずつ表れはじめています。男性の育児休暇の取得率は過去最高水準になりました。それでも数字で見るとわずか約3％（厚生労働省，2015）で，男性が育児休暇を取得することは，残念ながらまだまだ珍しいことなのです。

　最近では，イクメンが独り歩きしているような印象を受けます。時には「夫をイクメンにする方法」と銘打ってメディアで育児法が紹介されることも見受けられます。積極的に子育てや家事をこなし，イクメンの語源であるイケメンに近いファッショナブルなイメージで子育てをする男性が取りあげられることもあります。さらには，子育ての「楽しい」「かっこいい」部分だけをいいとこ取りするとして，逆に批判されることも出てきているようです。

　子育てや家事をやって当たり前，こうした「できる」を前提としたイクメンは，その期待とは裏腹に育児において父親の居場所を奪うことにもなりかねません。前述したとおり，男性は子育てにおいて母親役割に対してコンプレックスを抱きやすいといえます。そんななかでも懸命に育児と向き合っている男性がいます。不器用でも下手くそでも，あるいは仕事が忙しくてなかなか時間が取れなくても，何とかできる限り頑張っている男性にとって，イクメンはコンプレックスを刺激する言葉になり得ます。一生懸命やっていることが認められ

第Ⅲ部　相談内容別に見る実際

なかったり，否定されたりするのはとてもつらいことですし，それなら自分を認めてもらえる場に熱をいれようと，育児から手を引いて，結局仕事に打ち込んでしまう人がいるのもうなずける話です。

　冷静に考えてみると，子育てをする男性は「イクメン」ではなくそれは単に「父親」ではないでしょうか。不器用でも子育てに向き合う男性は「父親」ですし，上手にできなくともそれは「子育て」だと言えます。そしてそれぞれの男性が，その人なりの子育てに向き合えばいいのではないでしょうか。その答えの一つが「子育てを楽しみ，自分自身も成長する」ということもあるでしょう。しかし，必ずしも全員が同じ価値観である必要はないことは確かです。

第7節　男性が子育てを語ることの意義

　ここまで見てきたとおり，現代は，行為としての父親役割（doing）ばかりが注目されて，「あり方」としての父親（being）が置き去りにされていると言えるのではないでしょうか。子育てという環境に身を置く男性が，子育てに対してどのように向き合い，どのような気持ちでいるかは，非常に重要な問題です。しかし，そもそもの父親役割イメージが乏しいうえ，男性の語ることの苦手さが「あり方」を見えづらくしています。こうした状況だからこそ，一人ひとりの男性が，自身の子育てについて，もっと意識して向き合い続けることが，非常に重要な意味をもつとわれわれは考えています。そして，一人ひとりの男性が自身の子育てと向き合うための方法の一つが「語る」ことにあると考えます。

　子育て体験を語ることで自身の気持ちと出会うことができます。この出会いはありふれたもので，他者にとってはもちろん，本人にとってもありふれたものかもしれません。しかし，ありふれた自身の一つひとつの気持ちとの出会いがその人の「父親のあり方」をかたどっていきます。また，その形は語る度に変化し，新しく生まれ変わります。ドナルド・ウィニコットが提唱した，ほどよい母親（good enough mother）という言葉があります。特別に優秀な育児能

180

力や育児への強い熱意をもっている母親が必要なのではなく，どこにでもいるような，子どもに自然な愛情と優しさを注ぎ一緒に過ごす時間を楽しむことができる母親のあり方が重要だとされました。同じことは父親にも当てはまるのではないでしょうか。「〜ねばならない」「〜あるべき」という鎧を脇に置いて「〜したい」「〜ありたい」と思える子育てをすることが「ほどよい父親」への第一歩だと思います。そして，子育てにおいて苦手なことや不得手なことがあっても，それらも含めて受け入れ，自身の子育て役割と向き合えるような支援が必要だと思います。

　男性にとって「弱さ」「できなさ」を受け入れる過程は，子育てに限らず，自身のアイデンティティの揺らぎを経験し，非常に危機的な状態になりかねません。また，ステレオタイプを強くもつ人ほど大きく揺らぐので「男性たるものかくあるべき」というものは少ない方がよいのです。この意味において，現代の父親役割の不明瞭さは，むしろプラスに働く可能性があります。誰もが父親役割を明確に抱くことができないでいるからこそ，その人の考える父親像に挑戦することができます。そしてその体験を語ることで自身の子育てを振り返ると同時に，ありのままの自分を表現し受け入れる練習ができます。また，他の父親と体験を共有することで父親役割の多様性も共有することができます。

　語ることの効用はまだあります。それはパートナーとの子育て役割の共有です。子育てについて互いの意見や気持ちを共有することは当たり前のようでいて非常に難しいことでもあります。はじめのうちは言えていたことでも少しのすれ違いが溝を生み，相手の子育てには干渉しないという結果を招くことは珍しくありません。その結果の一つが「女は育児，男は仕事」だったのかもしれません。しかし，今は共働き世帯が片働き世帯よりも多くなりました。女性が仕事に出るからこそ，これまで以上に男性が子育てに積極的になるチャンスなのです。特にこれから子育てを始める世代はステレオタイプから離れることができます。子育てのあり方，仕事のあり方をパートナーと十分に話し合い，新しい枠組みのなかで「母性」や「イクメン」という言葉にとらわれない「子育て役割」をそれぞれの家庭で取り組んでいくことができます。

第Ⅲ部　相談内容別に見る実際

◆ 事例12：Lさん「ひきこもりの息子について悩んでいる」(62歳)

　お恥ずかしい話なのですが，一人息子が大学を中退して以来，就職もせずに，ほとんど家にいるんです。買い物には行くようなので，完全なひきこもりではないのですが，親との会話は一切なく，自室でずっとインターネットかゲームをしているようです。食事は妻が部屋のドアのところに置いておくとそれを食べています。私も60歳定年後にそのまま嘱託で残りましたが，いつまでも稼ぎがあるわけでは当然ありませんし，息子も30歳になりますので，そろそろ働くことを考えてほしいのですが。私の子育てが間違っていたのかもしれませんが，何せ仕事人間で，子どものことは妻に任せっぱなしだったので，なぜこんなことになってしまったのか，よくわかりませんし，どうすればいいのでしょうか。

〈相談者の心理〉

　成人した息子が，いわゆるニートになったことに戸惑っている父親です。世間でニュースになっているようなそうした状況が，まさか自分の身に降りかかってくるとは思っていなかったため，愕然とし，どうしたらいいかわからないお手上げ状態なのかもしれません。こうしたことを人に知られるのは「恥」でもあり，なかなか相談することもできずにいて，思い切って電話をかけてきたと想像できます。数年間様子を見ていたものの，好転する兆しも見えず，このままの状態が続くことに不安が募っているとも考えられます。

〈解説・対応〉

　父親が，成人した子どもについて悩み，相談してくることもしばしばあります。こうしたケースの多くは，長年，直接子育てにはあまり関わってこなかったり，子どもとの情緒的交流が少なかったりします。自分は子どもの育ちについて関心が薄く，決して愛情がなかったわけではないけれども，それは「稼い

182

でくる」ことで示してきた，父親の背中を見て子どもは育つだろう，といった感覚がどこかにあったが，実際にはそううまくいかず，成人期になって初めて問題と向き合わざるを得なくなった，そんな父親が相談してきます。

　子どものこうした問題の原因は，ケースバイケースですし，さまざまなものが絡み合って起きることですから，この相談者の場合にも，単純に父親のあり方の善し悪しで何か言うようなことはできません。ただ，誰かに相談してでも何とかしようとする現状が子育てと向き合う一つのチャンスであることは間違いないと思います。今からでも父親が，自分の父親としてのあり方について意識化し，子どもにとって何が必要なのかを考えることは，非常に意味のあることだと思います。実際，こうしたケースにおいては，父親が子どもと真剣に向き合おうとする姿勢を見せることで，事態が大きく変わることがよくあります。

　この相談者が，これまでにないくらい，子どものことを心配し，本気で考えようとしているのであれば，それを支えるべく，まずは相談者自身の困り感から受け止めていき，父親としての自分を意識化するための語りを，相談のなかで展開してもらうことが相談員の一つの役割だと考えます。そのうえで，現実的な支援が受けられる機関を紹介するなど，父親が主体的に問題意識をもって動けるようなかたちで，必要に応じて情報提供します。

＊

　男性相談，あるいはわれわれが取り組んでいるような，父親の語り場的なイベントを通じて，普段は意識するチャンスの少ない「子育て」を意識化する営みとして，「語る」ことの大切さを，多くの男性に認識してもらうことが，われわれの現在の目標です。「語って何になる」と敬遠するのではなく，「語れば変わっていく」ことを，多くの子育て中の男性に知ってほしいと願っています。

第11章

夫婦関係と DV の悩み

吉岡俊介

第1節　夫婦関係の悩み

　男性相談に寄せられる悩みのなかでも多いのが夫婦関係の問題です。妻と考え方が折り合わず喧嘩が絶えないというケースに始まり，子どもの教育や親との関係をめぐる意見の対立，浪費や借金，離婚や別居，そしてドメスティックバイオレンスに関わる暴力の問題など多岐にわたります。ここではまず夫婦関係の悩みを受ける際の留意点について見ていきます。

（1）性別役割分担意識

　旧来の「男らしい」夫のイメージのなかには「一家の大黒柱」として「強くたくましく妻や子どもたちをリードする」という姿があります。黙々と仕事に励み，家計を支えていく。そして妻は「良妻賢母」として家事や育児に専念し，夫に従いサポートする。かつてはそのような夫婦としての役割分担が主流とされた時代がありました。しかし現在は，労働環境や子どもを育てる環境は変わり，生活様式そのものが多様に変化しつつあります。夫婦がともに働きに出ないと経済的に立ちゆかない。ときには妻が家計を支え，夫が家事育児を分担するような場合もあります。

　このように夫婦のあり方が変わりつつも，依然として社会のなかでは旧来の「男らしさ」を当たり前とする風潮が残っています。特に産業社会においてはそれが顕著に見られます。たとえば職場の理解が得られず育児休暇を取ることができないという男性からの悩みが寄せられます。また家庭を妻に任せ，夫は

第Ⅲ部　相談内容別に見る実際

単身赴任を余儀なくされる場合もあります。それらの背景には男性たちがつくり出した闘争社会の実態があります。そこで生き抜くためには「男らしく」頑張ることが求められ，出世競争を勝ち抜いた者が豊かな暮らしを手に入れることができるというという価値観が幅をきかせます。さらに勝者にはリーダーとしての名誉（男のプライド）が付与されます。そのような環境下においては，男性たちは容易に「男の鎧」を手放すことができません。

　このような男性たちは家庭内においても「大黒柱」としてリーダーであるべきことを意識します。そして夫は妻に対して，外での戦いの疲れを癒す役割を求めます。しかし妻も現実の厳しい社会のなかで生きています。仕事と家事の両立，学歴社会のなかでの子育て，超高齢社会のなかでの老親の介護など，夫の協力なくしては家庭を維持することはできない状況にあります。そこで互いに求める役割の違いから夫婦関係に溝が生じる事態が起こります。

　また産業社会のなかでの勝者を意識している夫が敗者になった場合も夫婦関係にひびが入ることがあります。出世競争に敗れる，仕事を失うなど，男の鎧をまとった戦士としての役割を全うできないと，自身を脱落者とみなし，夫として失格であると思いつめてしまう。その気まずい思いを溜め込んでしまい，夫婦の折り合いが悪くなってしまうのです。これは定年退職を迎えて出世競争を「降りた」夫にも当てはまる場合があります。それまでは「男らしく」一途に仕事を通して家族を支えてきたという役割と自負があったものの，定年を境に消失してしまう。そのときの喪失感や戸惑いは，夫婦としての性別役割分担意識が強いほど深刻なものになる傾向があります。

（2）会話のあり方

　「妻は僕をまったく理解してくれない」「彼女は感情的になるばかりで話にならない」というような夫婦間のコミュニケーションの悩みも多く寄せられます。

　身近な人との意思の疎通が円滑であるほど信頼関係は築きやすくなります。反対に自分の思いがうまく伝わらないとか，相手になかなか理解してもらえないような場合は関係がぎくしゃくしたり，ときには怒りがわいてきたりします。

第11章　夫婦関係とDVの悩み

うまく会話を交わすことは，気持ちのよい夫婦関係を維持するうえでの大切な潤滑油でもあるのです。

ところが自分の会話のあり方の問題に気づかない相談者が結構多く見受けられます。自身の感情をうまく表現できないことや，妻の感情をうまく受け止めることができないために，夫婦のやりとりがぎこちなくなっている場合が多いのです。

自分の気持ちを押さえ込んで，感情を表に出さない，いわゆる「男は黙って」という旧来の男らしさを身につけていると，相手や自分の気持ちに焦点を当てた会話から遠ざかっていきます。そして事実関係にこだわり，一般論をぶつけるような会話になります。一般論とは「男はこうあるべきだ」「世間とはこういうものだ」「家庭はこういうものでなければならない」といった世間一般の論理を持ち出すことです。

それに対して妻側が自分の気持ちを夫に受け止めてもらいたい，共有してもらいたいという，感情に焦点を当てたやりとりを求めていると，夫婦の会話はかみ合わなくなります。

たとえば妻が夫に対して「職場で上司に叱られて悔しかった」と愚痴を述べたときに，夫が「それは叱られるあなたが悪いからだ」と返すような場合です。妻としては「悔しさ」に焦点を当て，その気持ちを夫に共有してもらいたかったのに，夫は「叱られた」という事実に焦点を当てて「叱られるのは悪いことだ」という一般論で応じてしまうのです。そうすると妻は夫から責められたという不愉快な思いになるのですが，夫は当たり前のことを伝えたに過ぎず，なぜ妻の機嫌が悪くなるのか考えが及びません。

このように「事実に焦点を当てた論理的なやりとり」をしようとする夫と「感情に焦点を当てた気持ちのやりとり」をしようとする妻とのギャップに互いが気づかず，夫婦仲が冷え込んでいくケースは実に多く見られます。それは「男らしく」自分の感情を表に出さず，言語化することに不慣れな男性が夫である場合ほど強い傾向にあるようです。

第Ⅲ部　相談内容別に見る実際

（3）寄り添いのあり方

　夫婦の寄り添いの関係とはどういうことなのでしょうか？

　「寄り添う」という言葉は抽象的であり，その意味合いは人によって異なるでしょう。「傍にいる」「仲が良い」「安心できる」「信頼する」「助け合う」「共感する」「支え合う」「受け止め合う」「一緒の方向を歩む」など，さまざまなイメージがわいてきます。しかし「敷居をまたげば七人の敵あり」の心構えを身につけ，「男の鎧」で武装した男性たちに「寄り添う」の意味合いを問いただすと，今ひとつイメージがわいてこないようです。なぜなら彼らにとっては「寄り添う」という言葉よりも「闘う」という言葉のほうが身近に感じられるからです。

　先の会話のあり方でも述べたように，「事実に焦点を当てた論理的なやりとり」を心がけている夫は，夫婦間でトラブルが生じたときには原因を明らかにし，論理的解決を目指すことに力を入れようとします。たとえば妻が不機嫌になっているときに「君の考えをはっきりと聞かせてくれ」「僕のどこがいけないのか具体的に言ってほしい」と理詰めで追及します。妻がうまく説明できない場合や，感情が高ぶっていると「その理屈はおかしい」「そんなに感情的になっていては話にならない」と返してしまうようなことがあります。

　また逆に「口が達者」な妻に，自分の主張を論破されてしまうと，その悔しさや苛立ちを言葉でうまく伝えることができず，暴言や暴力で返してしまうこともあります。

　そうした状況は夫婦が「闘う」関係に置かれているほどこじれていきます。相手を追いつめたり，強引に自分の意見を押し通して妻をなんとか変えようとしたりするのではなく，一旦相手の気持ちを受け止めてみる。性急に結論を出そうとするのではなく，しばらく「休戦」して「寄り添う」関係にリセットしてみる。そのようにして夫婦関係の緊張が少しでも和らぐと解決の糸口が見えてくることがあります。

第11章　夫婦関係とDVの悩み

◆ **事例13：Mさん「妻とすぐに喧嘩になる」（32歳）**

　妻と話をしているとすぐに喧嘩になります。先日も私が残業で疲れて帰宅すると，彼女は電話で誰かと話し中でした。しゃべりながら私をちらっと見て，あごをしゃくり食卓に残してある私の夕飯を示しました。洗濯物はたたみかけで，部屋は散らかったまま。そのなかで2歳の子どもが大人向けのテレビドラマを見ています。私は彼女をにらみつけました。

　しばらくすると妻は電話を終えて言いました。「同じアルバイトの○○さんから結婚するって連絡が入ったのよ。よかった！」。それを聞いて私はますますイラついてしまい「いい加減にしろ！　こちらは一生懸命働いているのに，お前は何もしないで同僚とおしゃべりか！」と注意しました。

　それに対して彼女は謝るどころか「私だってバイトで疲れているのよ！あなたこそ家事に協力しなさいよ！」と返してきます。そんな調子で喧嘩はエスカレートするし，子どもは泣き出すし，もうやってられませんよ。この状態をなんとかすることはできないものでしょうか……。

〈相談者の心理〉

　家族のために夜遅くまで働いているにもかかわらず，妻が夫に関心を示さず，自分は軽視されているという不快感をつのらせているようです。家にいる時間が長いのに，妻は子どもの世話や部屋の片づけをろくにせず，電話で楽しそうに話していることに怒りがわいてきます。注意をしても，反省どころか，逆に責め立てられてしまい，自分の言うことを聞かない妻に腹立たしい思いを抱いているかもしれません。このような状態が続くことにやり切れない気持ちになっているようです。

第Ⅲ部　相談内容別に見る実際

〈対応のポイント〉

① 傾　聴

　疲れて帰ってきた自分が無視されたような思い，家事や育児を十分せずに電話に没頭する妻への不満，自分の言うことを彼女が理解しようとせず，まともなやりとりができない苛立ちなどをしっかりと受け止めて傾聴します。

② 感情の言語化

　妻とのやりとりをするなかでわきおこった本人の感情を思い出してもらい，できるだけ表現してもらいます。怒りの気持ちが強い場合，相手を責める言葉が多く出てきますが，ここでは自分自身の傷ついた気持ちを振り返ってもらうことが大切です。男らしさに縛られていると，自身の弱い部分に目を向けようとせず，自分が傷ついていたことに意外と気づいていない男性もいます。うまく表現できない場合はこちらから感情表現を促す言葉を投げかけてもよいです。

例）「彼女にあごをしゃくられたとき，どのような気持ちになりましたか？」

　　「彼女にないがしろにされて腹が立ったのですね。そのときは悲しい気持ちになりませんでしたか？」

　　「彼女の態度に傷ついたのですね」

③ ジェンダーの視点

　相談者は夫の役割として，一生懸命に働いて家族のために稼ぐこと，そして妻の役割としては家事や育児を担うことが大事だという思いがあるようです。また妻は一家の担い手である夫に当然従うべきで，夫を馬鹿にするような態度は許せないと感じているかもしれません。このように思いつめて苦しむ気持ちを少しでも解きほぐすうえで，悩みが本人個人の問題によるものだけでなく，社会的・文化的に形成された「男らしさ」（ジェンダー）の問題にもあることに触れてみます。

例）「男だから一生懸命働くことを求められるのはつらいですよね」

　　「妻は女性だから家事や育児を完璧にこなさなければならないと思いますか？」

　　「家事や育児が得意な男性もいますが，あなたはいかがですか？」

④　夫婦のあり方について考える

　夫婦が「闘う」関係にはまっていると，双方がますます攻撃的になり，相手を否定し続けるという悪循環に陥ります。理屈と感情のせめぎ合いで気持ちを共有できていない状態に触れてみたり，その状況から抜け出すため肯定的な言葉を使ってみたりすることを提案し，夫婦のあり方について考えてもらいます。

例）「お互いが怒りをぶつけ合うのではなく，気持ちを伝えて共有できたらいいですよね」

　　「自分の傷ついた思いを伝えてみたらどうでしょう？」

　　「妻に『食事の用意やバイトで働いていることには感謝しているよ』と伝えて一旦休戦にしてみる。難しいかもしれませんが，どうでしょうね？」

　　「夫婦が寄り添うというのはどういうことだと思いますか？」

第2節　DVの悩み

　夫婦関係の悩みのなかでドメスティックバイオレンス（以下，DV）に関わる暴力の問題が語られることがあります。最初から「私が妻に暴力を振るってしまったために夫婦関係が壊れて悩んでいる」と自ら加害者であることを述べる場合もあれば，「もしかしたら自分の言動はDVかもしれないので心配」というような不安な気持ちを訴えてくるような場合もあり，その内容はさまざまです。また自分が被害者であることを認識していない場合や，別の悩みを語るなかで，背景にDVの問題が見え隠れすることもあります。たとえば仕事でイライラしているという悩みの奥に夫婦関係の不仲があるような場合です。

　このようにDVに関わる相談は夫婦関係や男女関係に関わる悩みのなかで多様なかたちで語られます。それは男性相談のなかの特殊なジャンルではなく，男性相談だからこそ応じることのできる「男性の悩み」の一つなのです。以下に，DV全般に関わる留意点について紹介します。

第Ⅲ部　相談内容別に見る実際

（1）DVに関わる基礎知識

　DVは同居している夫婦や内縁関係にある男女間で起こるさまざまな形態の暴力のことです。その概念は元夫婦や恋人などの間に起こる暴力にまで広げられます。それは身体的暴力（殴る，蹴る，物を投げつける，首をしめる等）だけでなく精神的暴力（無視する，怒鳴る，脅す等），経済的暴力（生活費を渡さない，働くことを妨害する等），社会的暴力（行動を監視する，交友関係を制限する等）子どもを巻き込む暴力（子どもを取りあげる，子どもに暴力を見せる等），性的暴力（望まないセックスを強要する等）などの形態として現れ，多くの場合，これらの暴力が複雑に絡み合っています。

　2001年10月に「配偶者からの暴力の防止及び被害者の保護に関する法律」（以下，DV防止法）が施行されました。この法律の成立により，DVが犯罪行為を含む重大な人権侵害であることが明確に示されました。後でも触れますが，DV行為そのものに同調しないためにも，相談員は特にその点をしっかりと認識しておくことが大事です。

　DVに関わる相談を受けるに際しては，DV防止法を理解し，また被害者の保護に関する法的な流れを熟知しておくことが必要です。DVに関わる基礎知識をしっかりと身につけておくことが，相談者の不安を和らげ，またさらなる暴力を防止することにつながるのです。

（2）暴力の背景

　DVは力（パワー）で相手を自分の思い通りに支配（コントロール）しようとする「パワーとコントロール」の行使であり，相手の心身を著しく傷つける行為です。

　女性に対する暴力に目を向けた場合，それは社会的，経済的，身体的に優位にある男性が，弱い立場に置かれた女性を力で支配するものとしてとらえられます。その背景には社会における男性優位な性別役割分担，男女間の経済格差や女性差別の構造的な問題が関わっています。DV防止法も「配偶者からの暴力」と謳いながらも「加害者は男性」「被害者は女性」の前提で条文が構成さ

第11章　夫婦関係とDVの悩み

れているのが現状です。

　確かに女性の被害者が多いのは事実ですが，男性相談の現場では男性被害者からの相談も目立ってきています。またどちらが加害者か被害者かわからないことも多くあります。男性優位な社会的背景があっても，個別家庭内の夫婦の関係が必ずしも男性優位にあるとは限りません。ときには力関係が逆転することもあります。したがって男性相談では暴力の背景にある夫婦の関係や環境について予断をもたずに，よく聴いていくことが必要とされます。

　暴力を振りかざす抑圧の構図は男性から女性に対するものだけではなく，女性から男性，親から子ども，上司から部下，教師から生徒などのように，社会のあらゆる場面で普遍的に存在する問題として広くとらえることが大切です。相談者個人の問題としてだけではなく，暴力を生み出す社会のあり方にも目を向け，問題意識をもつことが重要なのです。

　この社会に生きる誰もが性の区別なく，加害者にもなり被害者にもなり得ることを理解し，自分の加害者性，被害者性に戸惑い，悩む人たちに対して相談員は，同じ地平に立ち，公平な目線で支援をしていくことが求められます。

第3節　DV加害者からの相談

（1）相談をしてきた動機を尊重する（人格の尊重）

　DVに関わるセミナーなどを実施すると「そもそも加害者は自分の意思で相談するのだろうか？　誰かから強制されなければ自ら行動しないのではないか？」という質問を受けることがあります。

　男性相談に悩みを寄せる「加害相談者」の多くは，自身の暴力そのものや，暴力によってもたらされた生活環境の急変（警察の介入，妻の緊急避難など）をなんとかしないと，夫婦関係に限らず，まともに生きていくことができないという不安や混乱した思いを抱いています。妻や被害者を支援する体制そのものに激しい怒りをぶつける人もいます。しかし今後どうしたらよいのかわからずに悩み，途方に暮れてしまいます。彼らは自分が抱える問題をなんとかしたい

193

第Ⅲ部　相談内容別に見る実際

という強い動機づけがあるからこそ連絡をしてくるのです。その動機を尊重する姿勢が大切です。

　ちなみにアメリカでは警察へのDV通報制度が確立され，加害者の逮捕並びに一定の条件のもとで加害者更生プログラムが法制化されています。また問題意識が希薄な加害者へのDV対策が強化されています。日本でも更生プログラムの義務化を求める声がありますが，義務化されていないだけに，問題意識をもった人が自ら相談にくるという傾向があります。彼らの受け皿として，男性相談は重要な役割を果たしているのです。

（2）暴力をふるった心境に同調せず，罪の意識やつらい気持ちを受け止める

　男性相談は加害者の不安や悩みを受け止めますが，当然のことながら暴力は否定します。暴力は容認できないという毅然とした姿勢を堅持することが相談員に求められます。特に注意すべきは，加害者と「なれ合い」にならないことです。

　たとえば「妻はウソつきでひどい女だ。だから暴力をふるわざるをえなかった」という語りに対して「その通りですね。私の妻もその傾向があり，あなたの気持ちはとってもよくわかります。暴力はやむを得ないですね」と仲間意識を押し出して，なれ合いの対応をしてしまうことです。これでは「相談員に暴力を肯定してもらった。自分は悪くない」というようなメッセージを与えてしまいます。

　この場合は，妻をそのように見てしまう理由や事情を聴き込みます。そして暴力にいたる気持ちについて語ってもらい，その気持ちを受け止めます。たとえば，「詳しく経過をお聴かせいただけますか？」「裏切られたような気持ちになったのですね」「そのときの悔しさはとても強く伝わってきますよ」などのように伝えます。

　なお相談者が自分のDVはやむを得ないという「お墨付き」を相談員から得ようとするような場合，「あなたにとってはやむを得ないと思われるのですね。ただ暴力は犯罪であり絶対に肯定できないことです。その点についてはど

第11章　夫婦関係とDVの悩み

う思われますか？」と暴力行為そのものは明確に否定し，本人にさらに考えて
もらうようにするのも対応の一例でしょう。

（3）加害者の「5つの傷」を理解する

　自分の暴力やその被害の事実を他者に語ることは簡単ではありません。多く
の場合，相談者はためらいながら訥々と話します。混乱していたり，相談員に
非難されたりするのではないかという不安もあると，自分の思いや感情をうま
く伝えることができません。そのような緊張した状況を和らげ，相談者が安心
して自分を振り返り，語りやすくするためにも，濱田智崇氏が『男の電話相
談』（かもがわ出版）の記述のなかで提唱している次の「加害者に見る5つの
傷」を理解することが，本人の気持ちを受け止め，共感するうえで大切です。

①　悪者にされることの「傷」

　暴力を振るってしまった加害者は，どこへ相談に行っても門前払いになって
いる場合があります。誰にも相手にされず傷ついた状態でやっと自分の言い分
を聞いてもらえるところにたどり着いた，そのような思いや感情をまず受け止
めることが，加害者を自暴自棄にさせることを防ぎ，自身の暴力に冷静に向き
合ってもらい，本人の変容を促す第一歩となります。

②　加害してしまったことによる「傷」

　相手を暴力によって傷つけてしまったとき，自らも傷つき，後悔し，自分を
責めることはアメリカ帰還兵のPTSDの問題としてもよく知られています。
自責の念を抱き続けることにより，うつに陥るなど精神を病んでいる相談者が
いることに留意します。

③　加害者を暴力へと追い込む「傷」

　相手の言葉に傷つけられ，自分の感情を言葉で返すことができずに暴力を振
るってしまう場合があります。暴力は容認できるものではありません。ただ，

第Ⅲ部　相談内容別に見る実際

本人が傷ついたことが先行の経過としてあることを理解することが大切です。そのときの感情を言語化してもらうことは，本人のこころの傷を癒し，気持ちを整理することにつながります。

④　「男らしさ」による「傷」

　強い「男らしさ」のプライドに縛られ，そのプライドを傷つけられることで攻撃的になり，暴力に至る場合があります。男らしさの縛りから解放され，自分のもつ「弱さ」を受け入れることは非暴力に向けた重要なプロセスです。男らしさの呪縛に息苦しさを抱く加害者の感情を受け止め，本人が安心して弱音を吐けるように聴くことが大切です。

⑤　トラウマとしての「傷」

　加害者の背景に幼少期の虐待経験や，母親がDV被害者であったことなどがトラウマとして心に刻み込まれている場合があります。自身の被害者性から逃れるために加害者に転じることや，暴力をロールモデルとして身につけてしまったことなどがDVの誘因になっていることもあり，そのような状況が語られるときは，本人の体験を聴き，心の傷を受け止めることが大切です。

（4）説教や処罰ではなく悩みを受けとめる

　男性相談は説教や処罰をする場ではありません。どこへも行き場がなく，途方に暮れて悩む加害者からの相談を受ける役割を担っています。

　私の経験では，男の鎧を身につけ，他者の目を気にする男性たちは，抑圧を加えるほど，本音に蓋をして「建て前のいい人」を演じる傾向があるようです。非暴力に向けた自己変容につなげていくためには，その蓋をはずし，本音の自分と向き合う作業が必要になります。責めたり，説教をしたりすることは，その蓋を閉ざしてしまう恐れがあります。

第11章　夫婦関係とDVの悩み

（5）被害者に関わる情報は絶対提供しない

「行政の相談員であれば妻の居所を承知しているのではないか」と保護された被害者の所在を尋ねられることがあります。警察で教えてもらえず，自治体で住民票を取りつけようとしても非開示になっているなどで，執拗に情報を求めてくるのです。そのような場合，相談員はそのような情報を一切承知していないことを明確に伝えます。

どこへ行っても「門前払い」扱いの加害者は，ときに焦燥感にかられて相談員に怒りを爆発させることもあるでしょう。ただ，被害者の情報を探りたい，焦燥感や怒りなどをぶちまけたいということ自体が，彼が抱えている悩みでもあるのです。行政や相談員に対するクレームとしてとらえて，頭から対応を拒否するのではなく，まず話を聴く姿勢が大切です。

「所在をお知りになりたい気持ちはよくわかります。ただ私は皆様のこころのサポートを専門に担当している相談員です。被害者の避難に関わる情報はまったく承知していないことをご理解ください」と説明し「お話をしていただくことで，少しでもお気持ちが和らぐかもしれませんので，よろしければお聴きいたしますよ」と伝えてみます。

被害者に関わる情報は絶対に提供しませんが，自分の話を聴いてくれる，自分を受け止めてくれるという相談員の姿勢が相談者を落ち着かせるのです。

（6）スーパーヴィジョンを受ける

DV加害者からの相談は，経験を積み重ねることで対応力が身についていきます。経験の少ない相談員は，ベテラン相談員の指導やスーパーヴィジョンを継続的に受けることが必須です。

◆ 事例14：Nさん「自分の暴力で妻と子どもがいなくなった」（40歳）

□うるさい妻にイライラすることが多く，この間も「やかましい！」と怒鳴ってしまいました。するとその夜，彼女は私の大声が言葉のDVだ，モ

197

第Ⅲ部　相談内容別に見る実際

ラハラだと枕元で責め続けました。翌日は朝から大事な会議があるので早く
寝たかったのに，私が反省するまで許さないと言ってやめません。しばらく
我慢していましたが，耐えられず「いい加減にしろ！」とひっぱたきました。
するとやっとおとなしくなりました。

　その数日後，妻は子どもを連れて家からいなくなりました。何の連絡も来
ないので心配になり警察に問い合わせたら妻と子どもは無事に保護されてい
るとのことです。でも私は DV 加害者なので居場所を知らせることはでき
ないと言われました。

　私の暴力に問題があることは確かです。こんな自分ではいけないと今では
思っています。でも私の暴力を誘発させる彼女にも原因があるのではないで
しょうか？　彼女の攻撃に対して私はひたすら我慢しないといけないのでし
ょうか？　妻と連絡できないのでしょうか？　子どもに会いたいです。気持
ちが混乱してこれからどうしたらよいのかわかりません。

〈相談者の心理〉

　突然妻と子どもがいなくなったことや，警察から DV 加害者として非難さ
れ，対応してもらえなかったことに強いショックを受けているようです。こ
のような事態になったことを後悔しつつも，暴力を振るったのは妻にも原因があ
るという怒り，自分だけが我慢を強いられ加害者として責められることへの理
不尽な思いを抱いているのでしょう。家族とまったく連絡がとれず，頼るとこ
ろがどこにもないという孤立感，絶望感，不安感などに苛まれていると思われ
ます。これまで経験したことのない状況を受け入れることができず，さまざま
な感情に見舞われ混乱している様子が伝わってきます。

〈対応のポイント〉

① 傾　聴

　相談者は DV 加害者の烙印を押され，誰も自分の言い分を聴いてくれない，

198

第11章　夫婦関係とDVの悩み

助けてくれないという追いつめられた心境に陥っています。やっと自分を相手
にしてくれるところにたどり着いたという安堵の気持ちと，もしかしたらここ
でも責められるのではないかという不安な気持ちを受け止め，しっかりと傾聴
に徹します。聴き込むことで，警戒心を和らげ，この男性相談が本人の人格や
存在を否定するところではなく，構えずに安心して本音を語ることができる場
であるという信頼感を抱いてもらうことが大切です。

② 感情の言語化

　自分の状態をわかってもらいたい，自分の言い分を理解してもらいたいとい
う強い気持ちを受け止めながら，これまで溜めてきた感情を吐き出してもらい
ます。「こんな感情的なことを言ってしまったら咎められるのではないか」と
ためらう場合もありますが，安心して話すことを促し，この場は自分の感情を
そのまま表現してもよいということを実感してもらうことが大事です。感情の
言語化は自身の混乱した気持ちを落ちつかせ，傷を癒します。また自暴自棄に
なり事件に発展することの抑止につながるのです。なお自分の感情をうまく伝
えることができない相談者もいます。その場合は前出の「加害者に見る5つの
傷」を参考に語りかけ，本人が話しやすいように進めましょう。

例）「どこへ行っても加害者として非難され，話を聴いてもらえず傷ついたの
　　ですね」

③ 問いかけて考えてもらう

　被害者である妻への不満や自分が置かれた状況に対する怒りの気持ちが収ま
らず，理不尽な思いから抜け出せずに苦しむ場合，別の視点から考えてみては
どうか問いかけてみます。

例）「自分の怒りを誘発させる原因が妻にあっても，あなたから暴力を受けな
　　ければならないという責任は彼女にあるのでしょうか？」
　　「彼女の攻撃に対してひたすら我慢するという方法しかないのでしょう
　　か？　ほかの選択肢はないのでしょうか？　言葉でうまく返すことができ
　　たらいいですよね。今お話ししているように，誰かに相談したり，助けを
　　求めたりするのも一つの方法ですよね。いかがでしょう？」

第Ⅲ部　相談内容別に見る実際

④　非暴力に向けたメッセージ

　自分の暴力や被害の事実に目を向けて，その内容を自ら語ることは，とても
つらい作業であり，容易なことではありません。そのような状態のなかで，意
を決して男性相談につながったことを称えます。

　自分の傷を受け止めてもらえたという経験は，他者の傷を受容する力へとつ
ながっていくのです。他者の傷を受容する力は，被害者に対する真の謝罪と反
省の思いを導き，また自分の感情を言語化することは，怒りの気持ちを暴力で
はなく言葉で伝える力にもなります。

　混乱している加害者の気持ちのなかに，今回の出来事を自分や夫婦のあり方
を見つめ直す機会として肯定的にとらえる意味合いが少しでも生まれると落ち
着いてきます。

　相談員はそのような意識をもって相談者とのやりとりを進めます。そして怒
りや憎しみを他者に向けず，また自分一人で抱え込まず，こうして外部に相談
することが非暴力に向けた自己変容の第一歩であるというメッセージを伝えて
いくことが大切です。

例）「一人で思いつめず，よく電話してくださいました」

　　「今語っていただいたように，彼女にも言葉で伝えることができたら暴力
　　を振るうことはなかったですよね」

　　「こうしてお話をすることは，ご自分を振り返るまたとない機会であり，
　　ご自身が変わるための意味ある行動ですよ」

⑤　非暴力に向けた情報の提供

　相談者の非暴力に向けた取り組みをサポートする他の社会資源情報を事前に
収集しておき，必要に応じてその情報を提供します。

⑥　接近禁止期間の過ごし方

　接近禁止命令が発令されたケースの場合，相談者から「そんなに長い期間，
妻とまったく連絡が取れないことに自分は耐えられない。これからどう過ごせ
ばよいのか，どう生きたらよいのか」と切実に訴えてくる場合があります。

　そのような問いかけに対しては，現状で被害者に連絡をとる手立てはないこ

200

とを繰り返し伝え，この状況を受け入れなければならない相談者の気持ちに寄り添います。

どのように過ごせばよいのかとの問いに対しては「こういう機会だからこそ，できることを一緒に考えてみましょう」と伝え，以下のような方法を参考までに提案してもよいでしょう。

「自分の状況や気持ちを表した日記をつける」「家事をこなすなど，一人での生活を軌道に乗せることに集中する」「社会資源情報を参考に他の支援機関に出向いてみる」「DVをはじめ，社会のなかの暴力に目を向けて関連情報を収集してみる」「男性相談を継続利用しながら考えていく」など。

第4節　DV被害者からの相談

（1）被害者性の認識

男性被害者からは往々にして次のような声を聞きます。

「妻に殴られたぐらいで助けを求めるような大げさなことはしたくない」

「警察沙汰にして妻を犯罪者にしたくない」

「妻を怒らせたのは自分にも責任がある」

「自分がDVの被害を受けているという認識はまったくない」

旧来の男の鎧を固く身につけた人ほど，被害者になるのは男として情けないと思い込み，我慢する傾向にあるようです。

相談者の傷ついた気持ちに触れながら，まずはそのような我慢からくる緊張感を解きほぐし，自身の置かれた状況理解を深めることができるように対応することが大切です。

なおパートナーは必ずしも女性であるとは限りません。相手が男性の場合もありますので，その点の留意も必要です。

（2）男性被害者対策の遅れ

女性被害者向けの各種施策が推進される一方で，男性被害者に関わる対策に

第Ⅲ部　相談内容別に見る実際

ついては取り残されているのが実情です。たとえば男性の場合は，一時避難施設がほとんどありません。ときには自動車のなかやインターネットカフェに避難しながら電話をかけてくる場合もあります。したがって相談の場面では，本人の孤立感を和らげ，次の行動に向けて気持ちを整理できるように，一緒に考えていくことが重要です。実際，本音や弱音を吐くことで「随分気持ちが楽になりました」と述べる男性たちは多くいます。

（3）関係機関の相談員との連携

　女性相談窓口の相談員や近隣の配偶者暴力相談支援センターの相談員たちと交流する機会をつくり，男性被害者に関わる情報の共有化や支援のあり方について意見交換を実施しておくことが大事です。

　「男性の被害者のイメージがよくわからない」「被害者になりすましているのではないか」などの疑問や不安を女性相談員が有していることもあり，双方の取り組みを理解するうえでとても大切なことです。

◆ 事例15：Oさん「妻からの暴力に悩んでいる」（28歳）

　子どもが生まれたとき，私は育児や家事を妻任せにせず，分担を決めて協力することを約束しました。でも仕事が忙しくてできないことがあります。そういうとき彼女は不機嫌になり逆上します。「約束を守らない裏切り者はクズだ！」「だらしない人間は許せない！」「家のことができないならもっと稼いでこい！」「男として未熟だ！」と罵声を浴びせられ，頰をひっぱたかれます。

　今では妻の信頼を失い，何を言っても否定的に返されます。先ほどもガラスコップを投げつけられ，彼女の暴力があまりに激しいので家を飛び出しました。確かに約束を守ることができない私は情けない男です。仕事も出世もできない私と異なり，妻は完璧に家事をこなします。そんな優秀な妻に殴られても仕方ないです。

第11章　夫婦関係とDVの悩み

もう彼女とうまくやっていけないのだろうかと悩みます。昔のように仲の
よい夫婦に戻りたいです。優しい妻に変わってほしいです。そのようなこと
は無理なのでしょうか？

〈相談者の心理〉

　妻に約束したことを十分にこなすことができず、「男に二言は無い」という
姿勢を貫くことができない自分を責め、情けない気持ちで一杯です。完璧に役
割をこなしている妻に対応する言葉が見つからず、彼女からの一方的な攻撃に
なす術もなく途方に暮れています。妻から甲斐性がないと指摘され、男として
の能力の欠如に失望し、男らしさ（ジェンダー）の意識にとらわれている姿が
見えてきます。暴力を振るう妻になんとか変わってもらいたいという切実な思
いを抱いています。

〈対応のポイント〉

① 傾　聴

　自信を失い、自尊感情を低くしている相談者の落胆した気持ちや妻からの攻
撃に逃げることしかできず、これからどうしたらよいかわからない切羽つまっ
た思いをしっかりと受け止め傾聴に徹します。特に男らしさに縛られていると、
妻から暴力を受けて逃げまわる「ぶざまな姿」は、人には語りづらいものです。
そんな相談者には安心して話すように促します。人には打ち明けにくい自分の
話を聴いてもらえた、自分を承認してくれたという実感を得ることが大切です。

② 男らしさの縛りを解きほぐす

　男らしさに縛られている相談者は、自分がDVの被害者であることを認識
していない場合があります。約束を守ることができない、仕事も出世もできな
い頼りない男として、自分の側に非があると思いつめていると、自身を責める
言葉や、反省の言葉が多く出てきます。そのように思い込んで、自分の本音に
蓋をしてしまうとますます追いつめられ、抑うつ状態に陥ることもあります。

第Ⅲ部　相談内容別に見る実際

ここは本人のつらい気持ちや不安に焦点を当てて本音を語ってもらうようにします。状況に応じ，妻からの暴力に本人が深く傷ついている様子をこちらから伝え，被害を受けたことの気持ちを問いかけてあげます。

例）「彼女から叩かれることはやむを得ないと思われているようですが，話し
　　合いの余地なく一方的に暴力を振るわれて，あなた自身，とても傷ついて
　　いらっしゃるのではないでしょうか？」

③　対処策

相談員が傾聴に徹することで，本人が「話すことで気持ちが楽になりました」と述べ，そこで終了になることもありますが，具体的な対処策を求められた場合は，状況に応じて以下のような事柄を取りあげて一緒に考えてみます。

・コミュニケーションの振り返り：第1節で触れた「会話のあり方」を参考に，
　2人のコミュニケーションがかみ合わない点はどこなのか，自分の傷ついた
　気持ちを伝えることはできないのかなど，妻とのやりとりを振り返り考えて
　みます。

・距離をとる：男性用の一時避難施設がない状況下で，少しでも妻と距離をと
　る手立てはないのか，家のなかでどのように過ごしたら少しでも楽になれる
　か考えてみます。

・孤立しない：自分を支えてくれる理解者や場所がほかにないか考えてみます。
　内容によっては他の相談機関の情報を提供します。

・警察への連絡：緊急対応を迫られる場合は警察に相談することを伝えます。

④　「DV 加害者は変わらないのか？」という質問への対応

「これまで仲良くしてきた相手に暴力をやめてもらいたいがどうしたらよいのか？」「妻（加害者）の態度・行動は変わらないのか」などの質問を受けることがあります。

相談員としては最悪の事態を憂えて「加害者は変わらない」と断定的に伝えたくなる場合もあるでしょう。しかし相手が変わるかどうかは加害者自身の非暴力に向けた意思と行動力次第です。また加害者が変わったか否かを判断するのは被害者であるパートナーであって，相談員や支援者ではありません。

204

「過去と他人は変えられないが，未来と自分は変えられる」というエリック・バーンの有名な言葉にもあるように，加害者を他人が無理に変えようとしても難しいものがあります。しかし加害者自身が変わることはできます。国内では数は少ないですが，そういう加害者のための支援機関があります。その支援を得て，自分の暴力に真摯に向き合い，非暴力に向けて真剣に取り組む人は徐々に変わっていきます。

　ただそれはあくまでも加害者側の問題であり，被害者に期待をもたせ，危険な状況にもかかわらず我慢を強いるようなことがあってはなりません。今の状況下で，相談員としてどうしたら相談者が少しでも楽になれるのか，安心できるようになれるのか，一緒に考えることが大切です。ときには緊急に避難することも必要になるでしょう。

　ちなみに加害者が暴力を振るわなくなることだけが夫婦の問題解決につながるとはいえません。関係修復のためには，加害者はパートナーである被害者の傷を将来にわたり受け止め，しっかりと寄り添うことができるようになること。そして被害者自身においても加害者に対する恐怖心を払拭することが求められます。恐怖心が根強い限り，加害者が非暴力を身につけたとしても，被害者は安心して生活をともにすることはできません。相談員や支援者は，被害者の恐怖心をあおるのではなく，夫婦間において，何が起きたのか，その背景や原因について一緒に冷静に振り返る作業が必要になります。そして夫婦間のどこに問題があったのか理解を深めることが，被害者自身の気づきを促し，人に操作されない自立した行動力へとつながっていくのです。パートナーと関係を修復するか決別するかは被害者自身の判断によるものであり，相談員や支援者が強制するものではありません。相談員や支援者の役割は，被害者が自己決定できるようにサポートすることにあります。

　夫婦が互いに寄り添い，安定した新しい関係を築くことができるようになるため，または気持ちを整理し納得感をもって別れる決意をするため，あるいはその他の選択肢を考えるために被害者，加害者の両当事者に対する支援が重要なのです。

第Ⅲ部　相談内容別に見る実際

例）「パートナーが暴力を振るわないように変わるためには，本人が自分の暴
　　力を自覚し，自分の問題に真摯に向き合い，自ら真剣に取り組む姿勢が求
　　められます。加害者自身がひとりで抱え込まず，専門機関の支援を得るこ
　　とで非暴力を身につけるひとはいます。ただし，それは加害者側の問題で
　　あって，今大事なのは，あなたが身の安全をいかに確保するかを考えるこ
　　とです」

第5節　「闘い」の関係から「寄り添い」の関係へ

　DV加害者の項目で，男性相談は説教や処罰をする場ではないことを説明し
ましたが，夫婦関係の問題においても互いが相手を説教したい，きつく処罰を
してほしいという責める気持ちが強いと，ますますこじれて解決が遠のいてい
きます。

　かつて「寄り添い」の関係にあったパートナーが，どうして「闘い」の関係
になってしまったのか。夫婦問題の悩みにおいては，一層「寄り添い」のあり
方を踏まえながら相談者に考えてもらうことが大切なことです。

　ただ相談者自身に寄り添われた経験がないと，闘いモードから抜け出ること
はなかなか難しいようです。男性相談は相談者が相談員に受け止めてもらい，
寄り添ってもらうことを実体験する場であり，そういう経験を通して，男性た
ちが闘うことから離れて少しでも相手を受け止め，相手に寄り添うことを身に
つけてもらう場でもあるのです。その意味でも，相談員自らが彼らの「寄り添
い」の手本となるように接していくことが重要だと考えます。

第**12**章

職場での人間関係

福江敬介

第1節　パワーゲーム

（1）パワーゲームとは何か

　男性の職場における人間関係には，男性社会の文化とも言うべき競争原理が働いています。それは「パワーゲーム」と呼ばれます。パワーゲームとは，人に勝ちたい，人をコントロールしたい，人よりいいもの，多くのものをもちたいと思うことであり，その本質を一言で言うなら，「支配欲」です。

　このパワーゲームは，さまざまなところで繰り広げられています。職場において展開されるパワーゲームの代表的な例をいくつかあげてみましょう。

① 　年上の者に対する尊敬の念はなく，立場中心で行動します。そのため年上の者に対して平気で「君」付けや「ちゃん」付けで呼びかけ，自分の方が地位が上であることをアピールします。

② 　自己紹介など，初対面での挨拶では，いかに自分が無能な上司のもとで，無能な部下に苦労させられながら，会社にいかに貢献しているかをさらりと披露します。

③ 　相手に負けないために，いろいろなもので競います。仕事の量，残業時間，親しくしているお客様の数，飲み会の回数，実にさまざまな場面において，自分の方が上である（多い）ことをアピールします。負けない，とは相手に対する支配力であり，これを「影響力」と思っています。

④ 　何か失敗した者は，皆の前で大声で叱責されます。むしろ，罵られるといった方がよいかもしれません。そして，なりたくない見本として，晒し者に

第Ⅲ部　相談内容別に見る実際

されます。

⑤　他の人の成績，評価には非常に敏感です。絶対評価ではなく，常に相対評価です。自分の位置はどの辺りか，同僚はどうか，後輩はどうか，先輩はどうかなど，いつも評価の位置関係を気にしています。

⑥　上司との関係について，すぐ上の上司（平であれば係長や課長）であれば，隙あらば寝首をかこうと虎視眈々と狙っています。その上（部長クラス）の上司に対しては，気に入られるための努力を惜しみません。

⑦　女性の上司に対してはネガティヴな感情を抱きます。女性に「仕える」我が身を，男失格と嘆きます。

⑧　「上」から「下」への命令は絶対で，そこでは伝言ゲームが繰り広げられます。上から何か指示されると，それを下に降ろします。その際，何か質問されても答えません。命令に不備があり，それを自分が確認していなかったとしても，それは自分の責任ではありません。

⑨　酒の席の「作法」はとても大切です。上司と飲む場合，基本的に自分を売り込みます。その上司のライバル絡みの失敗談や女性関係の情報提供を行い，尊敬の気持ちを全面に出します。部下と飲む場合は，自分がいかに有能であるか，数々の武勇伝を披露します。そして，自分の上司の後始末の話を聞かせます。その間，部下はひたすら聞き役となります。そして，最後は自分がいかにその部下に期待しているかを伝えることを忘れません。

（2）パワーゲームが染みついてしまうと

　幼い頃から人と競いあい，人に勝つことで認めてもらい承認を得る，このようなパワーゲームが繰り広げられる競争社会のなかで育っていくと，自然と「勝つ」ための「作法」が身についてしまいます。それは肥大化したプライドとなり，ときに周囲との調和を保てなくなる場合があります。

第12章　職場での人間関係

◆ 事例16：Pさん「入社10年目，職場で空回り」（32歳）

　「自分でいうのもなんだけど，仕事はできる方だと思っている。お客様からも評価されているはずだ。同僚のなかでは自分が一番活躍していると思っている。先日，ある女性先輩社員の仕事のやり方がなっていなかったので，そんなやり方じゃダメだと教えてやった。ちゃんと自分のやり方を真似すればいいのに……。なのに，よりによってその先輩社員は自分を無視するようになった。せっかく教えてやったのに。これだから女性とは仕事ができない」。

　「冬のボーナスがでたが，なんで自分の評価が「中」なんだ？　バカにしてる。もっとひどいのは，一つ下の後輩が「最高」の評価をもらってたこと！　この前，お客様からあいつの愚痴を聞かされてたのに……」。

　「こんな評価しかできないバカな上司の元で仕事なんか，やってられるか！　家にいてもつまらない。酒の量が増えたらしい。妻が相談に行けとうるさいからとりあえず来てみたけど，こんなところに来て，何か役に立つの？」

〈相談者の心理〉

　競争社会のなかで，常に人と競い合う男性にとって，自分の語る内容を評価されたりすることは非常に恐ろしいことです。語る内容を否定されたり，軽くあしらわれたりしてしまっては，そんな「つまらない」ことで悩んでいる能力のない意気地なしになってしまうからです。そんなことには耐えられません。そのため，語る内容はどうでもいいこと，つまらないことであって，決して自分は動じてなどいないことを，うろたえてなどいないことを意識せずとも演じてしまいます。

　Pさんは会社でも空回りしていて，そのことに悩んでいますが，そんな自分を認めたくはありません。あたかも悩んでいないかのように振る舞い，立ち止

209

第Ⅲ部　相談内容別に見る実際

まらず，歯を食いしばり，寡黙にひたすら進み続ける，そんなステレオタイプな「男らしい」男性を意識することもなく演じているのです。

〈解説・対応〉

　社会には，このPさんと同じような人は実に多いと思われます。こうした「競争社会」のど真ん中にいる人は，相談の場に現れること自体も稀かもしれません。でも，Pさんは来てくれたのです。来てくれたことが大切です。

　妻に言われて来た，ということは，夫婦仲はさほど悪くないと思われます。また，お客様からも評価されている「はず」だと言っている辺り，どうやらそうでもないかもしれないと，自分自身も思っているのでしょう。でも自ら認めることはできないのです。

　これを私は，「悩む力の弱体化」ととらえています。問題を自分のこととしてとらえることができず，自分の問題として悩むことができなくなってしまっているのです。そのため，解決は相手にゆだねることになります。相手に変わってほしい，自分が変わってもいいが，そのためにはまず相手が変わることが必要，そう訴える男性は多いのです。

　まずは，男性自身がきちんと「悩む」力を取り戻すことが大切です。きちんと悩むとは，自分自身の問題として扱えるということにほかなりません。自分の問題として扱えないというのは，現実感がない，現実の事柄として取り扱えないということであり，つまり他人事になってしまうということです。

　相談の現場では，この「他人事」の話をする男性は実に多いのです。そうした男性は，表面的な話だけをして，核心には触れず，何か情報だけをもって帰りたいと思っているようです。その情報も，自分で何とかするための情報ではなく，代わりに問題を解決してくれる人や組織の情報を求めてこられます。

　このような男性に対して何かを無理に伝えようとする必要はありません。理不尽とも思える男性の想いを聴くことが大切なのです。そして来てくれたことへの勇気を称え，感謝を伝えてください。こうした人を無理に変えようとすると，結局はパワーの応酬になってしまいますから，逆効果です。そのまま受け

第12章　職場での人間関係

止めてもらえる，自分の悩みを話せる場所があり，悩みを話すことは決して恥ずかしいことではないとわかってもらう必要があります。相手のこころの扉を閉ざさず，こちらの扉はいつでも開いていることを伝えてください。

（3）パワーゲームから降りられない

　いったん，パワーゲームの世界に乗ると，自分から降りるのは容易なことではありません。

　パワーゲームの世界に身を置き，そこに上昇気流が吹いてくると，それは居心地のよいものです。そんなところにいたのなら誰も進んでそこから降りたいとは思わないでしょう。だから上昇気流が吹きやみ，ときに滑り落ちそうになると，誰もが必死で落とされないようにしがみつくのです。そして体力，気力を使い果たしてしまいます。

　なかには，このパワーゲームの世界に疲れを感じ，虚しさを感じ，身体は降りたいと感じている人たちもいます。しかし，身体は降りたがっても，気持ちがそれを許さない，そのような人も多いのです。

◆ 事例17：Qさん「仕事のストレスから家庭でもイライラ」（31歳）

　Qさんの職場は課長と3人の先輩社員の全員で5人です。1年ほど前から人員整理によって職場の人数が減ってきました。当然のように要員の補充はありません。したがって1人当たりの仕事量は増えますが，先輩社員たちはなんだかんだと要領よく言い訳を言って仕事をしません。そのため，しわ寄せがすべてQさんに降りかかってきています。課長からは残業が多いと言われますが，一番若いQさんにそのような仕事の調整ができるはずもなく，帰宅時間も深夜になることが多く，休日出勤も増えてきました。

　子どもと遊ぶ時間も少なくなり，妻と口論になることも多く，妻に対してきつくあたることも出てきました。そんなときは後で一人，妻に申し訳なく思いながら，「何でこんなにイライラしているんだろう」と情けなくなりま

211

第Ⅲ部　相談内容別に見る実際

す。

　会社では相変わらず課長からは残業を減らせ，の一点張り。仕事の全体調整は課長の仕事だろうと思いますが，課長自身も先輩社員が苦手なようで，結局言いやすい自分にしか言ってきません。「いい加減にしろ！」と怒鳴りたい気持ちが高ぶりますが，そんなことをしたら自分自身で昇進の道を閉ざしてしまうことになります。

　先日は電車のなかで肩がふれた男性に対して，もう少しで胸ぐらをつかんでしまうところでした。家にいてもイライラは収まりません。そんなQさんのことを心配した妻が男性相談の窓口を調べて，Qさんは相談にやってきたのでした。

〈相談者の心理〉

　Qさんだけでなく，相談に来る男性の多くは，「こんなことで悩んでいるのって自分だけですよね」や「こんな相談って他にもあるんですか」などと，悩んでいるのは自分だけで，他の男性には何も悩みがないかのように感じている場合が多くあります。それは，今まで自分の悩みを他の人に話したことがないからです。悩みを抱えているのはあなただけではないことを，同じようなことで悩んでいる人は多くいることを伝えることで相談に来る男性は落ち着いていきます。相談に来た勇気を称え，誰かに助けを求めることは決して恥ずかしいことではなく，自分の身に起きていることは「大変なこと」「つらいこと」で，決して「通常」「日常」ではないことを男性自身が実感することにより，その問題に主体的に取り組んでいけるようになります。

〈解説・対応〉

　話を聴きこんでいくうちに，多くの男性は，「男は強くなければならない」「男は泣いてはいけない」「男は常に冷静でなければならない」「男は寡黙でなければならない」といった理不尽な「男らしさ」に気づいていきます。

212

第12章　職場での人間関係

　男だって弱くていいし，泣いていいし，感情を表に出していいし，おしゃべりでいいし，ありのままの自分でいいということに気づいたときに，それまで自分がいかに重く硬い「男らしさ」の鎧をまとっていたかに気づくことができます。この男らしさに気づくことが悩む力の回復，つまり悩みを自分の問題としてとらえ，主体的に解決に向かって取り組んでいくことにつながっていきます。

　また「自分は頑張って変わっていこうと思うが，それで本当に上手くいくだろうか」「自分は変わっていこうと頑張るが，それで相手も変わるだろうか」，そのようなことを心配する男性も多くいます。しかし，本当に大切なのは相手に伝わるかどうかではありません。たとえ相手に伝わらなくても，相手に受け入れてもらえなくても，自分自身が変わろうとするその態度にこそ意味があるのです。そして，そのことを伝えていくことはとても大切なことです。

　自分が変わることこそが，相手との関係性を変化させることができる唯一の手段にほかなりません。しかしそのことを自分で受け入れられないと，本当に変わることはとても難しいのです。そして，現実を受け入れたときに真に自分の態度を変えていくことができます。自分にできることは，自分の態度を決めることだけです。そのことに気づき，実践できるように支援していくことが，とても大切なのです。

第2節　企業が男性に求めるもの

（1）利益追求と社員

　経営学者のピーター・ドラッカーによると，企業にとって利益を得ることは，企業が存続するための条件です。そのため，企業が利益追求のために，売上拡大や経費削減を求めるのは当然のことです。ではそのような企業がそこで働く社員に求めるものは何でしょうか。

　一番大きなことは，企業が成長していくための戦力としての個人の成長ではないでしょうか。

213

第Ⅲ部　相談内容別に見る実際

　高度経済成長時代は，企業は社員（実態は，そのほとんどが男性）に企業への忠誠を誓わせる代わりに，終身雇用と年功序列による賃金アップを約束することで，社員とその家族に応えようとしていました。ところが，バブル経済の崩壊に始まる失われた10年を経て，企業の考え方も大きく変わってきました。終身雇用は早期退職の勧告へと代わり，年功序列は実力主義に取って代わりました。昔も今も，長時間労働による会社への拘束は変わらず，しかし，終身雇用や賃金アップといった見返りはなくなり，あるのは会社からの過酷な要求，という状況になってきました。

（2）ストレッチ

　ストレッチとは本来，引っ張るとか，伸ばすといった意味の英単語であり，主にスポーツの世界において，ウォームアップやクールダウンの際に行われ，筋肉や関節の柔軟性を高めたり，血行をよくし，けがの防止や競技への意識を高めたりするために行われるものです。

　このストレッチという言葉が企業のなかでも盛んに使われるようになってきました。もちろんスポーツの場面ではありません。今まで以上に高い目標を定め，さまざまな改善や効率化を図ることで，困難な目標をクリアしていき，業績を伸ばしていこうとする取り組みのことです。そのような取り組みは，確かに社員の意欲を高めるかもしれませんが，社員に対し今まで以上の負荷を与えることにもなります。

　厚生労働省の労働安全衛生調査によると，メンタルヘルス不調により連続一ヶ月以上休業した労働者のいる事業所の割合は10.0％（2013年度調査結果）であり，2012年度の8.4％から上昇しています。従業員1,000人以上の事業所で見ると，実に88.4％にのぼります。

　ストレッチは適度に関節や筋肉を伸ばすことで効果を発揮するのです。過度なストレッチは当然身体に悪影響を与えるため，一流のスポーツ選手はもちろんのこと，市民レベルのスポーツクラブでも指導者による「適切」な指導のもとで実施されています。

214

第12章　職場での人間関係

　では企業において，このストレッチは指導者による「適切」な指導のもとで行われているのでしょうか？　答えはNOと言わざるを得ない状況でしょう。そもそも「指導者」などどこにもいません。いるのはトップの命を受けた指導者，すなわち中間管理職だけです。このような職場で「ストレッチ」を合い言葉に仕事をすれば，どのようになるか，想像に難くありません。

　昨今，新聞やインターネットでは「ブラック企業」という言葉が毎日のように登場するようになりました。多くの場合，社員に過重労働を強いる会社を指しています。意図的に過重労働を強いている会社もあるのでしょうが，自分たちの会社が「ブラック企業」と呼ばれる会社であると経営者層が認識していない会社も多いのではないでしょうか。そこにあるのは会社を存続させることへのある意味間違った意欲，利益を得るための過剰な「ストレッチ」があるのではないかと思います。

第3節　IT社会で働くということ

　現代の私たちの社会生活において，コンピュータシステムは必要不可欠といってよいでしょう。コンピュータに制御されていないものだけで日々の生活を送ることはもはや困難といっていいと思います。鉄道や飛行機は言うに及ばず，自動車を運転するにしても，自動車自体がコンピュータ制御の固まりです。お店で商品を購入する際も，商品の製造，流通，在庫管理から販売に至るまで，すべてコンピュータシステムを抜きには語ることができません。このようにきわめて便利であるために，もはやコンピュータのない生活は考えられなくなってしまいましたが，本当にコンピュータは人に「よい」生活だけを与えているのでしょうか。

　これらコンピュータシステムは，24時間365日動いています。つまり，その異常通知も24時間365日発信される可能性があるわけです。そして，その通知を受けて，コンピュータシステムの点検を行うことを仕事としている人が多くいます。もちろん通常は組織として対応するため，特定の個人が常に24時間

215

第Ⅲ部　相談内容別に見る実際

365日拘束されるわけではありません。しかし，何らかの理由で常に気の休まらない状態におかれている人もいるのです。

◆ 事例18：Rさん「コンピュータに支配された人生」（35歳）

　Rさんが保守を担当しているシステムは，夜間無人でコンピュータがデータ処理を行うのですが，何か問題があれば異常通知が出されます。翌朝確認すればすむ程度の問題であればよいのですが，翌日の業務に影響しそうな問題であればその時点で対応する必要があるため，システムが携帯電話に連絡するようになっています。連絡を受けた人は夜間であろうともコンピュータルームに出向き，状況を確認して必要な対応を取らなければなりません。さまざまな事情から，あるときからRさんが一人でこの携帯電話を持つことになってしまいました。休日であろうとも夜間であろうとも携帯電話が鳴れば，コンピュータルームにいかなければなりません。上司にはこの状況を何とかしてほしいと訴えましたが，会社の業績と人手不足を理由に取り合ってもらえませんでした。もともとRさん自身，人間関係が苦手でもあり，上司との交渉で強く言えなかったのです。そしてとうとう，携帯電話を見ただけで気分が悪くなり，鼓動が高くなるようになってしまいました。夜もいつ鳴るかもしれない携帯電話のせいで眠れなくなってしまい，体調を崩して休職に追い込まれました。

〈相談者の心理〉

　Rさんが最初に相談に来たときは，休職からすでに半年ほど経っていました。体力的にはかなり回復した様子でしたが，会社に復帰してもまたシステム保守で同じような目にあうのではないかと心配で，上司からの連絡にも出られない状況でした。転職するにしてもやはりシステムエンジニアであれば，今と同じことになってしまうのではないかと心配になります。小学生の子どもを抱え，

216

第12章　職場での人間関係

仕事を探して焦る気持ちもあり，将来が不安でどのように考えたらよいかわからない状態だと思われます。

〈解説・対応〉

　先に見た厚生労働省の労働安全衛生調査によると，メンタルヘルス不調により連続一ヶ月以上休業した労働者のいる事業所の割合を産業別に見ると，情報通信業が28.5%（2013年度調査結果）となっており，全産業中でもっとも多くなっています。コンピュータ社会がもたらした，陰の部分と言えるでしょう。

　また，Rさんのような相談者には，よく「人間関係が苦手だから」と言われる方がいます。人間関係に苦手意識があるために，コンピュータを相手にする仕事を選択する場合もあるようですが，そうした方が，上司にうまく説明できないまま，仕事を抱え込み，非人間的な働き方へ追い込まれてしまうこともあるでしょう。

　こうしたケースは，なかなか1回の相談だけで解決することは難しいかもしれませんが，今の状況を招いたのは自分の能力や努力が足りなかったのだ，というような自責的な部分があれば，そこを見直し，「かくあるべし」を解きほぐすことを目指します。コンピュータ優先で，それに振り回される会社や今の社会に対して，少しでも客観的に，冷静に見ることができるようになるとよいのかもしれません。

第4節　パワーハラスメント

　厚生労働省によると，職場のパワーハラスメントとは，「同じ職場で働く者に対して，職務上の地位や人間関係などの職場内の優位性を背景に，業務の適正な範囲を超えて，精神的・身体的苦痛を与える又は職場環境を悪化させる行為」と定義されています。これは，つまりパワーゲームにおいて地位を得た者が，その地位にしがみつくためにとる行為といえます。厚生労働省の，都道府県労働局に設置した総合労働相談コーナーに寄せられる「いじめ・嫌がらせ」

第Ⅲ部　相談内容別に見る実際

に関する相談は年々増加しています。2003年度には全相談のうち，9.25％だったものが2012年度には20.3％と，相談内容の内訳としてトップとなり，2014年度には26.0％と，なお増加傾向にあります。

　この件数の増加については，1990年代に国内の大手企業が導入し，その後多くの企業で取り入れられることになった「成果主義人事制度」の広がりと決して無縁ではないと考えます。成果主義人事制度は，それまでの年功序列，つまり年齢が上がるにつれて，賃金やポジションも上昇する，といった高度経済成長を支えてきた日本の働き方と相対するものであり，年齢に関係なく個人の業績，成果によって賃金やポジションを上げるというものです。社員はあらかじめ目標を定め，その目標への到達度合いにより，その業績，成果が評価されることになるのです。それまでの年功序列の人事制度のなかでは，上司は部下個人だけでなく，部下の家族も含めた部下の家庭を守る，そのようなアットホームな雰囲気がありましたが，成果主義によりその雰囲気は大きく様変わりしていきました。目標と成果を記述したペーパーに職場の人間関係が支配されていったのです。

◆ 事例19：Ｓさん「入社３年目，先輩社員に目をつけられ苦痛な日々」(25歳)

　課長は外回りが多く，週の半分は事務所にいません。40代の先輩社員の一人が実質的なリーダーで，課内を仕切っています。Ｓさんはこのリーダーに目をつけられてしまいました。何かにつけて「それはお前の目標じゃないのか」とか「それじゃ，成果はゼロだな」などといわれてしまいます。何か説明しようとしても，「言い訳ばかりする」「口答えする」「お前は俺の言うことを聞こうとしない」などと言われる始末です。

　このリーダーは課長とも仲がいいため，課長に相談するわけにもいきません。一度課長に相談したところ，そのことがリーダーの耳に入り，一層対応がひどくなってしまいました。相談に来たときには，憔悴しきった感じで，この状況にはお手上げ，といった感じでした。なかなか寝つけないとか，食

欲もないといった，身体症状にも現れてきていました。先輩社員の一人で20代後半の人は，年も近く話も聞いてくれ，Ｓさんの状況も理解してくれています。しかし，自分まで目をつけられたくないため，特に何かをしてくれる，といった感じではありませんでした。それでも話を聞いてくれるだけでもＳさんはありがたく思っていました。ところが，Ｓさんと仲良くしている状況にリーダーはおもしろくない様子でした。そのことを感じ取った先輩は，以前のようには話を聞く時間を作ってくれなくなってしまいました。

〈相談者の心理〉

　相談室でのＳさんは，目も虚ろな感じでしたが，それでも今のところで仕事を続けたいとのことです。リーダーの言うようにもしかしたら，すべて自分が悪いのかもしれない，もっと努力しないといけないのかもしれないと言います。

　このように，自分で自分を責める状況に追い込むのも，パワハラの特徴です。相談者は上司から，自分が悪いと思い込まされていますので，今の状況から抜け出そうとするのは，自分がきちんと仕事ができずに逃げることになるととらえがちです。Ｓさんは今，唯一頼りにしていた先輩からも距離をとられ，職場で非常に心細くなっているため，それを乗り越えるために，一人で何とかしなくてはならないと余計に追い込まれているのかもしれません。

〈解説・対応〉

　出る杭は打たれる，といいますが，なぜこのように，下の者が伸びてくるのを嫌う人がいるのでしょうか。上のポジションに上がる，というのはいいことばかりではありません。仕事の内容も変わりますし，そのために必要な知識を新たに勉強していく必要があります。何より責任も重くなります。そのような重圧に耐えて上のポジションに上がって，もしその役回りがうまくこなせなかったらどうなるでしょう。下の者からバカにされ，蔑まされ，やがてパワーゲームの世界から引きずり落とされてしまいます。そんなことより，せっかくつ

いた今のポジションを大切にしたいと思う人も少なからずいます。しかし，すでにその人には社内的な肩書きがあります。何もせずにのうのうと会社生活を送るわけにもいきません。そこで，出来の悪い部下をもつ可哀想な上司を演じるのです。おそらく，本人には「演じている」意識はないのでしょうが，パワーゲームの世界で染み着いた感性がそのように振る舞わせると考えられます。

厚生労働省の労働安全衛生調査によると，職場のパワーハラスメント防止対策に取り組んでいる事業所の割合は56.0％（2013年度調査結果）となっています。またとられている対策の上位は「1位：社内のパワーハラスメント相談，解決の窓口の設置（45.6％）」「2位：労働者への教育研修・情報提供（45.6％）」「3位：管理監督者への教育研修・情報提供（44.8％）」となっています。この数値は，先に述べた年々増加している「いじめ・嫌がらせ」に関する相談の実態から見ると，決して十分な割合とは言えないでしょう。

パワーハラスメントの根底には，パワーに乗っている者と，そこから振り落とされまいと必死にしがみつく者の，パワーゲームの構図があります。相談員もそれを理解しておくことが必要です。

相談者に対しては，相談に来たことそのものを肯定的に評価し，現状のつらさを受け止めます。そして，自分が悪いために，今の状況を招いているわけではないことに気づいてもらいます。精神的に支えながら，逃げてはいけないわけではないことを伝えて，今後の対策について一緒に考えます。必要に応じて，社内あるいは社外の現実的な対応が可能な窓口を紹介します。

第5節　男性と責任

男性相談において，よく問題になるのが「責任」という言葉です。責任という言葉に敏感な男性は多いです。パワーゲームの世界においても，パワハラをする側，される側，どちらにしても，自分なりの「責任」ということを意識しています。ただ，その責任という言葉の中身にいろいろな問題があるのです。

責任という言葉の裏返しは何でしょうか。無責任でしょうか。私は自由とい

第12章　職場での人間関係

う言葉だと思います。責任がないというのは，その事柄に対して自由であるということです。仕事が行きづまり，どうにもならないんじゃないか，としか思えないようなとき，逃げ出したい，逃げ出して自由になりたい，と思ったことは，誰でも経験のあることではないでしょうか。この場合，自由になるというのは，本当に責任から解放されることでしょうか。自由になるために今とは違う方向を向くわけですが，このとき向かう方向を決めるのは自分自身にほかなりません。つまりその方向に向かうことへの責任があるのです。

◆ 事例20：Ｔさん「職場の同僚でもある妻から職場と家庭の板挟み」（50歳）

　仕事は忙しく，平日に休みをとることはなかなかできません。最近Ｔさんは，休みの日は妻の依頼で妻の両親の面倒をみることが増えてきました。平日も帰りが遅くなることが当たり前なので，せめて休みの日は家でゆっくりしたいと思っていますが，妻は聞いてくれません。仕方なくＴさんは，週末は妻と，妻の実家で過ごす生活を続けています。

　職場では一緒に仕事をしているわけではありませんが，たまに顔を合わせることがあります。そんなとき，妻は疲れたＴさんの顔を見て，申し訳なさそうにするどころか，不満そうな表情を見せるそうです。それがＴさんには余計つらく感じています。

　妻の両親の面倒は妻だけに見てもらうことはできないのか，と相談員がＴさんに尋ねると，そうしてもらいたいのは山々だが，それを妻に言うと妻の機嫌がとても悪くなるとのことでした。しかし平日会社を休むこともできず，このままでは会社を辞めるか，妻と離婚するかしかないと言います。

〈相談者の心理〉

　Ｔさんは会社に対する責任があると言います。そうかといって妻の機嫌が悪いことにも耐えられない，妻が望むことに対する責任もあると感じているので

221

第Ⅲ部　相談内容別に見る実際

す。職場の同僚としての妻に対する会社人としての責任と，妻の期待に応えなければならない夫としての責任の両方を，自分の責任ととらえ，その結果，会社をとる（＝離婚する）か，会社を辞める（＝妻をとる）か，といった極端な答えに陥ってしまっているようです。

〈解説・対応〉

　妻はなぜ，両親の面倒を夫と一緒にしなければならないと思っているのか尋ねると，Ｔさんは，おそらく妻の両親が親の面倒は夫婦揃ってみるべきだ，と考えているのであり，それに対して妻は，Ｔさんが忙しいことを理由に両親を説得できないからだろう，とのことでした。妻に対しては，きちんと両親を説得してもらう，つまり妻に自分の責任を引き受けてもらい，Ｔさんは職場での妻の表情や態度に対して，思いやる，察するなどを自分の責任として引き受ける，ということが必要だと思われます。男性は，責任という言葉に過剰に反応してしまいがちです。しかし，それは本来誰がすることか，つまり誰の責任なのか，ということをきちんと認識しておくことが大切なのです。

第6節　ワーク・ライフ・バランスを目指して

（1）価値観を見直す時期

　これまで見てきた職場の人間関係におけるさまざまな問題を考えた場合，パワーゲームに代表されるような，「こうあらねばならない」といった硬直的な価値観の支配をそこに読み取ることができます。特に男性相談から見る限り，「こうあらねばならない」という価値観をもった男性は非常に多くいます。しかしそれでは真の幸せを築き上げることは難しいのではないでしょうか。

　内閣府の仕事と生活の調和（ワーク・ライフ・バランス）憲章によると，仕事と生活の調和を次のように定義しています。

　「国民一人ひとりがやりがいや充実感を感じながら働き，仕事上の責任を果たすとともに，家庭や地域生活などにおいても，子育て期，中高年期といった

第12章　職場での人間関係

人生の各段階に応じて多様な生き方が選択・実現できる社会」。

　高度経済成長期の日本は，ただひたすらに働くことに特化してがむしゃらに突っ走ってきたといっても過言ではないでしょう。確かに敗戦後の日本を立て直すためには，必要だったと思いますし，そのかいあって，今の日本があるのも事実でしょう。しかしその一方で，警察庁の自殺統計によると日本の自殺者は1998年以降，14年連続で３万人を超えています。その後減少に転じていますが，それでも2015年は約２万4,000人あまりの人が自ら命を絶っています。そして一貫して約７割前後が男性です。男性が抱える生きづらさの問題が，自殺者の割合にも反映されているのです。

　このような状況において，今こそ本気でワーク・ライフ・バランスへの取り組みに目を向ける必要があるのではないでしょうか。

　内閣府の仕事と生活の調和（ワーク・ライフ・バランス）憲章の定義では，さらに具体的に次のように定義されています。

① 就労による経済的自立が可能な社会

　経済的自立を必要とする者，とりわけ若者がいきいきと働くことができ，かつ，経済的に自立可能な働き方ができ，結婚や子育てに関する希望の実現などに向けて，暮らしの経済的基盤が確保できる。

② 健康で豊かな生活のための時間が確保できる社会

　働く人々の健康が保持され，家族・友人などとの充実した時間，自己啓発や地域活動への参加のための時間などをもてる豊かな生活ができる。

③ 多様な働き方・生き方が選択できる社会

　性や年齢などにかかわらず，誰もが自らの意欲と能力を持ってさまざまな働き方や生き方に挑戦できる機会が提供されており，子育てや親の介護が必要な時期など個人の置かれた状況に応じて多様で柔軟な働き方が選択でき，しかも公正な処遇が確保されている。

（2）社会を変えるための意識改革へ

　結局のところ，重要なのは，個人の意識，つまり自ら何をしたいと思ってい

第Ⅲ部　相談内容別に見る実際

るのか，ということではないでしょうか。会社のなかでの生活しか知らないようでは，自分自身がどのような生き方を望んでいるのか，ということに気づくこともできないでしょう。パワーゲームのなかに身を置く人たちは，パワーをもっと得ることこそ自分が望むことだ，と思うかもしれません。しかしそれでは真に人間らしい生き方を望んでいるとは言えないのではないでしょうか。

なぜパワーゲームの世界に身を置く人には，ワーク・ライフ・バランスの実現が難しいのでしょうか。それは，パワーゲーム自体がその人の住んでいる世界そのものであり，価値観そのものだからです。ワーク・ライフ・バランスとパワーゲームは相いれません。パワーゲームはパワーへの志向であり，バランスではないからです。パワーゲームに身を置く人は自分では家族や友人との時間を過ごしたり，地域活動に参加したりしていると思っていても，パワー志向は消えません。そこにも競争を持ち込んでしまうのです。それは，「いきいき」「豊か」「充実」とは異なります。ワーク・ライフ・バランスを実現するには，パワーゲームから降りるしかないのです。

パワーゲームから降りるとは，どういうことでしょうか。もちろん決して人生の敗者となることではありません。パワーゲームの世界とは，他者との競争の世界であり，そこに終わりはありません。どこまでいっても，どんなことでも競争なのです。そこから降りるというのは，実は降りるのではなく，別の世界，競争ではない世界に行くことなのです。競争ではない世界，つまり自分を見つめ，さまざまな働き方や生き方を実現できる世界であり，まさにワークとライフのバランスのとれた世界へと向かうことだと言えるでしょう。

そして，男性相談は，パワーゲームの世界の価値観を見直す機会を与え，そこから降りるためのきっかけになるものだと思います。

巻末資料

巻末資料1

男性相談を開設・運営するために必要なこと

三宅克英

1 本資料の構成

　日本で初めて開設された，男性による男性のための電話相談「『男』悩みのホットライン」は，ボランティアの相談員によって運営されています。しかし，現在，全国各地に開設されるようになってきた男性相談の窓口は，行政あるいは公の施設の指定管理者などによる開設が多くなっています。

　民間と行政では，設置や運営のあり方も異なると考えられますが，ここではまず，男性相談窓口の開設・運営に関する基本的な検討事項について確認します。次に，『男』悩みのホットライン開設の経緯と展開，その強みを整理したうえで，最後に，各地の相談窓口で活かせること，考えられることを提示します。

2 基本的な検討事項

（1）開設・運営に関する留意点について

　男性相談の開設と運営に関する留意点については，『男』悩みのホットラインが活動10年を迎えた際に編集・発行したブックレット『男の電話相談』において，まとめたことがあります。2012（平成24）年には，大阪府が委託事業（DV等に関する男性相談マニュアル及び男性相談員育成プログラム作成事業）により，『男性相談の実施に当たって』を作成しています。また，2014（平成26）年に内閣府男女共同参画局が『地方自治体等における男性に対する相談体制整備マニュアル』を作成し，地方自治体に対して実務的な論点を示しています。

そこで，ここでは，これらと重複した記述はなるべく避けながら（それでも重要なポイントは重なるところが多いと思われますが），その内容をふまえたうえで必要な視点について述べていきます。本節では，大きな枠組みのレベルでの検討事項を確認します。

（2）開設主体

相談窓口の開設主体は民間，行政のいずれによるものか。現状では民間団体による男性相談窓口の開設は少なく，行政による開設がほとんどです。しかし，行政でなくとも「公共」を担う市民の活動も広がっています。公共性を担う主体は，行政だけではなくなってきています。また実際には，行政による開設であっても，運営は民間団体が担っていることもあります。公の施設の指定管理者（非営利法人等）による運営や，業務を委託された民間団体による運営などです。民間独自の取り組みの一つとして，人権NGOの諸団体で組織する一般社団法人が，DVに悩む男性のための電話相談を開設している例もあります。

民間団体（任意団体）である『男』悩みのホットラインは，男性の当事者性を基礎として生み出された経緯をもちますが，行政やその関連機関が開設する場合は，男女共同参画社会の実現に向けた行政責任といった背景があると思われます。それぞれの特質や利点と限界があることを意識しておく必要もあるでしょう。

『男』悩みのホットラインが独自に実施している電話相談では，「性」に関する相談の割合が比較的高くなっています。行政が設置する男性相談の窓口では，その比率は低くなるようです。その傾向も徐々に変化してきていますし，逆に，行政が設置している相談窓口だから安心して話せるといった場合もあるでしょう。いずれにせよ，相談する側の意識やそれへの対応の仕方が，実際に話される内容に影響を与えることがあるということです。

行政が設置する相談窓口の場合，行政への苦情がもちこまれることもあります。相談者は，相談員も公務員だと思って話される場合もあります。しかし，行政が設置する相談であっても相談員は必ずしも公務員ではなく，むしろ委託

あるいは依頼された民間団体もしくは個人が引き受けているのが実情です。このような行政に対する苦情への対応の流れと，相談員の位置づけをどのように明確にするのかということも，あらかじめ考えておくとよいでしょう。

　また，『男』悩みのホットラインには，北海道から沖縄まで，全国から電話がかかってきます。民間団体として実施する場合は，エリアの制約にとらわれません。一方で，行政が設置する相談窓口では，原則として在住・在学・在勤者といったエリアの制約がなされます。狭いエリアだと，対象となる母数が少ないため相談がなかなか入ってこない，ということもありえます。行政が相談窓口を設置する場合は，基礎自治体と広域自治体の役割分担なども検討されてよいでしょう。

（3）相談の方法

　電話相談か，面接相談か，そのいずれにも対応するか。場合によっては，電子メールやSNSなど，インターネットを活用した相談も必要となるかもしれません。私たちの経験のなかでは，行政から依頼された窓口の対応で，聴覚障がいのある方が面接相談に来られたこともあります。この場合は手話通訳者が間に入りましたが，対面であれば手話あるいは文字ベースでの対応手段（筆談グッズ）を備えておくなど，特別な支援の準備もしておくとよいでしょう。行政が設置する相談窓口であれば，特にそういった配慮も求められるでしょう。

　相談の事前予約を相談員ではない事務担当者等が受ける場合には，どの程度の内容を聞きとっておくのか，対応方法も含めて想定しておく必要があります。相談者は予約受付の段階であっても内容を話しはじめることがあります。

　DV加害者の面接を行う場合は，その実施場所や実施方法などに留意することが必要です。とりわけ，男女共同参画センターですでに女性相談（面接）を行っている場合の安全の確保に関する対処は必須となります。

（4）相談員

　ボランティアが対応するのか，業務として対応するのか。このなかには，無

償のボランティアから有償ボランティア，一定の報酬が出るもの，団体への業務委託としてそのメンバーが対応するもの，職員としての雇用（非常勤，常勤）までの幅があるでしょう。限られた相談時間の対応（月1回や週1回につき2時間など）が多いなかでは困難でしょうが，今後は，男性相談員の職としての位置づけもあってしかるべきでしょう。

　さらに，相談員の要件をどのように設定するのか，ということもあります。何らかの資格や経験を課すのか，そうではないのか。また，男性の相談員が主体になって受けるのか，女性の相談員も受けるのか，といったこともあります。

　いずれにせよ，男性性の課題にていねいに対応できる，ジェンダー／セクシュアリティにまつわる人権感覚を身につけ，継続して研鑽を積む意欲のある人が望ましいでしょう。関連して，研修やスーパーヴァイズのあり方も検討しておく必要があります。

（5）相談内容に関する留意点

　事前に方針を検討しておいたほうがよい相談内容等に関する留意点がいくつかあります。

　一つめは，性の話題についてです。性に関する相談は，男性相談のなかでも重要な分野になります。真面目に性の話ができる場をもつことができない男性は多いからです。一方で，作話や性的ファンタジーのおしゃべりがしたい相談者に対して，どのように，どこまで付き合うかについて，相談機関としての共通理解をつくっておくことも重要です。たとえば電話を通じてマスターベーションをする相談者に対して，どのように対応するのか，といったことです。

　二つめは，頻回相談者への対応についてです。男性相談の開設時間は多くても週1回2時間程度といったところが多く，時間がきわめて限られています。そのなかで，より多くの相談者に対応するための方策を考えておくのかどうか。1日あたりの回数を決める，1回あたりの時間の目安を決めるなどにより，頻回相談者に伝えていくことも考えられるでしょう。

　三つめは，DV加害相談への対応についてです。加害の相談を受けるのかど

うか，受けるとすればどのような方針と体制で臨むのか。加害男性からの相談
も，男性相談にとって重要な分野になります。その内容は本書のなかで論じら
れていますが，相談機関としての共通理解をつくっておくことが重要です。な
お，関連して保護命令のしくみなど，法や制度について知識を得ておくことは
不可欠です。

　そのほかに，女性からの相談にどのように応対するのかも決めておく方がよ
いでしょう。「男性の視点を知りたい」といった相談もよくあります。夫や息
子についての相談であっても，それについて悩んでいる女性自身の課題である
ことをみすえて，適切な窓口につなぐ必要があります。

▌3　『男』悩みのホットラインの事例

（1）開設と展開

　ここでは，『男』悩みのホットラインの取り組みについて取りあげます。民
間団体ベースで男性相談が運営されている例は少ないのですが，その経緯や理
念を確認することで，男性相談運営のエッセンスをほかでも活用することがで
きるのではないかと考えています。

　相談員となる研修は，カウンセリングの基礎については，たとえば関西カウ
ンセリングセンターが実施するカウンセリング基礎コースの受講（またはそれ
に相当する学習経験）などを条件とし，各自で学習することとなっています。
そのうえで，『男』悩みのホットラインの独自研修が行われます。当初はスー
パーヴァイザーの臨床心理士から集中的なトレーニングを受け，さらに，実際
にかかってくる男性からの相談内容をふまえて，相談員自身が，新相談員候補
者に対して研修を行います。また，月１回の継続研修は原則として全員参加と
なっています。継続研修には定期的にスーパーヴァイザーを招いて，新たな相
談事例や相談員自身の課題について検討しています。

　相談員として活動する人は，会社員，公務員，教員，八百屋などの自営業，
学生，臨床心理士としていくつもの仕事をかけもちしている人など，多様なメ
ンバーが集まっています。年齢も多様です。メンバーの入れ替わりはあります

が，およそ十数名が活動しています。

　独自の相談活動を続けるうちに，電話が常にかかり続けることから，実施回数の増加やそれに対応する相談員の増員が行われてきました。

　そのうち，行政からの相談対応の依頼が入るようになります。このときから，面接相談にも対応しはじめました。また，男性の生き方や男性相談そのものをテーマとしたセミナー等の講師依頼も入ってくるようになり，男性相談の開設支援，男性相談員養成講座などにも対応するようになっています。2011（平成23）年度には，大阪府の委託事業（マニュアル『男性相談の実施に当たって』作成等）にメンバーが協力しています。

　さらに，内閣府が『地方自治体等における男性に対する相談体制整備マニュアル』を発行して男性相談を後押ししたこともあり（このマニュアル作成にもメンバーが関わっています），全国の自治体で男性相談が広がっています。これらの流れも受けて，2014（平成26）年度には，大阪市立男女共同参画センター中央館（クレオ大阪中央）と連携協力し，「全国男性相談研修会」の企画運営に参画して，全国の男性相談関係者のネットワークづくりにも携わっています。

（2）『男』悩みのホットラインの強み

　このように，電話相談からはじまった活動は，面接相談にも広がり，また，男性を対象とした各種事業への協力，男性相談員の養成などの人材育成，全国的なネットワークづくりへと，取り組みの幅を広げてきました。20年間にわたって活動を続けてきた『男』悩みのホットラインの強みの源泉は，大きく，「継続研修」「新規研修」「ネットワーク」の3点にまとめられると考えています。以下，それぞれについて説明していきます。

① 継続研修

　継続研修は月1回開催し，原則として相談員全員が参加します。最初に，各自の近況報告から始めることが多くなっています。ここには，この相談員集団に自助グループとしての意味あいがあることが見てとれます。各自がそれぞれの個人的なことを語り，皆がそれを聴きます。職業も年齢もさまざまなメンバ

232

一同士で，心理の資格をもつ者もそうでない者も，男性性という一点を共有し，その当事者性を基礎として，互いの話を聴きあいます。

20年間活動を続けていると，メンバーも皆，年をとっていきます。その間に，それぞれのライフステージで出会う出来事，性，セックス，パートナー，結婚，離婚，再婚，子育て，介護，親子関係，友人・知人関係，病気，就職，離職，職場のあれこれなどについて，話が交わされてきました。

近況報告が随分長くなることもありますが，長くなることには意味があるのだと思っています。このような場があるからこそ，ボランティアであるにも関わらず，この集団は長く維持され，活動が継続されてきたのだといえるでしょう。そしてそのようにお互いに話し，聴きあう体験を手放さないことで，男性性，その当事者性の視点を保持することにも役立っているのです。それは，結果として，相談の質の向上につながってゆきます。

自助グループとしての意味をもつ運営スタイルが，男性性や当事者性の保持がなされるしくみになっており，また，そのことが，『男』悩みのホットラインの男性相談の質を高めてきたと考えています。

具体的な継続研修の流れとしては，近況報告のほか，事務連絡，相談事例のカンファレンス，外部スーパーヴァイザーによるスーパーヴィジョンなどがあります。当初は外部スーパーヴァイザーを招いていたのですが，近年では，『男』悩みのホットラインの相談員自身が他の機関でのスーパーヴィジョンを行うことも増えており，メンバー同士のグループスーパーヴィジョンといった形態になることが多くなっています。さらに，全国男性相談研修会の取り組みに向けてカリキュラムを検討し，それを実施し，自らの経験をアウトプットしていくプロセス自体が，相談員自身のさらなる学びにもつながっていると言えます。

相談員が多忙になるなかで，検討する事項も増えているので，相談事例のカンファレンスに十分に時間がとれないことは課題です。そのために，合宿形式の研修会を実施したり，あるいは慰安を兼ねた研修旅行に出かけたりと，楽しみながら活動を継続するさまざまな工夫を試みています。

② 新規研修

　新規研修は，相談員となることを希望する人がカウンセリングの基礎を各自で学習し，傾聴の基本を習得したうえで，実際の相談内容に応じた実践的研修として実施します。『男』悩みのホットラインの相談員自身が講師となって，それぞれの得意分野を活かしながら順番に担当していきます。

　「男性相談の概論」「性」「DV と加害者の状況」「職場のパワーゲームと男のうつ」など，柱となるテーマはあるのですが，それぞれの講師が新相談員候補者に，男性相談に対する自分の思いを語る場にもなります。相談員は，自分が受けてきた相談をふりかえりながら話すことになり，そのことが相談員自身の学びにもなります。また，男性相談は，単に傾聴するだけでなく，聴く側の相談員にもそれぞれの思いがあること，この男性相談に関わりはじめたそれぞれの思いが背景にあることを伝える場にもなるのです。

　よくある相談の類型や対応方法にとどまらず，相談員自身の思いを語り伝える場としても，相談員自身が講師となって新規研修を行う意味があるのです。

　そして，これらの具体的な内容をふまえて，徹底したロールプレイ研修を行います。「うつで死にたいという人にどう対応するか」「怒っている DV 加害者にどう対応するか」「自分の想像をこえた性の話にどう対応するか」など，あらかじめロールプレイでしっかりとトレーニングしておくことが，実際の相談を受ける際の力になります。

③ ネットワーク

　関西では，メンズリブ研究会から，脱暴力を目指す男性のための非暴力グループワークを行う「メンズサポートルーム」が生まれています。『男』悩みのホットラインは，メンズサポートルームと連携しています。脱暴力の取り組みを一人で続けるのは難しいので，グループワークを希望する人にはメンズサポートルームを，個別の継続的なカウンセリングを希望する人には男性の課題に理解のあるカウンセラーを紹介します。その他，ジェンダー／セクシュアリティに関わる団体や男性相談に役立つ社会資源の情報を収集し，活用しています。

　これらのネットワークは，設立当初からの参加メンバーの個人的関係に負う

巻末資料1　男性相談を開設・運営するために必要なこと

ところもあるので，継続した関係のメンテナンスがこれからの課題でもあります。

　また，『男』悩みのホットラインは，行政からの男性相談事業の委託や依頼を受けています。ある男女共同参画センターでは，女性相談員との交流の機会をつくってもらうなど，女性相談との連携にも取り組んできました。男性相談，女性相談の相互の状況や視点を交換することで，より立体的な相談対応に資すると思われます。

　最後に，大阪府，内閣府のマニュアル作成への参画，各自治体での男性相談員の養成，全国男性相談研修会の取り組みをきっかけとした「男性相談ネットワーク」の立ち上げなどを通じて，全国の男性相談がつながる場をつくったことで，今後，より一層，ノウハウの共有化を図ることができるのではないでしょうか。

4　各相談窓口でできること

（1）男女共同参画センター等を想定して

　第2節で基本的な検討事項を確認し，第3節で『男』悩みのホットラインの事例とその強みを取り上げてきました。これらの内容をふまえたうえで，現在，実際に開設される男性相談窓口が行政機関によるものが多いことから，男女共同参画センター等が男性相談窓口を開設する際にできること，考えられることをまとめてみます。

（2）既存の相談事業との連携

　すでに女性相談を実施している男女共同参画センター等が，男性相談を開設することは多いと思われます。このとき，女性相談との連携をあらかじめ想定しておくとよいでしょう。

　具体的には，相談員研修のノウハウの活用が考えられます。傾聴を基本とした相談支援のスキルの他，男女共同参画，ジェンダー／セクシュアリティの視点をもって，現代的課題をおさえた研修を男性相談員に対しても実施すること

235

が効果的で，効率的でもあるでしょう。相談員を外部人材に依頼するとしても，継続的な研修は欠かせません。スーパーヴィジョンに関しても，女性相談員へのスーパーヴィジョンの枠組みを活用して実施することが検討されてよいでしょう。

　また，女性相談員と男性相談員の交流も意義あることです。場合によってはそれぞれの相談窓口に対して必要なリファーを行うことや，夫婦・カップル双方の相談を並行して受けることも考えられます。その際の対応や考え方をすり合わせておくことも大事なポイントです。

　男性相談の開設時間は限られていることが多く，携わる相談員が1人だけの場合もありますし，複数の相談員が交代で対応する場合もあるでしょう。1人だけの場合にカンファレンス，研修，スーパーヴィジョンをどのように実施するかが課題となりますが，複数いる場合でも，交代制で相談員同士がなかなか顔を合わせる機会がないことも考えられます。そのような場合でも，相談員間の情報共有の場を業務として位置づけ，設定することが求められます。

　その他の個別分野の相談，専門相談などとも行政機関として連携を取りやすいことは強みです。たとえば関連する事業として母子家庭等就業・自立支援センター事業がありますが，父子家庭への支援も行っていることなど，運用や法令の改正をふまえたていねいな対応が必要です。

（3）事業部門との連携

　相談は，相談員が相談者の話を個別にお聴きするところから始まります。

　しかし，相談における課題を個人の課題だけの問題としてとらえるのではなく，社会の構造の課題としてとらえる視点が重要です。男女共同参画センターは，男女共同参画社会実現の拠点として，啓発や参加型の各種事業を展開すること，それらが（男性）相談事業とも連動し，個人の課題は社会の課題とつながっていることの認識を深める，そういった大きな視野のなかに位置づけて相談事業を展開することが望まれます。

　具体的には，男女共同参画センターが実施するセミナーなどの各種事業・イ

ベントや広報誌などにおいて，単に相談窓口を紹介・周知するだけでなく，相談しやすい土壌づくり，あるいはとりわけ男性の相談しにくい社会意識そのものを課題として取りあげる工夫があればよいと思います。相談の現況を反映したセミナーは，それ自体が社会の現況を反映したものであるはずです。

　カウンセリングや傾聴をテーマにしたセミナーもさかんに行われています。これまで仕事ベースの話はできても，相談する力，気持ちを語る力の弱かった男性たちに，別に相談員にまではならなくとも，気持ちを語り，聴きあうことの楽しさと歓びが伝わる機会が増えればよいと思っています。

　そして，これら相談部門と事業部門の取り組みの総体を自治体が策定する男女共同参画計画に反映し，さらに施策を展開していく力にするという動きを取りうる位置にあることが，行政として男性相談に携わる大きなメリットであると言えます。

（4）ネットワークの活用

　相談員に対する研修やスーパーヴィジョンの実施にあたっては，単独の組織・団体では難しいこともあるでしょう。その場合は，広域的なネットワークの連合体として実施し，研修回数や必要な人材を確保することも考えられてよいでしょう。連合体として実施するのでなくとも，相互の研修に参加しあうなどの工夫ができます。そのためにも，近隣自治体等とのネットワークをつくっておく必要があります。

　相談員自身が男性性を見つめなおし，当事者性の観点を持ち続けることも重要です。男女共同参画センターが関係し，また支援する男性の集まり（男性向け事業の参加者のグループ，パパのグループ，シニアの男性グループ，趣味の男性グループ，その他）とゆるやかにつながっていることは大切です。

　孤立しがちな相談者を，相談事業等をとおして，男女共同参画センターがこれらのネットワーク，社会関係資本の網の目の中に包摂していくことはもちろんのこと，相談員も専門家然とするのではなく，これらのネットワークのなかで，男性性や当事者性の視点で自らの生き方を見つめなおす機会をもつことが

できればよいと考えます。このように二重の意味で，地元の男性グループとのネットワークは重要なのです。男性の仲間たちと語り合う場を相談員自身ももっておくこと，そのなかには自らの生き方も問い返しながら，適切に自己開示することも含まれてくるでしょう。

　また，イクメン，イクボス，ワーク・ライフ・バランスなどの言葉も流通するようになり，企業／仕事との関わりのなかで男性の働き方・暮らし方の見直しが図られる機運もうまれています。行政機関として，このような企業社会での取り組みともつながり，支援していくことが効果的です。労働安全衛生法によるストレスチェック制度の義務化などとあわせて，幅広いメンタルヘルス施策のなかでの男性相談の意義と役割を発信していくこともできればよいでしょう。

　一方で，さまざまな課題や生きづらさを抱えていると思われる若年男性からの相談は比較的少ないのが現状だと思われます。デートDV，非正規雇用，貧困，ひきこもり，自殺念慮等の課題の渦中で声をあげない／あげられない人たちの声をどのように聴きとるのかは大きな課題です。性別や年齢にかかわらず，誰もが生きやすい社会をつくっていくために，多様なつながりの場のひとつとして，男性相談にもまだまだ果たせる役割があるのではないでしょうか。

　全国男性相談研修会をきっかけとして，『男』悩みのホットラインが事務局となり，「男性相談ネットワーク」を立ち上げています。メーリングリストの開設と全国男性相談研修会での交流というくらいで，まだ十分に機能していませんが，こういった全国的なネットワークも活用しながら，ともに相談支援の質を向上させていくことができればよいと考えています。

巻末資料2

大阪市立男女共同参画センターにおける男性相談の実践例

田中陽子

　大阪市立男女共同参画センター（以下クレオ大阪という）の「男性相談」は，自治体が実施する相談としては，早い時期（2004年）に開設され，先駆的な取り組みを行ってきました。そして，2014年11月には，「第1回全国男性相談研修会」を開催し，以後毎年実施してきました。全国の男性相談関係者によびかけて，このような研修会を開催できたことは，『男』悩みのホットラインの20年以上におよぶ男性相談の実績，およびクレオ大阪の「男性相談」と「女性相談」の連携の成果であると考えています。

　ここでは，こうしたクレオ大阪の取り組みについて，一つの事例としてご紹介します。現在，全国各地の自治体で，男性相談に関する様々な取り組みを実施，または検討されているかと思います。そうした関係者の方々にも，資料として参考にしていただける部分があれば幸いです。

1　クレオ大阪における相談体制

（1）全体像

　クレオ大阪は大阪市内に5館（クレオ大阪中央・クレオ大阪子育て館・クレオ大阪西・クレオ大阪南・クレオ大阪東）あり，指定管理者制度のもと管理運営されており，一般財団法人大阪市男女共同参画のまち創生協会が代表者となっています。

　女性が抱える様々な悩みについて，男女共同参画の視点で問題の整理・解決を図り，相談者の自尊感情の回復，自立へとつながるサポートを実施する「女

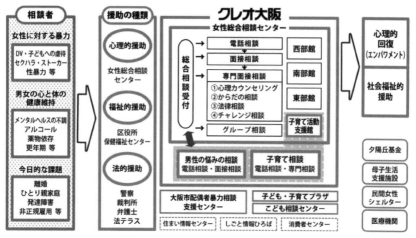

図 資料-1 クレオ大阪の相談事業の全体像

性総合相談センター」，子育ての方法や関わり方・社会資源等の情報提供をする「子育て相談」，男性の悩みのための「男性相談」を実施しています。「女性総合相談センター」では，電話相談・面接相談・専門面接相談等をクレオ大阪中央で実施し，他の4館には出張面接相談を実施しています（図 資料-1参照）。「子育て相談」「男性相談」は，クレオ大阪子育て館で実施しています。

（2）クレオ大阪女性総合相談センターの概要

1993年に，大阪市立女性いきいきセンター北部館（クレオ大阪北）の開館以来，女性の「こころ・からだ・くらし」に関わる「女性のための相談室」事業を行ってきました。「ちょっとした疑問から誰にもいえない悩みまで」の相談に応じる「一般相談」と，思春期・更年期など女性のからだに関する相談に保健師・看護師が応じる「からだの相談」，自分を語り，自分自身をみつめることにより問題点を整理し，自発的，主体的に解決が図れるように継続的にカウンセリングを行う「自立・悩みの相談」，女性弁護士による「法律相談」等です。

1999年，男女共同参画社会基本法が施行され，2001年に大阪市立男女共同参画センターと改称しました。同年クレオ大阪中央が開館し，相談機能を集約し，

巻末資料2　大阪市立男女共同参画センターにおける男性相談の実践例

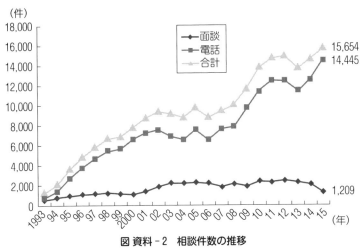

図 資料-2　相談件数の推移

注：1993年クレオ大阪北開館・1994年クレオ大阪西開館・1996年クレオ大阪南開館・1998年クレオ大阪東開館・2001年クレオ大阪中央開館・2009年女性総合相談センター開設・2011年大阪市配偶者暴力相談支援センター開設

2009年には，「女性総合相談センター」と名称を変更し，「総合相談受付」を設置しました。

センターの基本姿勢としては以下の点があげられます。

○ジェンダーの視点：一人ひとりの相談の背景には，個人の問題だけではなく，家族や社会環境などの要因と深く関わっていると考えます。
○相談者のエンパワメント：相談者が自尊感情を回復し，その人がもつ潜在的な力を発揮して問題解決に向かって行動していけるよう寄り添います。
○相談ニーズを反映して事業を実施：「女性への暴力」「雇用」「子育て・介護」など，相談内容から見える様々な課題解決に向けて事業を実施します。
○個人の問題から社会の問題へ：女性への暴力の問題など，相談から見えてくる潜在的課題を掘り起こし，社会に広く発信します。

また相談件数は上記のように推移しています（図 資料-2）。相談者の問題の解決に向けて，電話相談だけでなく，面接相談に来室されるように勧めています。電話相談では，依存的に相談を繰り返す相談者に対して，内容に応じて一

定の枠（回数・時間）を設定して対応しています。

2　先駆的な役割を果たしてきたクレオ大阪における男性相談

（1）男性相談を開設した理由

　内閣府男女共同参画局の「地方自治体等における男性に対する相談体制整備マニュアル」（2013年3月発行）の，全国の自治体を対象とするアンケートでは，「男性相談を開設した理由」として，「男女共同参画の趣旨から必要となった」とする回答が80％超となっていますが，クレオ大阪の「男性相談」が，2004年に開設された理由の一つとしては，DV加害者対応の必要性があげられます。

　2001年10月に「配偶者からの暴力の防止及び被害者の保護に関する法律」（DV防止法）が施行され，「女性相談」にはDV被害者支援の役割が強化されるとともに，DV加害者への対応も課題となっていました。前年の2000年には，「ストーカー規制法」「児童虐待防止法」が施行され，職場におけるセクシュアル・ハラスメントの防止にむけての動きなど，「女性への暴力の防止」が，社会的課題として大きく浮かび上がってきた時期でした。

（2）男性相談員

　相談は男性相談員が対応しています。男性相談員に望まれる要件として，男女共同参画の視点を理解し，「男はかくあるべき」という男性自身がもちやすい意識について理解したうえで，相談対応ができることがあげられています。この要件を満たす男性相談員を，クレオ大阪「男性相談」では，実績のあるグループに委託することで，確保することができました。現在は「『男』悩みのホットライン」が担当しています。

（3）相談場所

　DV防止法施行後，女性の被害者の相談に応じる施設で，男性の加害者への相談対応を行うことに対して異議をとなえる声もありましたが，クレオ大阪は複数館あることを活かし，「女性相談」とは重ならない場所および時間帯（相

談場所：クレオ大阪北，相談時間：毎週金曜日　午後７時〜９時　面接相談（電話相談）），女性相談用の相談室を使用し，電話相談と面接予約受付用の電話回線２回線を新設し，「男性相談」を開始することができました。

（４）運営の仕組を「女性相談」と共有

　相談事業を効果的に進めるためには，組織として相談事業を支える運営の仕組み（相談システム）を整えることが重要です。クレオ大阪の「男性相談」の運営については，女性相談担当部門が所管することで，「女性相談」で培った運営ノウハウ等を，「男性相談」に活用してきました。

・相談記録・統計

　「男性相談」では，相談記録・統計コード等は，「女性相談」と同一のものを使用して，内容により女性を男性と読み替え統計処理を行い，相談報告書等を作成しています。そのため，「男性相談」「女性相談」の比較がしやすいなどのメリットがあります。

・女性相談の相談員との意見交換・交流

　開設当初は，男性相談員と女性相談員との合同事例検討会の開催や，女性相談の相談員連絡会への男性相談員の出席などにより，相談状況の情報共有を図りました。現在も，男性相談をめぐる研修会等には，女性相談員も必ず出席しています。DVや離婚など，夫婦の問題の場合，相談内容が表裏一体の事例が多いため，双方の視点を学ぶ機会となっており，研修会での意見交換等は，女性・男性の双方の相談員にとって有効です。

・「女性相談」の蓄積を活用

　「女性相談」は，心理的なサポートと，行動に向けてのサポートを実施しています。DV防止法施行後は，生活再建等に向けてより一層，福祉制度につなぐなど，関係機関との連携などが求められています。その社会資源等の蓄積を「男性相談」にも活かしています。

＊

　男性相談の件数や内容については，第５章第２節にまとめましたので，そち

表 資料 - 1　相談の概要

◇目的　　DV の相談（加害・被害）をはじめとして，家庭・仕事・親子・
　　　　　人間関係，ストレスなど男性が抱える悩みの相談に応じます。
◇開設年　2004 年 4 月
◇相談場所　クレオ大阪北（大阪市東淀川区）2015 年 3 月末閉館
　　　　　　2015 年 4 月から，クレオ大阪子育て館（大阪市北区）に変更
◇対象　　大阪市内在住・在勤・在学の男性
◇相談時間　毎週金曜日 19：00～21：00 面接相談（一人 50 分）・電話相談
　　　　　　2011 年度から，第 3 日曜日　11：00～17：00 を拡充
◇相談体制　男性相談員　3 人担当（『「男」悩みのホットライン』に委託）
2004～9 年度まで，面接担当 1 人・電話相談担当 1 人・予約電話担当 1 人
2010～13 年度まで，面接担当 1 人・電話相談担当 2 人
※面接予約電話：クレオ大阪北事務室が担当
2014 年度から現在
　クレオ大阪子育て館面接相談・電話相談【TEL　06-6354-1055】
　毎週金曜日　19：00～21：00　第 3 日曜日　11：00～17：00
　面接相談予約【TEL　06-6770-7723】
　事前予約制　火～土　10：00～20：30　日・祝　10：00～16：00

表 資料 - 2　クレオ大阪ホームページでの「男性の悩み相談」の紹介文

めまぐるしく変化する社会の中で，仕事の悩みや夫婦関係など身近な人間関
係の悩みでストレスを抱え，生きにくさを感じていませんか？

男性は，悩みを人に伝えられず，苦しみを，ひとりで抱えている場合が少な
くありません。
男性に必要なことは，自分が「助けを必要としている」ということに気づく
ことかもしれません。
男性も弱音をはいてもいいんです，悩みを打ち明ける相手が必要なんです。

クレオ大阪では，男性の気持ちを受け止め，孤独をやわらげ，個人として尊
重される場を提供します。

サポートを得て，自尊感情を回復し，よりよいコミュニケーションの力を養
いましょう。
自分らしい人生を生きるために。

しんどいと感じたら……　つらいと感じたら……
「男性の悩み相談」にお電話ください。男性相談員が相談に応じます。

秘密は厳守します。安心してお話ください。
相談はすべて無料です。
大阪市内在住・在勤・在学の方が対象です。

巻末資料２　大阪市立男女共同参画センターにおける男性相談の実践例

らをご覧ください（表 資料 - 1，2 参照）。

▌3　男性相談をめぐる事業──「男性相談」と「女性相談」の相乗効果

　内閣府が2010年に策定した「第３次男女共同参画基本計画」では，男性，子どもにとっての男女共同参画の分野が新設されました。これに伴い「男性相談」への関心が高まり，各自治体で「男性相談」を開設する気運が高まりました。その中で，大阪市では，「地域活性化交付金」を活用して，2011〜2012年に，男性相談員の養成講座をクレオ大阪で開催しました。また，大阪府の「DV 等に関する男性相談マニュアル及び男性相談員育成プログラム作成事業」を財団法人大阪市女性協会（2013年に一般財団法人大阪市男女共同参画のまち創生協会に変更）が受託しました。これらの経験が，「全国男性相談研修会」の開催へとつながりました（表 資料 - 3）。

　DV や子どもの虐待の問題は，その対策が急務であることは言うまでもあり

表 資料 - 3　男性相談講座研修会

2011年５月19日（木）〜９月15日（木）全10回
　男性相談講座〜入門編「俺を知り，彼を知る」
2011年９月23日（金・祝）
　男性相談トーク＆ライブ「男性相談の実際」
2011年10月６日（木）〜３月15日（木）全10回
　男性相談講座〜発展編「男が心に抱えるもの」
2012年６月21日（木）〜８月30日（木）全10回
　男性相談講座〜実践編Ⅰ「男性からの聴き方を学ぶ」
2012年９月22日（土・祝）
　男性相談シンポジウム「男性が『語る』ことの意義を考える」
2012年10月４日（木）〜２月21日（木）全10回
　男性相談講座〜実践編Ⅱ「男性の悩みへの対応を学ぶ」
2013年12月22日（日）
　男性相談シンポジウム「DV・子どもへの虐待をなくすために」
2014年11月23日（日）
　第１回全国男性相談研修会
2016年２月28日（日）
　第２回全国男性相談研修会
2016年11月27日（日）
　第３回全国男性相談研修会

245

ませんが，当事者それぞれが，異なる側面から介入が必要な問題を抱えている
ことが多く，一筋縄ではいかない困難さがあります。こうした家族間の問題に
対処するためには，女性相談と男性相談の連携が不可欠です。また，働き方や
家庭生活のありようを考え，女性の社会進出を進めていくためにも，男女とも
にその意識を変えていく必要があると考えられます。

その意味では，女性相談と男性相談を車の両輪ととらえ，双方を関連させな
がら，さらに充実させていく取組みが，今後さらに求められていくでしょう。

文　献

第 1 章

濱田智崇（2017）．子育て環境と子どもに対する意識調査（草津市版）結果報告　京都橘大学心理臨床センター「心理相談研究」，**3**，35-56.

伊藤公雄（1996）．男性学入門　作品社

公益財団法人日本生産性本部（2016）．労働生産性の国際比較2016年版

厚生労働省（2017）．自殺対策白書

内閣府男女共同参画局（2012）．「男性にとっての男女共同参画」に関する意識調査報告書　http://www.gender.go.jp/research/kenkyu/dansei_ishiki/index.html（2017年 9 月10日閲覧）

NHK（2014）．男はつらいよ　2014　1000人"心の声"　クローズアップ現代2014年 7 月31日放送　http://www.nhk.or.jp/gendai/articles/3538/1.html

日本フェミニストカウンセリング学会ウェブサイト　http://nfc505.com/

第 2 章

星建男（1978）．「男の子育てを考える会」ヨチヨチある記　男の子育てを考える会（編）現代の子育て考――そのⅣ　現代書館

井上摩耶子（2010）．フェミニストカウンセリングの実践　世界思想社

Messner, M. A., (1997). Politics of Masculinities: Men in Movements, Sage Publication.

メンズセンター（編）（1996）．メンズネットワーク，22号.

溝口明代・佐伯洋子・三木草子（編）（1995）．資料　日本ウーマン・リブ史Ⅲ　松香堂

中野瑠美子（2003）．脱暴力のプログラム――男のためのハンドブック　青木書店

大山治彦・大束貢生（1999）．日本の男性運動のあゆみ I ――〈メンズリブ〉の誕生　日本ジェンダー研究，**2**，43-55.

大山治彦（2000）．男性学と女性学　渡辺和子・金谷千慧子・女性学教育ネットワーク（編著）　女性学教育の挑戦――理論と実践　明石書店

『男』悩みのホットライン（編）（2006）．男の電話相談――男が語る・男が聴く　かもがわ出版

多賀太（2006）．男らしさの社会学　世界思想社

多賀太（2016）．男性問題の時代？――錯綜するジェンダーと教育のポリティクス　学文社

田上時子（1991）．CR グループとは何か？――輝くシスターフッドに向けて　わかった

ぷらんにんぐ

谷口洋幸（2017）．国際人権法における性の多用性　二宮周平編著　性のあり方の多様性
　　——一人ひとりのセクシュアリティが大切にされる社会を目指して　日本評論社

横浜市女性協会（1998）．なにが，どこが問題か，相談事業　女性施設ジャーナル，**4**，
　　6-27.

第3章

青野篤子（2008）．女性の就業問題　都築学（編）　働くことの心理学　ミネルヴァ書房，
　　pp. 148-171

中央調査社（2012）．「父親の育児参加に関する世論調査」　http://www.crs.or.jp/back-
　　no/No659/6592.htm（2016年5月8日閲覧）

EAPA（2011）. Definitions of an Employee assistance program（EAP）and EAP Core
　　Technology　http://www.eapassn.org/About/About-Employee-Assistance/EAP-
　　Definitions-and-Core-Technology（2016年5月8日閲覧）

女性ライフサイクル研究所（2012）．家族は変わったか？　女性ライフサイクル研究，22
　　号

女性ライフサイクル研究所（2013）．フェミニズムはどこへ？　女性ライフサイクル研究，
　　23号

村本邦子（1997）．ジェンダーを越えて——女性を理解するために　矯正教育，**308**，4-
　　13. 大阪矯正管区

村本邦子（2013）．コミュニティ・セラピストによるDV被害者への危機介入支援　高畠
　　克子（編）　DVはいま——協働による個人と環境への支援　ミネルヴァ書房

村本邦子（2014）．親の離婚と子どもの意思——心理学的観点から　二宮周平・渡辺惺之
　　（編）　離婚紛争の合意による解決と子の意思の尊重　日本加除出版，pp. 96-119.

内閣府（2015）．「内閣府自殺対策白書」　http://www8.cao.go.jp/jisatsutaisaku/white
　　paper/w-2015/pdf/gaiyou/index.html（2016年5月8日閲覧）

OECD（2009）. FACT BOOK　http://www.oecd-ilibrary.org/economics/oecd-fact
　　book-2009_factbook-2009-en（2016年5月8日閲覧）

総務省（2011）．「社会生活調査」　http://www8.cao.go.jp/shoushi/shoushika/meeting/
　　shien/k_1/pdf/s6.pdf（2016年5月8日閲覧）

ウォッターズ，E. 安倍宏美（訳）（2013）．クレイジー・ライク・アメリカ——心の病
　　はいかに輸出されたか　紀伊國屋書店

第4章

国立社会保障・人口問題研究所（2012）．「社会保障・人口問題基本調査 生活と支え合い
　　に関する調査 報告書」　http://www.ipss.go.jp/syoushika/bunken/data/pdf/208684.

pdf（2017年12月 8 日閲覧）

内閣府男女共同参画局（2010）．「第 3 次男女共同参画基本計画」 http://www.gender.
go.jp/about_danjo/basic_plans/3rd/index.html（2017年12月 8 日閲覧）

内閣府男女共同参画局（2012）．「「男性にとっての男女共同参画」に関する意識調査報告
書」 http://www.gender.go.jp/research/kenkyu/dansei_ishiki/pdf/chapter_1.pdf
（2017年12月 8 日閲覧）

内閣府男女共同参画局（2014）．「男女共同参画白書平成26年版」 http://www.gender.
go.jp/about_danjo/whitepaper/h26/zentai/index.html（2017年12月 8 日閲覧）

World Economic Forum（2016）. Global Gender Gap Report 2016. http://reports.weforum.
org/global-gender-gap-report-2016/（2017年12月 8 日閲覧）

World Economic Forum（2017）. The Global Gender Gap Report 2017 http://www3.
weforum.org/docs/WEF_GGGR_2017.pdf（2017年12月 8 日閲覧）

第 8 章

坊隆史（2012）．これからの男性援助を考える第七回――セクシュアリティ相談を聴くコ
ツ 対人援助学マガジン，**9**，141-146.

Erikson, E. H.（1959）. *Identity and the life cycle: Selected papers.* International University
Press, Inc.（エリクソン，E. H. 小此木啓吾（訳）（1973）．自我同一性 誠信書房）

古堂達也・小川奈津己・笹原千奈未・薬師実芳（2014）．LGBTってなんだろう？――か
らだの性・こころの性・好きになる性 合同出版

針間克巳（2014）．セクシュアリティの概念 林直樹・平田俊朗（編） 石丸径一郎・葛
西真記子・古谷野淳子・松髙由佳・柘植道子 セクシュアルマイノリティへの心理
的支援――同性愛，性同一性障害を理解する 太平印刷社，pp. 15-25.

村瀬幸浩（2014）．男子の性教育――柔らかな関係作りのために 大修館書店

『男』悩みのホットライン 相談内容 http://homepage3.nifty.com/MHL/hlmdata01.
html（2016年 5 月11日閲覧）（現在は http://kimrin.world.coocan.jp/ に移動）

佐々木掌子（2016）．セクシュアル・マイノリティに関する諸概念 精神療法，**42**(1)，
9-14.

スティーブン・E・フィン 中村伸一（訳）（2016）．セクシュアル・マイノリティのク
ライアントを恥意識の視点から援助する 精神療法，**42**(1)，54-60.

植村恒一郎（2014）．「ジェンダー化されたセクシュアリティ」について――あるいは
「セクシュアリティのジェンダー化」とは 群馬県立女子大学紀要，**35**，143-153.

第 9 章

aokijunmovie『走れ！ "RUN"』 https://m.youtube.com/watch?v=Gk3-no1foTE

田嶋誠一（2009）．現実に介入しつつ心に関わる 金剛出版

馬場禮子・永井徹（編）（1997）. ライフサイクルの臨床心理学　培風館

Erikson, E. H. (1959). Identity and the Life Cycle. International Universities Press.（西平直・中島由恵（訳）　アイデンティティとライフサイクル　誠信書房）

伊藤公雄（1996）. 男性学入門　作品社

『男』悩みのホットライン（編）（2006）. 男の電話相談――男が語る・男が聴く　かもがわ出版

第10章

濱田智崇（2017）. 子育て環境と子どもに対する意識調査（草津市版）結果報告. 京都橘大学心理臨床センター「心理相談研究」, **3**, 35-56.

厚生労働省（2015）. 平成27年度雇用均等基本調査

新道賢一・濱田智崇・川口彰範（2012）. 今日の父親の子育てをめぐる意識　高石恭子（編）　子別れのための子育て　平凡社, pp. 102-125.

巻末資料1

『男』悩みのホットライン（編）（2006）. 男の電話相談――男が語る・男が聴く　かもがわ出版

大阪府府民文化部男女参画・府民協働課（2012）. 男性相談の実施に当たって―― DV 等に関する男性相談マニュアル及び男性相談員育成プログラム作成事業　http://www.pref.osaka.lg.jp/attach/29166/00000000/danseimanual.pdf（2016年5月8日閲覧）

内閣府男女共同参画局（2014）. 地方自治体等における男性に対する相談体制整備マニュアル

ダニエル・J・ソンキン, マイケル・ダーフィ（2003）. 脱暴力のプログラム――男のためのハンドブック　青木書店

お わ り に

　『男』悩みのホットラインの相談員をはじめたとき，私は22歳でした。そして今，44歳ですから，人生のちょうど半分をホットラインとともに過ごしたことになります。この節目のときに，この本を世に送り出せることを，とても幸せなことだと思っています。ホットラインのメンバーの間で，これまでの経験から得られたものを，研修テキストとしても使えるような本としてまとめられたら，という思いは以前からあり，今回それがようやく実現したわけです。相談員を目指す，あるいはすでに相談業務をしている方，男性相談を開設しようとする，あるいはすでに実施している機関の方，さらには，男性の心理を知ることで，職場や家庭の人間関係に役立てようという方などに，幅広くお読みいただける内容を目指しました。この本が，多くの方々のお役に立つことを願っております。

　今回ご執筆いただいたのは，さまざまなかたちでホットラインに長く関わってくださっている方ばかりです。本当にありがとうございます。そしてそのほか，開設時の研修を担当してくださった黒木賢一先生，中上純先生，スーパーヴァイザーを引き受けてくださった羽下大信先生，社会学の立場からご指導いただいてきた中村正先生など，ホットラインを支えてきてくださっている多くの先生方にも，心より感謝申し上げます。

　そして言うまでもなく，20年以上もこうした活動を継続できているのは，相談員として，あるいは関係機関から連携・協力者として，これまでホットラインに関わってくださったすべての方々のおかげです。こうした素晴らしい仲間に恵まれなければ，今の私も，この本も存在し得なかったでしょう。いくら感謝してもしきれません。

　ホットライン開設の1995年当時，マスコミで少々バイアスのかかった紹介がなされたり，DVの相談がまったくかかってこなかったりと，時期尚早な感じ

251

も多少しました。しかしながら，われわれは，悩める男性の声を受け止めながら，この活動がこれからの社会に必要なものであることを，どこかで強く確信していました。そして，男性相談は，少しずつではありますが実績を積み重ね，ようやくその意義が社会的にも理解されはじめ，各地に広まりつつある状況です。さらに，男性が自らその価値観や生き方を見直し，社会のありようが変わって行くのは，まだまだこれからのことでしょう。日本社会の行き詰まった現状を突破するための方策は，従来通りの「かくあるべし」や「ガンバリズム」を強化することでは見えてこないように感じています。真に人間らしい，精神的にも豊かな暮らしができる社会を作るために，男性相談が貢献できる部分は多いと思います。そのために，今後も実践を積み重ねるとともに，実践に裏づけられた理論を構築すべく，さらに考え続けていきたいと思っています。

　最後になりますが，この本の出版をご提案くださったミネルヴァ書房の丸山碧さん，そして，私をホットラインの活動に誘ってくれ"すべての始まり"を創造してくれた（けれどその後自身はまったく別の道に進んだ）大学同級生のK君へ，この場を借りてお礼を申し上げます。

2017年12月15日

編者　濱田智崇

索　引

（＊印は人名）

あ 行

相槌　100
アイデンティティ　151,152
Ⅰメッセージ　110
アジアの買売春に反対する男たちの会　27,
　29
　──・大阪　30
アセクシュアル　40,123
アドボカシー　26
怒り　111
育児休暇　66
イクメン　79,167,179
＊井上摩耶子　26
イラショナル・ビリーフ　105
インターセックス　40
ウィメンズ・カウンセリング　26
Ｘジェンダー　121
＊エリクソン（Erikson, E. H.）　144,145
LGBT　38,39,122
エンパワメント　24,37
大阪市立男女共同参画センター　73
『男』悩みのホットライン　3,5,23,36,71
男の子育てを考える会　27,28
男のプライド　91,94
男の鎧　186,188,196
男らしさ　78,79,151,164,185,190,196,203
　──のコスト　34
　──の縛り　154,159
　──の鎧　106
オナニー　130

か 行

解決方法　103
害を与えない　5
加害者　54,66
　──自身が変わる　205
　──性　112,193
　──に見る５つの傷　195
加害相談者　193
かくあるべし　7,19,83-85

学童期　148
カタルシス　103
家父長制　24
からだの性　121
過労自殺　18
＊河野貴代美　26
監護権　52
感情　87,88,107,108
　──の言語化　199
　──表出　85
　──を共有　87
基本的信頼感　145,151,158
気持ちのやりとり　187
虐待　45,50,51
共感　99
共有　101,103,104
勤勉性　148,156,161
クエスチョニング　39,123
クエスチョン　40
ゲイ　39,41,122
経済成長　59,61
傾聴　163,190
研修　11
健全なあきらめ　163,164
権力志向　9,10
こうあるべき　66,164
　→かくあるべし
　──という縛り　153
肯定的受容　98
こころの性　121
個人的なことは政治的なこと　24
子育て　49
　──支援　50
　──役割　181
コミュニケーション　48,49,64,101
コンシャスネス・レイジング　→CR
コントロール　88,89
　──幻想　89

さ 行

産後クライシス　174

CR 24,32
ジェンダー 4,21,48,49,67,190,203
　　——に敏感な視点 22
　　——の視点 21,22,25
　　——の非対称性 22,33
　　——・バイアス 22,25,36,37
　　——・ロール 121,122
自我同一性 149
自我防衛 90
仕事上の悩み 72,82
自殺 62
　　——者 12
　　——率 55
自主性 147,151,152,156,158,161
自信 152
シスジェンダー 41,42
自尊感情 24
支配 50-52
自分の性格・生き方に関する悩み 72
自分らしさ 78,79
自分を受け入れる 84
社会的な役割 121
熟年離婚 160
生涯発達 144,161
助言や指示的な態度 6,8
女性学 25
女性相談 25,85
　　——員 9,10
　　——窓口 202
所有志向 9,10
自立性 146,158
親権 52
身体的性別 121
信頼関係 98,99
心理的性別 121
心理的抵抗 98
スーパーヴィジョン 197
好きになる性 121
すぐに解決できる方法 85
ストレス 109
性行為・性交渉 128,129
性指向 39,40,121
性嗜好 132,133
性自認 39,41
生殖性 153,158
成人期 153

精神分析的心理療法 107
性的嫌がらせ 77
性的少数者 →セクシュアルマイノリティ
性的多数者 →セクシュアルマジョリティ
性同一性障害 40
性に関する悩み 71,76
青年期 149,177
性の悩み 119,120
性犯罪 53
性表現 39
性分化疾患 39-41,121
性別役割（性役割） 122
　　——意識 17,95
　　——分業 13
　　——分担意識 186
正論 92,112
セクシュアルハラスメント 53
セクシュアリティ 120,121,124,136-141
セクシュアルマイノリティ 38,39,122,
　126
セクシュアルマジョリティ 39
積極性 147
接近禁止命令 200
セックステレフォン 132,139,140
全国男性相談研修会 15
前成人期 150
相談員養成 10,15
相談の効力 103,104
相談の主訴 74
ソーシャル・アクション 26
SOGI 39-41
卒婚 160

た 行

大義名分 91,92,109,110
第二波フェミニズム 24
＊多賀太 22
＊田嶋誠一 163
他責的 94,110
建て前のいい人 196
男女間のコミュニケーションの違い 86
男女共同参画社会基本法 14
男女雇用機会均等法 59
男女平等度 59
男性
　　——運動 27,30,37

索　引

――学　32,34
――器　77
――差別　16
――支配　22,24,33
――性　9,10
――相談　21,32-34,36,37,42,66,67
――相談の役割　104
――相談窓口　13
――相談マニュアル　14
――内の差異と不平等　34
――の語りの特徴　168
――の視点　32
――の制度的特権　34
――の DV 被害者　81
――のメンタルヘルス　12
――被害者　63,201
――問題　22,28-30
父親像　175,176,178
父親になったと感じる時期　172
父親役割　180,181
中年の危機　154
長時間労働　61,62,64
DV　45,51,52,62,63,66,72,156,191
――加害者　80,81
――防止法　192
テストステロン　90
電話相談　74
統合性　159
当事者　11
匿名　98,115
ドメスティックバイオレンス　→DV
トランスジェンダー　39-41,122

な 行

なれ合いの対応　194
ニート　182
乳児期　145
ねぎらう　108
は行
配偶者暴力相談支援センター　202
バイセクシュアル　39,122
恥意識　123
パタニティハラスメント　82
母親にかなわない　170
パワーゲーム　112,207,208,210,224
パワーとコントロール　192

パワーハラスメント　217
犯罪行為　112
パンセクシュアル　123
被害者　51,54
――支援　54
――性　193
ひきこもり・ニート問題　150
悲劇のヒーロー　94
非指示的態度　6
不安感　90
夫婦関係　185-187
夫婦間のコミュニケーション　64,186
――不足　79
夫婦間の問題　72
夫婦の会話　187
フェミニスト・カウンセリング　16,25,26
フェミニスト・セラピー　26
フェミニズム　23,29,32,33,35,45
フォビア　40
不機嫌さ　93
ブラック企業　215
プレッシャー　84
ヘテロセクシズム　40,42,123
ヘテロセクシュアリティ　40
ヘテロセクシュアル　39,41,42
母性神話　18,175
勃起障害　77
ホモセクシュアル　39

ま 行

マスターベーション　130,131
無言　97,113,114
＊メスナー（Messner, M. A.）　34
面会交流　52
メンズセンター　27,31,32
メンズリブ　31,32,34,36,40
――研究会　30,31
面接相談　74
モラトリアム人間　149

や 行

優越志向　9,10,90,100,110
遊戯期　147
幼児期　146
寄り添う　188,191,206
弱音を吐く　12

255

ら 行

ライフサイクル　144,145,151,152,156,158,
　163-165
ラディカル・フェミニズム　24
ラポールトーク　86
理屈と感情のせめぎ合い　191
離婚　48,51,52
理想的な親のイメージ　175
リピーター　94,114

レズビアン　39,41,122
劣等感　94
レポートトーク　86
労働問題　54
論理的なやりとり　187,188
論理療法　104

わ 行

ワーク・ライフ・バランス　13,60,222

《執筆者紹介》（執筆順，＊は編者）

＊濱田智崇（はまだ　ともたか）　第1章・第5章・第6章・第7章・第10章・おわりに
　京都橘大学健康科学部心理学科准教授，一般社団法人日本男性相談フォーラム理事，
　『男』悩みのホットライン相談員，カウンセリングオフィス天満橋代表

　大山治彦（おおやま　はるひこ）　第2章
　四国学院大学社会福祉学部教授，メンズセンター運営委員長

　村本邦子（むらもと　くにこ）　第3章
　立命館大学大学院人間科学研究科教授

　伊藤公雄（いとう　きみお）　第4章
　京都産業大学現代社会学部教授，京都大学名誉教授・大阪大学名誉教授

　田中陽子（たなか　ようこ）　第5章・巻末資料2
　一般財団法人大阪市男女共同参画のまち創生協会

　福島充人（ふくしま　みちひと）　第5章・第10章
　一般社団法人日本男性相談フォーラム代表理事，『男』悩みのホットライン相談員

　一色涼輔（いっしき　りょうすけ）　第8章
　『男』悩みのホットライン相談員

　山口裕司（やまぐち　ゆうじ）　第9章
　一般社団法人日本男性相談フォーラム，『男』悩みのホットライン相談員

　吉岡俊介（よしおか　しゅんすけ）　第11章
　オフィスよしおかシニア産業カウンセラー・キャリアコンサルタント

　福江敬介（ふくえ　けいすけ）　第12章
　一般社団法人日本男性相談フォーラム，『男』悩みのホットライン相談員

　三宅克英（みやけ　かつひで）　巻末資料1
　一般社団法人日本男性相談フォーラム，『男』悩みのホットライン相談員

《編者紹介》

濱田智崇（はまだ　ともたか）

　1973年生まれ。甲南大学大学院人文科学研究科博士課程単位取得。
　現在，京都橘大学健康科学部心理学科准教授。
　京都大学教育学部在学中の1995年，『男』悩みのホットラインの開設に参加，
　2004年から2018年まで同代表。2019年に設立された一般社団法人日本男性相談フォーラム（『男』
　悩みのホットライン運営団体）の理事となる。公認心理師，臨床心理士（カウンセリングオフィス
　天満橋代表）。
　甲南大学人間科学研究所博士研究員などを経て，2018年より現職。
　主著：『男の電話相談──男が語る・男が聴く』（共著，2006年，かもがわ出版）
　　　　『暴力の発生と連鎖』（共著，2008年，人文書院）
　　　　『子別れのための子育て』（共著，2012年，平凡社）
　　　　『働くママと子どものほどよい距離のとり方』（共著，2016年，柘植書房新社）

『男』悩みのホットライン

　毎月第1・2・3月曜日　19時～21時
　電話：06-6945-0252
　http://kimrin.world.coocan.jp/

一般社団法人日本男性相談フォーラム

　https://jmcf-jp.com/

男性は何をどう悩むのか
──男性専用相談窓口から見る心理と支援──

2018年 3 月10日　初版第 1 刷発行	〈検印省略〉
2021年 2 月20日　初版第 2 刷発行	
	定価はカバーに表示しています

編　　　者	濱　田　智　崇
	『男』悩みのホットライン
発　行　者	杉　田　啓　三
印　刷　者	田　中　雅　博

発行所　株式会社　ミネルヴァ書房

607-8494　京都市山科区日ノ岡堤谷町 1
電話代表　(075) 581-5191
振替口座　01020-0-8076

©濱田智崇・『男』悩みのホットライン，2018　創栄図書印刷・清水製本

ISBN978-4-623-08243-8
Printed in Japan

揺らぐサラリーマン生活 四六判／250頁
──仕事と家庭のはざまで 本体3000円

多賀　太 編著

〈オトコの育児〉の社会学 Ａ５判／268頁
──家族をめぐる喜びととまどい 本体2400円

工藤保則・西川知亨・山田　容 編著

「育メン」現象の社会学 四六判／320頁
──育児・子育て参加への希望を叶えるために 本体3000円

石井クンツ昌子 著

別冊発達33

家族・働き方・社会を変える父親への子育て支援 Ｂ５判／244頁
──少子化対策の切り札 本体2600円

小崎恭弘・田辺昌吾・松本しのぶ 編著

未来をひらく男女共同参画 Ａ５判／200頁
──ジェンダーの視点から 本体2400円

西岡正子 編著

多様化する「キャリア」をめぐる心理臨床からのアプローチ 四六判／240頁
──青年期から老年期までのケースに学ぶ 本体2400円

長尾　博 編著

──────── ミネルヴァ書房 ────────

http://www.minervashobo.co.jp/